JN452649

생물학 교수의

서툰 여행일기

이현순

도서출판 월인

책을 내면서

평생동안 제법 여행을 많이 하면서, 언제 어디를 갔었는지 기억을 되살리기 위해 여행일기를 적기 시작하였습니다.

내가 갔던 곳을 이미지 속에서만 남겨 둘 것이 아니라 메모리하기 위해서 기록해 놓았던 자료들을 가끔씩 컴퓨터에서 열어 보다가, 책으로 한번 엮고 싶다는 생각이 문득 들어 출판에까지 이르게 되었습니다.

여행일기들을 간추리면서, 그 때의 여정에서 그런 만남들이, 그런 일들이 있었구나 새삼 떠올리며 오래된 추억을 되살려 볼 수가 있었습니다.

현재가 제일 중요한 만큼 현재를 성실하고 근면하게 살아야 한다고 늘 생각해 왔습니다. 지난 일들도 그 시점에서는 나름대로 최선을 다 했으리라 생각됩니다.

이 여행일기는 그런 점에서 어떤 시점들의 저의 소중한 흔적들이기도 합니다.

뉴질랜드의 몇 천미터의 고산에 쌓인 빙하를 볼 때 그 위를 며칠 걸려 트래킹하는 거친 코스를 도전하고 싶은 마음이 간절했으나, 마음만 그렇지 몸이 따라 갈 수 없다는 것을 잊고 있었구나 새삼 깨닫기도 했습니다.

하지만 이 기록들을 정리하는 순간에는 도전해 보고 싶은 의욕이 뜬금없이 생기기도 합니다.

기록을 정리하는 것도 수월치 않아 주경, 경재 육십대 두 조카의 수고가 많았습니다.

여행 당시에 듣고 기록해 놓았던 그 곳의 역사나 이런저런 얘기들 가운데 혹 사실과 다른 부분이 있더라도 웃으며 접어주시기 바랍니다.

목암 선생님과 조카되시는 서 교수님을 통해 월인 출판사를 소개 받았습니다. 출판에 애써주신 최 상무님을 비롯한 직원 여러분께도 감사드립니다.

2011년 겨울, 삼선교 초정(草亭) 우거(寓居)에서

차례

M·AGRIPPA·L·F·COS·TERTIVM·FECIT

독일 유학

1961년 4월

독일행 비행기 표를 루프트한자에서 구입했는데 직원이 우리 집까지 표를 갖고와 전달해서 참 친절하다고 느꼈다.

독일까지 가는데 시간도 꽤 오래 걸렸다. 비행기 위에서 내려다 본 우리나라는 산에 나무가 없는 벌거숭이라 보기가 너무나 흉했다. 땔감으로 다 잘라 버렸으니-.

스위스의 쥬리히에서 갈아타느라고 비행기에서 내렸는데 비가 부슬부슬 오는 바람에 짐을 들고 가는데 꽤 힘들었을 때 빠르동(pardon)하며 내 짐을 들어다 주던 한 신사가 너무나 고마웠고, 스위스 공항에서는 꽃다발까지 목에 걸어준 것이 아주 인상적이었다.

이국 땅 독일의 뮌헨을 비행기에서 내려다보니 가랑비가 내리는 가운데 녹색 숲과 모던한 건물의 조화가 잘 이루어져 조용하고 한적한 느낌을 안겨주었다.

독일에서 기차를 처음으로 타고 얼마 안 가서 레겐스부르크

(Regensburg)에 도착하니 독일 숙녀가 나에게로 뛰어온다. 나 혼자만 동양인이었으니 금세 알아본 모양이다.

서울에서 사귄 독일 친구의 집으로 가서 일주일간 있을 예정이었다. 레겐스부르크에서 약간 떨어진 곳에 도착하니 정원에 꽃이 만발해 있었는데 팬지라고 했다. 지금은 우리나라에서 아주 흔한 꽃이 되었다.

레겐스부르크의 이 마을에는 첫 번째 한국인 방문객이라 한다. 아침 신문에 나의 방문을 축하한다고 사진과 함께 기사가 크게 났었다.

동네는 높이 우거진 녹색 숲으로 둘러쌓여 있었으며 새들이 노래부르고 있었고 산책을 하느라면 만나는 사람마다 이곳 지방의 아침 인사인 그류스 고트(Gruss Gott)라고 인사를 한다.

토요일에는 일요일의 커피타임을 위하여 과자를 굽는 것이 습관으로, 막 구어낸 과자를 먹는 것은 건강에 좋지 않다며 하루 전에 미리 구어 낸다는 것이다.

일주일을 고맙게 잘 지낸 다음 이제는 나 혼자서 움직여야 한다. 맨 처음 간곳이 아롤젠(Arolsen)이라는 조그만 마을인데 이곳 괴테 인스티튜트에서 독일어를 3개월간 배워야 했다. 아무도 모르고 말도 잘 못하는데 다행히 우리과 출신인 김준연 박사가 아헨(Aachen) 공과대학에서 공부를 하고 있어서 전화를 걸었더니 어찌나 반가운지. (그런데 지금은 이 세상에 없으니…… 참 좋은 사람이었는데, 매우 안타깝다.)

15명이 함께 독일어를 공부를 하는데, 흑인 남녀가 제일 많았고 이집트인, 그리스인 등 가지각색이었다.

아주 젊은 흑인여자가 너무나 예쁘고 매력 있고 재미도 있어 흑인도 이렇게 예쁜 사람이 있구나 하고 새삼 느끼게 됐다. 그 다음으로 독일에서 간 곳이 훔볼트 재단에서 보내준 류네부르그(Lueneburg)인데 이곳은 하이데(Heide)로 유명하다. 여기서는 스웨덴 스톡홀름에서 온 쌍둥이 두 분하고, 좀 나이가 든 여인 한 명과 지냈는데 공부도 쌍둥이들이 제일 잘하고, 지금까지 몇 십년간 연락이 오고 간다.

독일어를 웬만큼 배웠으니 내가 있을 고장인 괴팅겐(Göttingen)으로 돌아와 내가 지낼 숙소가 날 때까지 기숙사에 있기로 했는데 나의 방 친구는 아주 얌전한, 생물학을 공부하는 여대생이었다.

크리스마스 때면 곧 잘 멀리 여행을 떠났으며 한 번은 여행사의 단체여행에 끼어 버스로 여행길을 떠났는데 두 사람씩 짝을 지어주어 밤에는 한방을 쓰도록 짜여져 있었다. 나의 짝은 초로의 부인으로 얼핏 보기에 조금 이상한 데가 있었다. 그리 교양있는 여인으로 보이지 않았는데 말을 들어본 즉, 신경성으로 정신이상이 될 뻔 한 적이 있었는데 자기 남편은 술만 마셔서 자기 혼자 이 여행을 위해서 돈을 차곡차곡 오랫동안 모아서 이번에 여행길에 오르게 되었다는 것이었다.

이태리 밀라노에서 하룻밤을 지내는데 아침에 일어나 보니 나와 같이 잤던 그 여자는 방에 없었다. 시계를 보니 내가 늦잠을 잔 것이었다. 식사를 하러 허둥지둥 내려가니 다른 사람들이 짝을 깨워주지 않고 혼자 내려왔다고 내 짝을 맞대 놓고 힐책이 대단하였다.

오- 미안한 마음.

돌아오는 길에 들른 오스트리아의 눈에 덮인 알프스 산맥의 산길. 그 많은 관광객이 오르고 내렸건만 자연은 그대로 아랑곳없이 울창하게, 조금도 아프다는 느낌이 없이 오히려 인간의 방문을 환영하는 듯이 늠름히 뻗치고 있지 않던가.

나는 잘츠부르크로 가기 위해 시골의 조그만 역에서 내렸다.

눈 속에 파묻힌 적막한 시골 역에는 인적도 드물고 시골사람들의 소박한 모습을 볼 수 있어서 어쩐지 향수에 젖게 되어 친근감을 느끼게 했다.

이 눈으로 덮인 산맥, 그 숙소의 하룻밤은 나의 글 재주로는 표현하기 어려운, 그저 말한다면 낭만의 안식처라고나 할까. 역시 어디를 가나 조용한 곳은 조용한 곳을 찾아오는 나그네를 위해 늘 기다리고 있었다.

기숙사에 있을때 나의 룸메이트가 여름방학에 네덜란드로 자기 아버지의 캠핑카로 떠나는 데 나보고 며칠 와서 같이 놀다 가라고 한다. 부모와 여동생과 자기뿐이니까 나 한사람 더 있을 수 있다 한다. 차를 몰고 떠나는데 중간에 열 대여섯 먹은 소년이 손을 들어 세워 심심도 하기도 해서 태우고 갔었다. 암스테르담을 지나 텍셀(Texel)섬으로 가는데 배 안으로 차를 몰고 들어간 것으로 기억난다. 캠핑카들이 모이는 장소라 캠핑카가 여러 대 있었다. 이 차 안에 침대, 주방장치가 다 있었다. 그 때 독일에서는 이 살림차로 여행을 많이 하는 것을 보았다. 캠프장에서 가까운 곳에 야외 수영장이 있었고 북해로 수영을 하러 나가기도 했다. 두 친구는 수영을 잘했다. 친구 아버지는 아침에 빵을 드는데 육회를 얹어서 먹었다. 육회를 좋아 하신단다. 암스테르담에 가서 구경도 하고 점심도 먹고. 독일에서는 집집마다 커텐이 쳐져있어 내부는 볼 수 없었는데 네덜란드는 커텐이 활짝 열려 있어 방 속을 다 볼 수 있었다.

귀국하면서

1965년 4월

귀국 길에 가고 싶은 곳은 다 겉핥기로라도 보고 가야겠다고 마음 먹었다. 간단하게 가방을 꾸렸다. 우선 스칸디나비아쪽을 가기로 한 후 덴마크 코펜하겐행 비행기를 탔다. 내려서 티볼리 공원을 방문하고 지하 호수도 배타고 다니고 여러 가지 즐긴 후 나는 조금 떨어진 시골길을 택했다. 환경도 좋고 조용하고 기분좋게 산책을 즐긴 것이 지금도 생생하다. 이틀을 묵고 스톡홀름으로 가서 괴테 인스티튜트에서 같이 공부하던 쌍둥이 친구의 대접을 톡톡히 받았다.

스톡홀름에 간다고 편지를 보냈더니 비행장에서 자기 집으로 데리고 가서 자기 친구의 아파트를 통째로 빌려 여기에서 머무르는 동안 자기 집처럼 편안하게 쓰라고 했다. 자기 친구는 그동안 다른 데로 가서 있다고 하는데 너무나 미안하며 고마웠다.

그때 바이킹의 배를 건져 내어 전시 중이라서 보고, 시내 관광을 두루두루 해주었다. 하루는 웁살라대학을 기차타고 갔었다. 린네(Linne) 교수가 계셨던 유명한 곳이다. 거기에는 우리과 졸업생이 박사과정에 있었음으로 더욱 좋았다. 조용한 자연환경 속에서 연구가 잘될 것이라는 생각이 들었다.

희랍 아테네로 날아갔다. 너무나 더워서 숨이 막힐것 같다. 예약한 호텔을 가보니 형편없어 안되겠어서 슬슬 돌아다녀보고 한 호텔을 정해 옮겼다. 다음 날 관광 코스에 참석하기로 했다. 보여주는 대로 아크로폴리스 등 기둥만 서있는 유적지들을 구경하였다. 언덕위에서 내려다보니 바다 옆에 아름답게 자리잡은 그 옛날에 화려한 역사들이 한 눈에 보였다.

이집트의 카이로에서 비행기를 내리니 지저분한 곳이구나 하는 느낌이 들었다. 호텔에 들어가니 파리가 날아다니던 것이 제일 기억에 남는다. 피라미드나 구경하고 가기로 결정했다. 피라미드로 가는 데는 말을 타고갔다. 어떻게 그 옛날에 이렇게 웅장하게 쌓았을가 . 하나도 아니고 여러 개를.

스페인의 마드리드로 날아갔다. 사람들의 목소리도 크고 시끌벅적하다. 이 짧은 시간에 여기서는 무엇을 볼 것인가. 시내 구경을 하고 세무코트가 싸다고 해 하나 사서 요긴하게 잘 입었다. 지금도 어쩌다 입을 정도이니.

투우가 유명하다고 해서 구경가기로 하였다. 황소 두 마리가 결투를 벌이는 것으로 너무나 잔인했다. 한 마리가 쓰러져 죽는 것을 보는 것이 그렇게도 재미있어 유명한지. 플라맹고 춤추는 것을 깜박 놓쳤다.

인도 뉴델리로 가니 더워서 호텔 속에서 꼼짝 안하다가 저녁 무렵에 슬슬 움직였다. 비행장에서 내 가방을 찾아서보니 쭉 찢겨져 있었다. 위험한 곳이구나 느껴졌다. 1950년도의 우리나라 털털이차와 같은 것을 타고 시내를 좀 돌고 사원을 구경했다. 사람들은 신발을 안신고 발바닥으로 걸어다니며 길위에는 소똥인지 말똥인지가 널려있는데 말려서 땐다고 한다.

드디어 동경에 도착하였다. 집에 다 온것 같이 홀가분한 느낌이다. 오래간만에 스시도 먹고 며칠 묵고 서울로 향하였다.

맨 처음 미국 여행

1970년

1970년대 겨울방학 때 처음으로 미국여행을 떠났다. 주로 교수상대로 하는 여행사가 있어서 따라 가기로 했다. 일행이 20명은 되는 것 같았는데 내 짝은 모대학 교수로서 나보다 훨씬 젊어 보였다. 하와이에서 2박3일인지 묵는데 호텔이름은 잊어버렸으나 한국사람이 잘 묵는 좋은 호텔이라 한다. 김치가 너무나 시원하게 맛있게 담궈져서 지금까지 어느 호텔이나 외국식당에서도 그런 김치를 먹어본 적이 없다. 그때 인상이 지금도 생생하다. 와이키키 해변 물에 담궈보기도 하고 6~7시간 비행기 타고 온 것이 첫날이라 그런지 꽤 고단하다. 겨우 잠이 들었으나 바시락거리는 소리에 깼다. 내 짝이 가방 물건을 끄집어내고 만지작거리는 것이었다. 내가 왜 안자냐고 그랬더니 잠이 안와서 그렇다 한다. 누워서 쉬기라도 하는 것이 좋다고 나는 말했다. 나도 잠을 잘 못잤다. 다음 날은 여러 곳을 관광시켜주어 돌아다니고 밤에 자는데 이번에는 새벽 2시쯤 되었을까 샤워소리에 깼다. 너무나 어이가 없다고 생각하였다. 한 열흘 이상을 같이 생활해야 하는데 이걸 어떻게 기분 상하지 않게 잘 말해야 하나. 그런 시간에 왜 샤워를 하는가 물었더니 잠이 안와서 잠 좀 자려고 샤워했다는 것이다. 야. 이건, 타인을 생각하지 않고, 자기 집처럼 행동하다니. 기분 상하지 않게 좋은 말로 훈련시키는데 3일은 걸렸다. 그 다음부터는 불편없이 서로 잘 지냈다. 미국을 몇 년동안 몇 번을 왔다 갔다 했다는데 영어는 한마디 하는 것 못봤다.

허허벌판을 노름터 관광지로 만들어놓은 라스베가스에 들르고, 그랜드캐니온의 웅장한 계곡을 보니 과연 미국이라는 나라는 큰 나라구나 하는 생각이 들었다. 계곡 밑에 말을 타고 가는 사람을 보며 내려가 보고 싶다는 생각도 들었다. 샌프란시스코에 갔을 때는 골든브리지도 멋있었지만, 건너편에 연예인이 많이 산다는 그 동네에 우리 대학 동창도 살고 있었는데 문뜩 생각이 난다. 샌프란시스코에는 중국 식당이 한 군락을 이루고 있다. 우리가 들어간 식당은 한국에서 중화요리 집을 오랫동안 경영하다가 이곳으로 몇 년 전에 이사왔다는 사람이 주인인데 너무나 맛있게 잘 먹었다. 디즈니랜드도 구경하고 뉴욕으로가서 박물관 구경도 하고 워싱톤DC도 갔었다. 백악관, 스미소니안 박물관, 대통령 동상들을 보고 시내관광을 했다. 나에게 인상에 남는것은 우리를 데리고 간 한국식당에서 맛있게 먹은 한식이었다. 뉴욕에서는 춥고 눈이 많이 내렸고 버팔로에 갔을 때는 더 을씨년스러웠다. 웅장한 나이아가라 폭포를 구경하고 배도 탄 것들이 기억난다.

뉴질랜드 여행, 태평양 과학회의를 다녀와서

1983년

이번 여행은 과학회의에 조그만 포스터 섹션을 갖고 참석하는 것을 구실로 뉴질랜드를 가보고 싶었던 것이 더 큰 목적이었을 것이다. 태평양 과학회의는 이 지역에 있는 약 40개국의 과학자들이 자리를 함께하여 연구한 것을 발표 토의하고, 서로 협력하여 보다 잘 살고 평화를 도모하기 위한 목적으로 맨 처음 1920년에 호놀룰루에서 시작된 것이다. 그 후 4년마다 각 나라에서 돌아가며 개최하였으며, 이번 15차 회의가 뉴질랜드에서 개최됐고, 16차는 1987년 한국에서 열릴 예정이다.

뉴질랜드는 화산이 오래전에 폭발되어 생긴 올드 뉴질랜드라고 부르는 남쪽 섬과 화산폭발이 오래 되지 않고 지금도 진행 중인 뉴-뉴질랜드라고 부르는 북쪽 섬으로 돼있고, 캘리포니아 정도의 크기로 영국보다는 약간 크고 일본보다는 약간 작으며 한국의 2.7배의 크기로 인구는 약 3백만으로 한국의 10분의 1 정도라 한다. 이번 회의는 뉴질랜드에서 네 번째로 큰 도시인 남쪽 섬에 위치한 더니든(Dunedin)이라는 도시의 오타고(Otago)대학에서 개최되었는데, 이 학교는 백년이란 역사를 가진 뉴질랜드에서는 가장 오래된 대학이다.

뉴질랜드에서 가장 큰 도시인 오클랜드행 JAL을 갈아타기 위해서 동경비행장에서 밤에 2시간을 기다려야 했는데 젊은 쌍들이 수십 명 해외행 비행기를 타려고 기다리고 있는 모습이 이채로웠다. 쌍둥이처럼 똑같이 차려입고 밀월여행을 떠나는 모양으로 우리나라는 기껏해야 제주도로 여행하는데 참 너희들은 국제적으로 여행하니 잘 사는구나 하고 부럽기도 하고 그 나라의 힘의 과시를 보는 것 같아 기분도 좀 언짢았다. 내가 탄 비행기 안에도 약 80%가 일본인으로 구성되어 있었으며 대부분이 단체여행을 하는 것으로 보였었다.

도착한 오클랜드는 남위 37도 정도로 여름인데 별로 덥지 않고 열대식물들이 싱싱하게 잎이 윤이나며 푸른 하늘에 공기는 맑고 참 평화로운 느낌이었다. 더니든행 국내 비행기를 갈아타고 가는데 낮게 비행할 때면 넓은 들판에 하얗게 움직이지 않은 것이 무수히 산재하고 있어 무엇인가 하였더니 가까워짐에 따라 양들이라는 것을 알았다. 조그만 더니든 국내비행장에 도착했을 때는 이미 해질 무렵이었고, 약 1시간 후에 지정된 호텔에 도착했을 때는 어둑어둑하였었다.

이번 회의는 여행 코스가 참 많았다. 나도 회의 전 여행코스에 참석하려고 일찍 갔었는데 본부에 전화를 거니 취소된 것 같다면서 내일 아침에 다시 연락해 달라고 하여 어찌된 영문인가 다음날 아침에 회의 본부에 찾아갔더니 참가자가 많지 않아 취소됐다는 것이다.

7, 8명이 회의 준비에 바쁘고 7, 8세짜리와 10세 정도의 두 아이가 열심히 인쇄물을 상자 속에 넣고 있는 것이나 15세 가량의 머슴애가 이 상자를 트레일러에 싣고 운반하는 것을 보니 역시 여기는 백인종의 나라구나 하는 것을 느끼게 하였다. 제각기 자기 힘의 한도로 돕는 것이었다. 여행플랜이 취소된 편지를 보냈다고 하나 나는 못 받아 보았으므로 아무튼 며칠간의 여백 기간을 피오드랜드(Fiordland) 국립공원으로 여행하고 싶다고 그랬더니 본부비서가 여행사로 안내하겠다면서 두 아이와 나를 태우고 감으로써 일을 돕는 애들이 바로 그분의 자녀임을 알았다.

여행사의 코스는 여행 시일이 모두 회의 개최일과 맞지가 않아 개인적으로 버스 투어를 하기로 결정하고 모든 부킹을 끝마치고 바로 12시에 떠나기로 했다. 마나푸리호수, 띠아노호수, 밀리포드 사운드해협. 버스를 타니 날씨는 화창하고 여름이건만 우리나라의 가을 날씨 같았다. 얼마 안가서 70세 가량의 할머니가 타시더니 내 옆에 앉아 같이 가기로 됐다. 이 분은 금요일 주말여행으로 티아노에 가는 길이라며 방향이 나와 같아 다행이라 생각했다. 형편없는 나의 영어실력으로는 이 할머니의 사투리 영어를 알아들을 수가 없었다. 올다이라는 이 할머니의 말이 "다 죽었다"는 뜻은 맞지가 않고 무슨 말인가 했더니, '에이'를 다 '아이'로 발음하여 '올데이'라는 뜻이었고 '튜즈데이'가 아니라 '튜즈다이'라고 말하는 것이었다. 다른 옆 자리에는 6, 7세짜리와 10세 정도의 두 형제가 6시간은 타고 가야할 인바카고의 친척집을 방문하러 가는 길이라며 먹을 것을 한 상자 갖고 왔으며 과자를 꺼내더니 나보고 먹으라고 권했다. 고맙다고 사양했지만 참 아이들도 예의가 있고 인심이 좋구나 하는 인상을 받았다.

인바카고라는 곳을 지도로 아무리 찾아봐도 못 찾아서 물어보니 스펠링과는 전혀 다른 발음을 하는 것이었다. 마오리 말을 그대로 따서 발음하는 도시명이 많다는 것이었다. 가는 길에 푸른 넓직한 들에 토실토실한 양들이 많았다. 1가구 농가당 천 마리부터 많이 기르는 집은 4천 마리도 길러 양의 수가 인구의 40배라 하며 네 식구 가정에서 4마리만 기르면 1년간 육식은 해결한다는 것이다. 평화로운 양들과 우리나라에서 보지 못한 열대식물들을 바라보며 고아라는 곳에서 한 번 갈아타고 가는데 운전사가 운전하며 신문 우편물 같은 것을 길가 목장 가에 그저 내던지며 가는 것이 이색적이었다.

드디어 마나푸리에 지정된 호텔에 도착하였을 때는 땅거미질 무렵이었다. 넓은 호숫가가 눈앞에 보이며 하얀 눈이 덮인 산봉우리가 한 눈에 볼 수 있는 곳에 위치된 이 산장은 인기척이란 찾아볼 수 없고 그야말로 너무나 고요해서 좀 무서울 정도이나 뉴질랜드는 안심하고 여행할 수 있다는 비서의 말이 떠올라 두려움은 사라졌다.

문을 열고 들어가니 여자 한 분이 사무를 보고 있었다. 나에게 커피와 티 중에 무엇을 마시겠느냐고 묻기에 다 거절했더니 우유를 한 컵 따라주어 인심이 좋구나 다시 한 번 느꼈다. 호텔 방에는 커피 티 우유 설탕 커피보틀이 다 준비돼 있어 자기가 마시고 싶은 대로 마실 수가 있었다. 다음 날 마나푸리 호수에서 배를 탔다. 약 4시간 걸리는 투어코스인데 그렇게 한적하고 인기척이 없는 곳에 많은 사람들이 모여들었다. 너무나 호수가 넓고 그런 새파란 맑은 물빛을 처음 보는 나는 과연 호수인가 의아하며 물을 찍어 입가에 대보니 역시 짜지 않았다.

멀리 바라보이는 높은 산봉우리 위는 눈이 덮여 있고 그 아래는 무성한 싱싱한 숲으로, 물가의 바위들은 수많은 종류의 싱싱한 이끼들로 덮여 있고 드문드문 빨간 꽃이 만발하였으며, 군데군데 폭포가 산기슭을 따라 흘러 호수로 떨어지는 풍경은 장관이었다. 76만kw의 수력발전소가 산길 지하에 설치돼 있는 것을 보는 것을 마지막 코스로 돌아왔다. 그 다음 날의 띠아노라는 호수는 마나푸리만큼은 넓지 않았는데 한 30분 배를 타고 건너가면 굴속으로 들어가는, 온갖 이끼로 지붕이 만들어진 오두막집이 있는데 이곳으로부터 굴 속을 두 시간 들어간다.

굴 속은 너무나 힘차게 흘러 내려가는 물소리에 귀가 시끄럽다. 캄캄한 이 굴속의 물 위를 10여 명씩 배를 타고 가면서 양개똥벌레가 무수히 암벽과 천정에 별같이 파란 불빛으로 반짝반짝 거리는 것을 볼 수 있었다. 띠아노에서 머문 곳은 개인이 운영하는 작은 호텔인데 값이 싼데도 아침식사까지 포함되어 있었다. 일찍 아침식사를 하러 식당에 가니 아무도 없고 준비는 다 돼있어 본인이 먹고 싶은 대로 갖다 먹으면 되게 되었다. 마지막 코스인 밀리포드사운드로 가는 버스를 탔다. 이 코스가 아마도 지금까지 내가 온 중에서는 최고봉의 코스인 것 같다.

가는 도중 열대식물이 무성하게 울창했다. 이 곳은 더욱 비가 자주 내려 습기가 많아서 미끈미끈하게 서 있는 나무줄기에는 헤아릴 수 없는 이끼 또는 아주 적은 식물들이 빈 틈 없이 메우고 있다. 이 나무들이 피해를 입지 않았을까 하고 바라보니 아랑곳 없이 잎은 윤이 나며 싱싱하게 서 있었다. 또한 눈에 덮인 높은 산봉우리로부터 흘러내리는 폭포들로 암석들이 파여져 고랑이 생겨나고 이 바위 고랑을 따라 물줄기들이 흘러내리는 것이었다. 우리나라의 대관령 고개와 같이 가는 도중에 가장 높은 산마루턱 길에서 눈 앞에 내려다보이는 울창한 첩첩 산의 웅장함은 장관이었다.

새가 몇 마리 길 옆 바위에 앉아 있었는데 사람이 가까이 가도,

도망가지를 앉아 사람들한테 사진을 많이 찍혔다. 뉴질랜드의 대표적 새의 한 종류로서 케아(Kea)라는 새인 것을 나중에 알았다. 또한 가는 도중 카슴(Chasm)이라는 곳은 바위틈으로 산에서 내려오는 물줄기 힘이 어찌나 힘찬지 큰 바위들이 물줄기에 따라 바위굴을 형성하여 이 굴을 세찬 물줄기가 웅장하고 시끄러운 소리를 내며 솟구쳐 내려가는 것이었다. 마지막 목적지인 밀리포드싸운드에는 책에서만 보았었던 양치나무를 무수히 볼 수 있었다.

관광 배가 여기저기 떠있는 넓은 해협을 2시간 동안 도는데 물은 새파랗고 해협 양변에 또는 멀리 보이는 우뚝 솟은 산에는 싱싱하고 낯선 수많은 종류의 식물들이 발디딜 틈도 없이 울창하게 병풍처져 있었다. 가까운 또는 먼 산봉우리는 눈으로 덮여 있고 좌우 곳곳에서 산꼭대기로부터 울창한 숲사이로 힘차게 흘러 내리는 폭포물의 세례를 받기도 했다. 또 물개들이 가끔 몇 마리씩 산기슭의 이끼융단으로 덮여진 바위 위에서 낮잠 자는 것도 볼 수 있었다. 인공미가 가해지지 않은 순박한 자연의 혜택을 만끽한 나라에, 또한 그 자연을 훼손하지 않는 순박한 인간들이 살고 있는 것 같다.

이렇게 폭포들이 피오르드 지역에 많은 것은 비가 많이 내리기 때문이라는 것이었다. 이곳 산장에서는 밀리포드싸운드 트래킹에 참가한 여러 나라 멤버를 만났는데, 12세 이상의 남녀노소가 다 참석할 수 있다며 각국에서 이 트래킹에 참가하기 위해서 왔다는 것이다. 뉴질랜드 곳곳에서도 왔고 미국, 캐나다, 영국, 스웨덴에서 왔다는 30여 명의 멤버가 띠아노 부근의 집합지에서 출발하여 눈도 먹어보며 비도 마시며 산길로 걸어서 2박 3일째로 목적지인 밀리포드싸운드까지 도착하여 그날 밤은 술 한 잔으로 기쁨을 서로 나누며 피로를 푸는 것이었다.

여기서 하루 여장을 풀고 다음 날 아침 일찍 회의 개최 장소인 더니든으로 다시 버스로 되돌아가는데 띠아노에서 갈 적에 만났던 할머니를 또 다시 만나 반갑게 함께 오게 되었다. 운전사가 이번에는 길가에 매달아 놓은 우편물 주머니를 버스가 정거할 때마다 몇 군데 떼어 싣고 가는 것이었다. 다음 날은 회의 개최일로 영국의 연방국이라 총독의 축사도 마지막에 있었고 천여 명이 넘는다는 리셉션 자리에서 운좋게 한국에서 오신 학술원 여러분을 만나게 되어 참 반가웠다.

회의는 10일간 계속되었는데 심포지엄도 있고 해양생물, 식물, 미생물, 곤충, 산림, 산호초지리, 지질, 의학 등 16파트 이상으로 나누어져 진행되었는데, 생물은 주로 생태방면이 대부분이고, 태평양지역의 훌로라나 화우나 및 환경의 보호, 공해문제 등이 주제였다. 한탄강 유역에서 서식하는 출혈성 바이러스를 발견하여 한탄 바이러스로 명명한 고려대 의대의 이호왕 교수는 국내에서보다 국제적으로 더 알려져 있었다. 서울대 사대 생물과의 장남기 교수, 고려대 의대 생화학의 주치선 교수는 가끔 만나 볼 수 있었으나 지질학부분의 연세대 이대성 교수와 서울대의 김봉균 교수는 거의 만나 뵐 기회가 없었다.

회의 도중에도 오후의 반나절 여행코스가 빈번히 짜여 있어 회의 참석자들이 제각기 기호대로 참석할 수가 있었다. 이 도시 주변의 바닷물도 깨끗하고, 기름이 떠 있는 것 같은 것은 볼 수 없었다. 멀리 해변에 빨갛게 보이는 것이 무엇인가 궁금해서 내려서보니 조그만 빨간 새우가 해변에 군데군데 무더기로 몰려있어 멀리서는 그렇게 아름답게 보였던 것이다. 한국 같으면 다 주어다 먹어서 한 마리도 없을텐데 하고 한 분이 말하자 한 일본인이 일본도 그럴 것이라 맞장구를 친다.

2박 3일의 주말여행으로는 여러 코스 중 나는 퀸스타운(Queenstown)을 가기로 돼 있어 버스를 타니, 달팽이 분류로 박사학위를 했다는 내 또래의 미국 여인과 자리를 같이하게 됐는데 자기는 이번으로 퀸스타운을 세 번째 방문길이라면서, 이 호수가의 조그만 마을이 그렇게 마음에 들어 뉴질랜드를 온다는 것이었다. 박물관에서 일을 하고 있으며 고등학교와도 관계가 있어 특수학생 몇 명에게 불어까지도 가르치고 있는데 무보수로 일하고 있다는 것이었다. 나의 몇 마디의 불어로는 당해내지도 못할 실력을 가졌는데 다부진 미국인이라 생각했다. 이곳은 폭포도 없고 전혀 다른 경관이었다. 다른 지질로 돼 있다 한다. 호수가의 산맥 위의 눈이며 풀밭 위의 오리들이며 그림과 같은 조용한 마을이었다. 이곳에서도 호수를 배타고 건너 농부 집을 방문하는 관광코스에 한 몫 끼었는데 개들이 양을 모는 광경이며, 양털을 순식간에 깎아내서 벌거숭이를 만드는 광경을 보여주었고, 커피에 케이크까지 관광객에 대접을 하는 것이었다. 다시

더니든으로 돌아와 회의가 끝나기 며칠 전에 나는 빙하로 유명한 쿠크산을 가기위해 이번에는 조그만 비행기에 세 명이 타고 퀸스타운까지 왔고, 거기서 갈아타기까지 2시간의 여유가 있어 다시 한 번 이 마을을 산책할 기회를 가졌었다.

정오 경 쿠크산 비행장에 도착했는데 너무나도 또 다른 내륙지방의 산맥의 경관이었다. 일본인 신혼부부와 나 셋이서 관광 헬리콥터를 타고 해발 3천7백64미터 높이의 쿠크산 주위를 돌고 타스만 빙하에 잠시 착륙하여 눈 위를 디뎠다. 사방이 눈뿐이다. 눈이 부셔 뜰 수가 없을 정도였다. 이 빙하는 하루에 3cm 가량 흐른다고 한다. 산 밑 넓은 계곡을 흐르는 물이 엷은 회색의 잿빛 같았다. 이곳 산 속의 예약된 산장에 여장을 푸니 시야에 들어오는 조그만 풀포기 돌멩이까지도 아름다워 그동안의 쌓인 피로를 싹 씻어 버려주는 것이었다. 어찌 이 졸필로 자연의 아름다움을 표현할 수 있겠는가. 구라파는 문화의 나라들이지만 이곳은 자연 그대로의 나라였다.

스위스 학회

1985년 9월

스위스의 그린델발트(Grindelwald)라는, 높은 산 중의 하나인 융프라우(Jungfrau, 4,158m) 밑에 있는 마을 속의 전망 좋은 호텔에서 학회가 열였다. 나는 학회 장소로 가기 전에 콘스탄츠(Konstanz)대학의 페니히 교수 연구실을 방문하기로 했다. 마침 이교수의 잔치날이 있어서 연구실 멤버들이 파티를 그럴듯하고 재미있게 꾸며 잘 마시고 잘 먹고 그날 밤을 보냈다. 다음 날은 독일의 다른 곳에서, 또 미국, 영국 등 다른 나라에서 손님들이 꽤 모여들었다. 저녁 무렵에 미술관에 페니히 부인이 손님을 안내하여 영어로 설명을 일일이 해준 다음 저녁 식사 대접을 잘 해주었다. 나는 콘스탄츠에 오면 처음 왔을때 페니히 교수가 데리고 가서 소개해 준 그 숙소로 언제나 간다. 아래 층에서는 빵도 구어 팔고 식당도 경영하고, 윗층은 숙박시설이다. 아주 조용하고 주인 아주머니도 좋고 집에 있는 것 같이 느껴져 즐겨 머무는 곳이다. 앵무새가 있어서 곳잘 지꺼려댄다. 보덴

제(Bodensee)도 배타고 갈 수 있고, 어느 때 방문했을 때는 고대시대, 석기시대의 생활을 우리나라의 볏집 오두막집처럼 작게 몇 십채 만들어 전시해 놓은 것을 볼 수 있었다.

그린델발트 학회에 가는 길에 페니히 교수 연구실에 들렀다. 자동차로 가는 사람, 기차를 타고 가는 사람, 나는 본(Bonn)대학의 트류파 교수 부부와 함께 기차를 타고 갔었다. 호수가 많고 산 위에 집이 아름답고 환경과 조화를 이루어 보는 사람의 눈을 즐겁게 해준다. 기차에서 내리는데 일본사람 부부는 부인이 배낭을 짊어지고 내리고, 학회 때문에 인파가 붐볐다. 호텔의 학회에서 장치한 데코레이숀도 너무나 멋이 있었다. 우리는 광합성세균의 DNA-DNA 하이브리드(Hybrid)의 포스타 섹션에 전시했었다. 융후라우 밑을 반(Bahn) 시설을 타고 갔었던 것으로 기억난다.

학회를 마치고 쥬리히(Zurich)에서 묵는데 우선 학회에서 만난 친구네 연구실을 찾아갔다. 나에게 시약과 약품을 주기로 되있어 값을 지불하려 했더니 완강히 거절한다. 꽤 되는 액수인데, 고맙다며 석별의 인사를 하고 나올 수 밖에. 스위스 사람들은 인심이 참 좋구나 느껴졌다.

한국 음식이 생각나서 쥬리히에 있는 한국식당이 괜찮다고 해 전차를 타고 갔었다. 십여 일만에 한국 음식을 맛보는 것이다. 식당에 들어갔는데 한국 사람인지 두 분의 남자분이 앉아 있었다. 나도 한국에서 왔는데요 하니 그 자리로 합석하자고 하였다. 그 분들은 인터라켄 가는 기차를 놓쳤다고 한다. 그래서 자동차를 렌트해서 갈 것이냐 포기할 것이냐 생각 중이라 한다. 나는 인터라켄에서 내려와서 귀국하는 중이라고 말했다. 그들은 아디다스에 근무하는데 아디다스 사장이 독일을 방문하여 독일에 있는 직원과 만나 융후라우쪽을 가려고 했던 것이다. 와인과 점심을 잘 먹고 헤어졌다. 그 후에 트레이닝복을 살 적에도 이왕이면 아디다스 제품을 사게 되었으니 와인과 점심이 선전효과가 만점인 것이다.

네덜란드 학회

1988년

1988년 8월 8일부터 13일까지 6차 광합성세균의 국제 심포지엄이 네덜란드의 노르트비크하우트(Nordwijkhout)에서 열리는데 DNA-DNA hybrid와 질소 고정에 대한 것을 포스터 섹션에 붙일 예정으로 그곳으로 갈 예정이었다. 이곳은 암스테르담에서 서남쪽으로 가까운 곳에 있으며 한 호텔에서 열렸다. 이 곳을 가기 전에 독일의 뷰르쯔부르그(Würzburg)를 들려 박사코스를 하는 제자를 방문하였다. 새 살림을 꾸린지 얼마 안되는 이 젊은 부부는 분주하게 움직여 돔이고 유명한 곳, 경치 좋은 곳이라고는 다 데리고 다니며 구경시켜 준다. 그러나 뭐니 뭐니해도 제자 아내의 음식 솜씨가 일품이다. 오래간만에 밥도 먹고, 전유어며 잡채며 한국음식을 만끽하였으니 너무나 즐겁다. 그러나 나는 그때 허리다친 게 덜 나아서 푹 들어가는 침대에서는 잘 수 없고 고생스러웠다. 허리 닿는데는 빳빳한 판대기를 대고 자야했다. 본(Bonn)으로 떠나야한다. 자기 차로 데려다

주겠다고 그러는데 허리가 더 아플 것 같아 사양하고 기차를 타고 갔다.

본에서는 훔볼트재단 숙소에서 며칠 밤을 지냈다. 트류파 교수집에서 부인이 수고한 점심을 잘 먹고 저녁은 한국 음식점에서 들기로 했다. 본의 한국식당이 의외로 소문이 괜찮다. 트류파 교수 부부하고 불고기인가를 들고 있는데 한 패가 들어온다. 독일의 콜 수상이 나타나고, 열 몇 명이 들어와서 죽 앉는다. 콜수상이 한국 음식점에 잘 와서 든다고 한다.

트류파 교수 부부와 나는 트류파 교수가 운전하는 차로 네덜란드의 심포지엄 장소로 갔다.

독일에서는 속도제한이 없다고 그러든가, 하여간 시속 150㎞로 운전하고 가는데 아무 흔들림도 없고 조용하게 달린다. 도로가 잘 되어 있어서 그렇다고. 하루는 아침 일찍이 트류파 부인하고 튤립꽃 경매장소에 가서 구경을 했었다. 암스테르담 도시는 운하를 끼고 건물들이 서 있는 것이 특이하다.

학회에서는 체육대회든지 게임대회든지를 곧잘 한다. 이번에는 네덜란드의 고유민속게임 수렌(Sjoelen)을 하는데 벨지움에서 혼자 온 여자동료가 짝이되어 게임에 참석하자고 한다.

둘이서 참석하여 좋은 성적을 내서 박수를 많이 받은 기억이 난다.

일본 오사카(大阪) 학회

1990년 9월

1990년 9월 6일부터 일주일간 일본 오사카대학 단백질 연구소에서 IUMS 대회가 개최되었다.

1979년에 광합성세균의 일본학회가 오사카에서 개최되었을 때 참석자가 백명이 넘는데 놀랐고, 오사카가 더럽고 지저분한 것에 또한 놀란 기억이 난다. 10년이라는 세월이 흘러 이번에 갔을때는 너무나 깨끗해져 있어 또 놀랐다. 이번 대회는 큰 대회로 참가 인원수가 천명은 넘지 않을까 생각됐다. 언제나 이런 대회에는 대학원생들이 애쓴다. 연구 실적을 갖고 가서 포스터 섹션에 내놓았다. 이번에는 광합성세균의 LPS(Lipopolysaccharide)에 대해서 혈청학적 유연관계를 ELISA방법에 의해 실험한 데이터를 내놓았다. 대회가 끝나면 저녁때 호텔로 가느라고 전차인지 기차인지 하는 차를 타고 갔었다. 한 참석자와 자주 만나게 돼 자기 소개를 하는데, 나라(奈良)대학 의과대학 교수이고 이번 대회의 개최 멤버로 일하고 있다 한다. 독일어도 조금한다. 일어와 독일어로 대화를 나누었다. 나를 점심초대 하겠다 해서 기꺼이 응했다. 나라를 보여주겠다 하여 오래간만에 다시 나라를 구경할 기회를 가졌다. 아주 얌전한 여자 조교도 동반 하였다. 나라까지 급행 지하철을 타고 가는데 테이블이 놓여있고 차 마셔가며 경치를 바라보면서 서투른 말로 대화를 나누었다. 나라의 사슴들이 나를 반기는 듯이 죽 나와있고 즉석 카메라로 사진도 찍어준다. 즐거운 오후를 나라에서 보내고 나는 여자 조교가 다시 호텔까지 데려다 주기로 해 고맙다 인사하고 헤어졌다. 이 조교하고 이제는 나라시장, 상점들을 두루 보며 거닐었다. 아주 깨끗하게 정돈되어 구경하는 사람의 기분을 상쾌하게 해준다. 우리나라에서도 즐겨먹는 나라쓰께도 종류가 다양하고 가격차이도 크다. 오사카에 밤에 도착하였다. 그 얌전한 조교에게 안내해 주어서 고맙다고 내가 저녁을 살테니 안내해 달라고 그랬더니 백화점 식당에 들어갔는데 전통 일본음식이라고 그러는데 우리나라의 빈대떡 비슷하다. 나를 호텔까지 데려다 주어 고마웠다.

미국 마사추세츠 여행

1991년 7월 23~27일

미국, 마사추세츠 보스턴 근방에 있는 앰허스트(Amherst)대학에서 제7차 광합성 원핵생물 심포지엄이 열렸다. DNA-DNA hybrid의 포스터 섹션이다. 어려운 여건에서 실험하느라 대학원생들이 항상 애쓰고 있다. 미국학생들은 앰허스트 칼리지를 하버드대학보다도 더 가고 싶어 한다고 한다.

미국 사람들은 고기를 꽤 즐겨 먹는 것 같다. 단것도 좋아하는 것 같다. 아이스크림도 너무나 달아서 우리의 구미에는 안맞고, 역시 아이스크림은 이태리 아이스크림이 너무 달지도 않고 우리 입맛에 맞는다.

학회를 끝내고 해변에서 해산물 잔치로 학회를 마무리 지었다.

학회를 끝내고 나는 미네아폴리스로 갔다. 인디아나대학에 있는, 미국에서 광합성세균의 일인자이며 석좌교수인 노교수의 연구실을 가보고 싶었었다. 아주 작은 비행기를 타고 비행장에 내렸을 때는 어둑어둑한 밤인 것으로 기억된다. 비행장에서 호텔을 예약하고 갔는데 이 호텔은 대학 방문객이 주로 묵는 호텔인 것 같았으며 값도 그리 비싸지 않았다.

교수 연구실을 방문하고 학교의 이곳 저곳을 돌아다녀보다가 한국에서 방학을 이용하여 연구하러 온 서울대 교수도 만나게 됐고, 박사코스를 하고 있는 친구의 조카도 만나게 되었다. 이 곳은 그때 한참 붐을 일으키고 있는 실험방법에 한층 더 업그레이드시킨 방법을 개발하여, UCLA에서도 몇 명이 오고 뉴욕에서도 와서 교수의 연구실은 대만원이었다. 거기에 나도 일원이 되어 며칠 나갔는데 하루는 저녁에 나를 초대하겠다고 한다. 교수의 부인도 연구실에 나와서 일하는데 같이 가기로 하였다. 그 교수의 부인은 아주 날씬했는데 트램폴린을 해서 그렇다는 소문을 들었는데 집에서만 한다고 한다. 집에 가보니 정원의 네 귀퉁이의 나무에 서커스용의 망을 높게 매달아 놓은 것이 보였다. 뉴욕에서 오신 분이 고기요리를 잘한다고 하는데 상당히 친한 사이인 것 같았다. 샐러드 재료인 채소를 교수가 씻어 나도 거들어서 같이 씻었다. 내게 트램폴린을 좀 해보라고 가르켜 주어서 조금 해 보았는데 잘 안됐다. 역시 어느 정도는 트레이닝을 해야 되겠다는 생각이 들었다. 망위에 떨어지니까 안심이다. 와인을 마셔가며 즐겁게 얘기하며 저녁을 잘 지냈다.

나는 그 호텔에서 친구 조카네 집으로 숙소를 옮겼다. 유학생들이 무엇이 그리 넉넉할까 하면서도 십 여 일을 거기서 머물었다. 인디아나대학은 음악으로 유명했고 음악회도 잘 열려 두 번인가 갔었다. 친구의 조카 색시하고 시장보러도 같이 다니며 잘 지냈고, 이제는 오-클레아(Eau-clair)로 날았다. 이 대학에 유전학 석좌교수로 실험실도 갖고 있는 한국 분이 계셨는데 몇 십년만에 만나보니 날씬했던 것은 사라지고 뚱뚱한 할아버지가 되어 있었다. 한국 식당에서 밥을 먹으려고 꽤 먼 거리를 차를 타고 갔었다. 이틀 밤을 머물고 뉴욕 공항에서 언니와 만나기로 되있다. 꼬리표 달고 승무원이 잘 인도해 주어서 오래간만에 만난 기분으로 언니를 만났다.

미술관 등 구경할 만한 곳을 돌아 다녔는데 맨하탄 어느 빌딩 앞인가 사람이 붐볐는데 언니 핸드백이 찢겨져 돈 봉투가 하나 없어지고 실로 짠 내 여름 반팔 스웨터가 없어졌다. 과연 기가 찬곳이구나.

이번에 미국의 그 유명한 옐로우스톤 파크(Yellowstone park)를 구경하기로 하였다. 가서 우선 며칠 묵을 숙소를 구하는데 왜 그리 크고 우중충한 옛날 집들인지, 한 집을 택하여 숙소로 정하였다. 다음 날 파크를 안내해 줄 40대 중반의 여성 가이드가 차를 갖고 왔다. 하도 넓다며 볼만한 곳이 많은 쪽으로 우리를 인도한다. 뜨거운 물이 지하에서 솟구쳐 뿜어내는 곳을 보는데 이런 온천물이 400곳은 되고 간헐온천도 80곳은 된다한다. 건조해서 나무들의 마찰로 산불이 난 곳을 우리에게 보여줬던가 기억이 희미하다. 다음 날도 우리를 다른 쪽으로 차를 몰고 구경시켜 주었다. 너무나 방대하고 크다는 느낌밖에. 그 다음 날은 젊은 쌍들하고 쪽배를 타고 개울물 인지를 질주하는데 날씨는 좋고 상쾌했던 기억이 난다. 식사는 닭고기, 고기음식이 주인것 같다. 우리는 쏠트레이크 씨티로 갔다. 호텔에서 하루를 묵어야 한다. 식당을 찾아보니 일식집이 있어서 오래간만에 밥을 먹을까 하고 갔었다. 우리가 생각했었던 것과는 거리가 멀었다. 우중충하고 데이트 장소인지 마음에 않들지만, 무엇을 시켜 먹었는지조차 기억 안나고 아무튼 먹고 실망하고 나온 기억 뿐이다. 다음 날 우리는 비행기를 타고 캐나다 토론토로 향하였다. 토론토에서 하룻밤을 호텔에서 묵고 친구에게 전화를 걸었더니 달려와 자기 아파트에서 갈 때까지 있으란다. 자기는 아들에게로 가 있겠다 한다. 애들을 보아야하기 때문에 어차피 매일 간다고 한다. 토론토 한식 식당가에 가서 오래간만에 한국음식을 만끽했다. 토론토 시내구경, 나이아가라 폭포를 캐나다쪽에서 보았다. 웅장하게 쏟아져 흐르는 물줄기를 보고 있노라니 마음이 다 후련한 것 같다.

오타와를 방문하기로 하였다. 기차를 타고 가서 역에서 내려서 하루 묵을 호텔을 고르는데 괜찮게 마음에 드는 곳이 있어 갔다. 조그마한데 아주 깨끗하고 주인 아주머니가 마음에 들었다. 유럽에서 오신 분이 경영하는데 시트도 눈처럼 희고 아침식사도 생과일로 갈아서 주고 아주 흡족한 대접을 받았다. 오타와대학의 강박사를 만나보고 다시 토론토에 돌아왔다. 친구 덕분에 토론토에서 잘 지내고 한국음식을 집에서 처럼 먹고 잘있다 서울로 돌아왔다.

프랑스 벤도르 지방 여행기 1

1991년 9월

프랑스의 벤도르(Bendor)라는 섬에서 박테리오신(세균을 죽일 수 있는 단백질성 물질)에 대한 학회가 1991년 9월 20일부터 나흘간 열렸다. 이 섬은 지도에서 찾아봐도 나오지 않고 불란서문화원, 불문학 교수 등에 물어봐서도 알아볼 수가 없었다. 그런 조그만 섬이다. 그들이 보내 준 자료에서 겨우 위치를 알게 되었다. 그 전 같으면 파리까지 가는데 앵커리지에 잠시 기착하는 것을 합쳐서 20시간은 걸렸을 텐데, 모스코바를 통해서 도착하는데 도합 15시간 걸렸으니 많이 단축되어 홀가분한 느낌이었다. 비행기 여행은 질렸으니 구라파 내에서는 기차로 다니기로 마음먹고 유레일 패스도 준비해 갔었다. 벤도르(Bendor)섬은 마르세이유에서 기차로 벤돌(Bendol)까지 가서 다시 배로 10분이면 갈 수 있는 코스이다.

마르세이유행 TGV 기차를 타느라 파리의 샤를르 드골 비행장에서 TGV역 근처로 가 숙소를 잡았다. 다음 날 아침 첫 시간의 기차를 탔더니 아침식사도 먹을 수 있었고, 리옹(Lyon)까지 3시간 밖에 걸리지 않았다. 이곳에서 마르세이유행으로 갈아타야 했다. 시간이 좀 남아서 리옹(Lyon) 시내 구경도 조금 할 수 있었다. 시야에 펼쳐진 바다 경치도 아랑곳 없이 마르세이유에서 곧장 벤돌(Bendol)행 기차로 몸을 싣고 1시간 정도 걸렸을까, 시골의 조그만 벤돌역에 내렸을 때는 저녁 노을이 질 무렵이었다. 벤돌은 지중해 해안에 위치해 있는 휴양지다. 9월 말 경인 데도 해안가는 관광객들로 붐볐다. 토요일이어서 호텔은 대만원이고 겨우 한 곳을 찾았다. 구석진 곳이긴 하지만 조용하며 높은 곳에 위치해 있어 바닷가를 바라볼 수 있었다. 아침에는 야채 및 과일시장이 형성돼 활기찬 장날을 연상시켰고, 해안가의 식당가는 생선류가 주 메뉴를 차지하고 있었다. 오후에 벤도르(Bendor)행 배를 타기 위해 조그만 나루터로 갔다. 20인 정도 탈 수 있는 아주 작은 배로 20분 정도 걸려 벤도르 섬에 도착하였다.

걸어서 한 40분이면 한 바퀴 돌 수 있을 정도로 작은 섬이었다. 호텔도 몇 군데 있고 여러 전시장도 있었다. 바다 가운데 위치한 조그만 섬이 아름답게 꾸며져 있었다. 바닷물은 너무나 푸르렀다. 그 위에서 수상스키를 타는 사람, 낚시하는 사람, 또는 갖가지 종류의 배들을 타고 즐기고들 있었다.

나의 룸메이트는 영국여자로 박사학위 코스를 하다말고 공장에서 일하며 공부하기 위해서 왔다고 했다. 점심시간은 오후 1시부터 4시까지였다. 1시간 남짓 다양한 프랑스 요리로 점심을 먹은 후 시간이 충분히 남아 산책도 할 수 있고 바다 스포츠도, 수영도 제각기 기호대로 즐기고 있었다. 노인들도 많이 와서 산책하고 있었고 모래사장에서 일광욕을 하고 있는 여인들을 보니 내 눈에는 가관으로 비추었다. 맑은 바닷물을 떠다니며 보니 바닷물 밑에서는 크고 작은 물고기가 헤엄쳐 다니며 해초들이 군데군데 무리를 형성하고 있었다.

매일 불란서 요리로 점심 저녁을 들었다. 끼니마다 메뉴도 잘 짜고 모양도 또한 아름답게 꾸며져 나와 불란서 요리가 세계적인 요리라는 것을 많이 들었는데 여기 와서 보니 실감이 났다. 이 느낌은 나 뿐이 아니라 참가자 모두가 이구동성으로 감탄의 소리를 냈었다. 디저트로 백여 종의 치즈도 나왔었다. 마지막 날의 대만찬에서는 요리사와 안내자들을 한자리에 나오게 해서 큰 박수로 치사를 했고 고맙다는 표시로 사례금 전달도 있었다.

이제부터는 해방됐으니 유레일패스로 한국에 돌아가는 날까지의 여정을 비로소 짤 시간을 갖게 되었다.

벤도르에서 니스행 기차를 탔는데 학회 참석자를 만났다. 자기도 니스까지 그 날 간다는 것이었다. 이 사람은 뉴질랜드에서 온 사람이라는 것은 알았고, 동양인인데 영어발음이 내 영어실력으로는 더욱 알아듣기 힘들었다. 이 사람은 이태리에 있는 친구를 방문할 계획이라 하여 나도 플로렌스, 베니스를 가보려고 하는 길이라 했다.

말이 오고가는 중 자기의 아버지는 중국계이고 어머니는 불란서 사람이라며 어렸을 때는 파리에서 자랐고 뉴질랜드에서는 20년을 살고 있다는 것이었다.

니스에서 오후에 모나코를 갔다 온 후에 아름다운 니스 해변을 거닐 수가 있었다. 다음 날 아침 8시 기차를 탔다. 지중해 해변 경치를 바라보며 기차 속에서 이렇게 한가하게 아름다운 경치를 즐기다보니 허둥지둥 바쁘게 돌아가던 생활에서 해방된 기분이었다. 남아메리카에서 구라파 여행을 처음 왔다는 노부부와 한 칸에 타고 가게 됐는데 이 두 사람은 새로운 역에 기차가 멈추기만 하면 수첩을 제각기 꺼내어 몇 시에 어디에 도착했다는 것을 열심히 기록하고 있었다. 농사를 짓는다며 소박한 농부로서 선량한 인상을 주는 사람들이었다. 파리에도 가느냐 물었더니 돈이 많이 들어 파리는 못 간다 했다.

플로렌스에 도착했을 때도 역시 저녁 때였다. 잠자리를 예약하고 여정을 푸니 저녁 식사 외에는 아무것도 할 수가 없었다. 밤거리를 나서 중심가로 갔었다. 한국식으로 생각하여 사람이 많은 식당으로 들어갔었다. 냅킨 식탁보가 눈처럼 희고 풀먹여 빳빳한 것으로 바꾸어 깔아 기분이 좋았는데 음식은 별로 비싸지도 않은 것을 시켜 먹었건만 값이 많이 나와 왜 이렇게 되느냐 물었더니 식탁보 값도 포함 돼 있다 한다. 공짜가 없구나, 대단하구나 생각했다. 30년 전에 한 번 왔었건만 희미한 기억 뿐이었다. 그때는 독일의 관광그룹에 끼어서 다녔기 때문에 호텔이나 끼니에 신경 쓸 것 없이 쫓아만 다녔고 플로렌스에서 묵지도 않았었다.

다음 날은 아무래도 관광그룹에 끼어서 돌아다니는 게 편할 것 같았다. 아침 일찍이 관광버스 독일어 코스로 탔다. 나의 어휘실력으로는 표현하기 어려운 아름다운 대성당. 둥근 돔의 높이가 50m 정도라며 거기에 계단으로 올라가는 길이 있어 올라갈 수 있다한다. 몇 백 년 걸려서 건축을 했으니 그 끈기에 감탄하지 않을 수가 없다. 그 옛날에 한번 봤었건만 새로운 감명이니 이것 또한 연륜의 탓일까. 언덕에 올라가서 플로렌스 시내를 바라보는 것도, 로댕 조각 옆에서 사진을 찍는 것도 옛날과 큰 변화는 없었다. 오래된 건물과 조화를 잘 이루어 플로렌스의 옛 모습을 관광객들에게 인상 깊게 만끽시켜 주는 것 같다. 로댕의 생각하는 사람을 보기위한 박물관은 관광객이 장사진을 이루어 20분 남짓 기다려 겨우 들어갈 수가 있었다.

유레일패스가 모자랄 것 같아 플로렌스에서 베니스로 가는 여정은 세 시간 정도 걸려서 이등표를 샀다. 기차를 타보니 자리가 없어 한국식으로 생각해서 식당 칸으로 가서 앉았다. 간단한 음료나 주문하고 앉아서 가려고 생각했었는데 풀코스의 식사만 서비스하지 음료수로는 안 된다는 것이었다. 할 수 없이 앉아서 가자니 주문할 수 밖에 없었다. 기차가 이태리 소속인 것이다. 이태리음식이 마음에 들어 저녁은 안 먹어도 되겠다 싶을 정도였다.

베니스에 내린 것은 오후 4시경이었다. 베니스에서 1박을 하고 다음 날 10시간 이상 걸려 뮌헨 쪽으로 갈 예정이었다. 베니스역 여행사에서 호텔을 구하려고 줄을 서서 기다리는데 30분은 족히 서 있었으나 별로 준 것 같지 않아 그만 나와 버렸다. 베니스를 보고 싶었는데 처음 보니 물 속에 잠긴 건물아래 부분은 이끼가 파랗게 끼어 있었고 바다 건너편에 바로크 성당들이 또한 물 속에 잠겨 있었다.

관광객으로 붐비는 바닷가 골목 번화가를 어슬렁어슬렁 거닐면서 호텔 몇 군데를 들어가 보니 하나 같이 빈 방이 없다하여 여기서 1박하는 것을 포기하고 밤 10시 차가 있으니 기차 속에서 밤을 지낼 수밖에 없겠구나 생각하여 배나 타고 한바퀴 돌자하고 배를 탔었다.

벌써 어두워간다. 내 옆 좌석에는 할머니들 할아버지들이 몇 사람 앉아 있었는데 모양을 낸 할머니가 아주 도도하게 앉아 있었다. 바닷바람이 세게 불어와 그 할머니가 언짢은 눈치였고 나도 창문을 닫는 게 좋은 것 같아 창문을 닫았더니 나한테 미소를 짓는다. 그런데 또 앞 문에서 바람이 세게 들어와 또 앞 문을 닫았더니 이제는 어디서 왔느냐며 아주 친절하게 말을 건넨다.

베니스에서는 묵을 방이 없어서 배나 타보고 가야하지 않겠나 생각하고 있다고 그랬더니 이 배가 리도스(Lidos)섬에 가는 것이라며 베니스 근방에서는 제일 큰 섬이며 베니스는 시끄럽고 호텔 예약은 미리미리 해야지 어렵단다. 그러면서 리도스에는 반드시 호텔에 빈

방이 있을 거라 하면서 자기 남편은 영어를 조금한다며 손짓을 하여 불러대는 것이었다. 배는 10분 간격으로 있고 40분간 예정하면 충분하다고 일러주었다. 부둣가의 호텔인데 사진도 찍기 좋고 자리가 좋다고 소개해 주었다. 내릴 때는 여행 잘 하라며 양 볼에 키스 인사까지 해주었다.

밤 기차를 타고 간다면 참 피곤할 텐데 생각하며 할 수 없이 체념하고 있었는데 리도스(Lidos)에서 하룻밤을 쉬게 되면 얼마나 좋을까 희망을 걸었다. 거기 호텔도 역시 빈 방은 없었으며 다른 호텔도 빈 방은 여전히 없었다. 이 곳에서도 빈 방 구하기가 어렵다며 잠깐 기다려보라고 했다. 자기네 호텔의 체인이라며 전화를 걸어 보겠다 한다. 새로 지어 아주 깨끗하다며 조금 떨어져 있지만 자기네 차에 태워 데려다 주겠다 한다. 참 고마웠다. 밤 10시 기차를 타고 가는 것을 면하게 됐으니 나로서는 여간 반가운 일이 아니었다. 아침식사도 나오고 호텔비도 싸고 방이 20개밖에 안 되는 꼭 개인집 같은 곳이었다. 조용하고 아주 편히 쉴 수가 있었다.

이튿날 아침 일찍이 바닷가를 나가보니 여름철이 지난 계절이라 바닷가의 방갈로가 질서정연하게 모래시장 위에 수백 채가 하나같이 꽉꽉 잠겨져 있었다. 대서양을 바라보는 아름다운 섬이었다. 이제는 독일의 레겐스부르그(Regensburg)에 갈 예정으로 살즈브르그(Salzburg)를 들러서 가기를 원했지만 시간에 쫓기어 직접 인스브르그(Innsburg)를 거쳐 뮌헨(München)으로 가기로 하였다.

프랑스 벤도르 지방 여행기 2

1991년 9월

이태리, 오스트리아, 독일로 이어지는 이 기차 여정은 알프스 산속의 아름다운 경치를 통과하게 된다. 시야에 온통 아름다운 것만 떠올랐다. 우리 칸에는 젊은 청년 두 사람과 중년 여인 한사람이 동승했는데 여인은 아주 한적한 이태리 시골 역에서 내렸고 또 한 청년은 이태리 국경의 마지막 역에서 하차해 버려 결국 두 사람만 남게 되었다.

이 젊은 청년은 미국인으로 구라파를 두 번째로 방문하는 중이며 비즈니스맨이라 했다. 베니스는 보지 못하고 뮌헨의 친구를 만나러 가는 중이라고 밝힌 청년은 내가 베니스에서는 방을 구하기가 어렵다고 하자 자기도 만약 다음에 베니스에 갈 기회가 있으면 리도스에서 머물러야겠다며 수첩을 꺼내 메모를 했다. 차창 밖 경치는 지중해 연안과는 색다른 느낌을 준다. 조용한 분위기가 썩 마음에 들었고 말로 형용할 수 없는 자연 경관이 펼쳐져 있었다. 같이 동승한 청년과 자연에 도취되어 서투른 영어로 올 여름에 옐로스톤 국립공원에 갔던 일, 솔트레이크 시티(Salt Lake City)에서 호텔 가이드북에 근사하게 나와 있던 일식 음식점을 찾아갔다가 실망했던 일 등을 얘기해 가며 이번 기차 여행 중 가장 긴 코스인 뮌헨까지의 9시간 여행을 보냈다.

뮌헨에 도착했을 때는 저녁 일곱 시, 캄캄한 밤이었다. 금방 레겐스부르크행 열차가 연결되어서 텅텅 빈 기차에 올라탔다. 차가운 냉기가 감돈다. 젊은 숙녀가 애인하고 석별의 아쉬움을 나누는 듯, 창가를 내다보고 서로의 얼굴을 뚫어져라 쳐다보는 장면을 볼 수 있었다. 그 젊은 숙녀는 활달한 성격의 소유자로 금세 어울릴 수가 있었다. 옆 칸에는 지금이 뮌헨 옥토버 페스트(October fest) 시기라 플로렌스 지방의 청년들이 몰려와 왁자지껄한 분위기였고 그녀는 그런 분위기가 싫어서 이쪽으로 옮겼다 한다.

자기는 뮌헨에서 법학공부를 하고 있고 지금은 실습을 하러 뮌헨에서 좀 떨어진 도시로 가는 길이라 한다. 이 실습을 끝내면 뮌헨에서 일자리를 얻을 수 있다 하며 아직도 독일에서는 여성의 직장 진출이 남성과 같지 않다 한다. 변호사가 되려고 그러느냐고 묻자 그런 힘든 일은 싫다고 한다. 뮌헨에서 태어나서 계속 거기에서 살았고 거기에서 공부했다고 하는 똑똑한 여학생이었다. 레겐스부르크행이 이제는 구동독으로 가는 직 코스가 되어서 앞으로는 이 기찻

길이 번거롭게 될 것이라는 등 얘기가 잘 통해 시간가는 줄 모르고 어느덧 레겐스부르그에 도착했고 앞으로 일 열심히 하라는 석별의 인사를 나누었다.

레겐스부르그는 30년 전에 독일에 처음 갔을 때 2주일을 보냈던 곳으로 아름다운 도시로 기억하고 있다. 10년 전에 이곳에 세워진 대학을 방문해야겠다는 계획은 서울에서 결정한 것이 아니라 학회 후 기차 속에서 계획한 것이었다. 레겐스부르그에서는 방 구하기가 쉽겠지 하고 안이하게 생각했고 기차에서 내리자마자 한 호텔을 찾을 수 있었는데 비싼 방 하나가 남아있다 하여 다른 호텔에 들렀더니 오늘 밤은 머무를 수 있고 내일은 모르겠다 한다. 왜 이렇게 여기에서도 방이 만원이냐고 물었더니 회의를 하러 많은 사람이 몰려와서 호텔이 밤낮 구분 없이 만원이라 한다. 그러나 방은 무척이나 조용했다. 하루를 보내고 그 다음 날은 다른 방으로 옮겨야 하는 떠돌이 신세가 되었다. 레겐스부르그대학은 한적한 곳에 널찍하게 자리를 잡고 있었다.

예고도 없이 방문한 무례한 낯선 이방인에게 교수는 친절하게도 많은 시간을 나를 위해 내주었다. 이렇게 친절한 교수도 있구나 하며, 메마른 세상에 그래도 이런 인정이 남아있기도 하구나 하고 새삼 느꼈다. 벌써 오후 3시가 되었다. 여기까지 왔으니 뉴른베르그를 짧은 시간이지만 다녀와야겠다고 생각하여 기차역으로 나가 뉴른베르그행을 탔다. 완행열차였다. 아름다운 옛 도시로 명성이 자자한

도시이다. 30년 전에 왔을 때와 너무나 달라져서 알아보기가 힘들었다. 변화한 지하철이 생겼고 고도시와 신도시로 나누어져 있었고 고도시의 아름다운 옛 풍경을 최대한도로 보존하고 있었다. 멋있게 펼쳐져 있는 야외시장에는 옛날의 찬거리가 선을 보여 옛 장터를 방불케 했었다. 늦게 레겐스부르그로 되돌아왔다. 다음 날은 다시 뮌헨에서 제네바행의 기나긴 기찻길에 올라야했다.

내가 탄 조그마한 칸에는 할머니 한 분하고 초로의 여인이 앉아 있어서 나하고 셋이서 타고 가게 되었다. 초로의 여인은 몇 정거장 못가 내리게 되어 할머니하고 둘이서 가게 되었다.

할머니는 83세이시고 뮌헨에서 사시는 분이었다. 스위스의 로잔에서 조금 떨어진 곳에서 3주일간 머무를 예정이라는 이 할머니는 곱게 늙으셨고 패션 감각도 뛰어나셨는데 특히 불어를 아주 잘 하셨다. 로잔에서 여학교를 다녔기 때문이라는 것이었다. 영어도 잘 하시고 얘기를 재미있게 하시었고 유머가 아주 많으신 분이었다. 지금 가는 곳에는 옛날에 의사이셨던 95세이신 의붓아버지께서 살고 계시다고 한다. 자기 어머니가 자기를 데리고 재가를 했는데 어머니께서는 돌아가셨고 지금 혼자 사신다 한다. 두 명의 파출부가 돌봐주는데 낮에 오는 사람이 휴가를 갔기 때문에 자기한테 와달라고 전화가 와서 지금 가는 길이라며 역에는 두 여인이 마중 나올 것이라 한다.

자기 의붓아버지께서는 지금 기뻐서 안절부절 못하고 계실 거라며 이렇게 아름다운 경치를 바라보니 너무나 좋다는 것이었다. 자주

이 길을 다니셨을 것 아니냐고 물었더니 차 운전을 하고 다녔기 때문에 경치를 한가히 감상할 겨를이 없었다 한다. 이번에는 왜 차를 운전하고 가지 않느냐고 물었더니 올 봄에 차 운전을 하고 가는데 앞에 나무들이 많이 서 있는 모퉁이를 돌다가 잘 못 봐서 부딪혀 조그마한 사고를 냈었다며 그 후로는 차 운전을 하지 않는다고 했다.

독일, 오스트리아, 스위스 세 나라를 지나가게 됐다. 넓고 푸른 풀밭에서 한가로이 떠돌아다니며 풀을 뜯어 먹거나, 편안히 앉아 있는 젖소들을 보시며 이 할머니께서 말하시기를 "Kühe sind vielleicht Vewandte von mir, aber nicht von Ihnen"(이 젖소는 내 동족일거야, 당신하고는 아니지)라 했고 또, 젖소가 나타나면 동족 또 나타났다 하며 유머가 듬뿍 들어있는 말씀을 하신다. St. Galten이라는 역에 기차가 섰을 때는 이곳은 스위스에서 수 잘 놓기로 유명한 곳이라고 설명했고, 차장 밖에 조그만 집들이 나타날 때는 Husly(조그만 집)라며 사전에도 안 나올 것이라 한다. 나보고 유머가 있고 엘레간트한 사람이라며 그 긴 기차여행을 두 노인이 폭소를 터트려가며 지루한 줄 모르고 갈 수 있었다.

뮌헨에서 지금은 혼자 사는데 시아버지 방, 자기 남편 방, 가정부 방이 있는데 지금은 다 비어있다 한다. 학생을 좀 두지 그러느냐고 그랬더니 싫으시다 한다. 뮌헨에서는 물론 독일어를 하고 자기 친구들이 3주나 스위스에 가게 되어 못 만나게 되는 것을 몹시 섭섭해 했다. 자기도 늙어서 이제는 의붓아버지를 돌봐드리러 가는 것이 귀찮다 하면서 앞으로 어떻게 하는 게 좋겠느냐고 묻길래, 건강이 허락하는 한은 돌봐드리는 게 좋지 않겠느냐고 그랬더니 그 말이 옳다며 그래야겠다 하였다. 자기는 친구들을 잘 웃기기 때문에 잘 초대된다고 한다. 어떻게 영어도 그렇게 잘 하시는가 했더니 학생시절에 미국에서 6개월 지낸 경험이 있고 책을 읽는다는 것이었다. 나보고 처음보다 말하는 것이 좀 나아졌다면서 뮌헨에 오게 되면 자기네 집에 와서 머물러도 된다며 명함을 꺼내어 한 장 줬다. 제네바에서 몽블랑을 가려고 한다 하니까 제네바는 대도시이고 호텔 구하기도 어렵고 로잔에서 머무르는 것이 어떠냐고 제의를 하기에 나도 지금 생각 중인데 참 좋은 생각인 것 같아서 나도 로잔에서 내리기로 했다.

로잔에서 그 할머니께서는 또 갈아타고 몇 구역 더 가셔야했다. 나는 역에서 가까운 호텔에 여장을 풀기로 했다. 금세 어두워졌다. 몽블랑행 기차표를 예약하고 스케줄 짜는데 꽤 시간이 걸렸다. 기차표를 구입하는데 플로렌스에서 베니스에 갔었을 때를 생각하여 1등 왕복표로 끊었는데, 2등칸도 텅텅 비어 굳이 1등표를 구입할 필요가 없었다. 로잔에서 출발하여 마리니에서 아주 적은, 많아야 정원이 30명 남짓한 기차로 갈아타고 자꾸 높이 올라가는데 형용할 수 없이 아름다운 계곡의 길을 꼬불꼬불 달려갔다. 역마다 조그만 마을이 있었고 집들이 오손도손 모여 있는가 하면 아주 뚝 떨어져서 산 밑에 외로이 한 채가 있어서 어떻게 저렇게 살 수 있을까, 그림엽서에서나 봤던 그런 풍경을 바라보며 샤모니 몽블랑을 향해 갔다.

나는 몽블랑 위의 눈에 덮인 풍경을 즐기는 것보다 오히려 샤모니 몽블랑까지 가는 기찻길 계곡들이 너무나 아름다웠고 이 졸필로는 형용하기 어렵다.

다음 날은 제네바행, 로잔에서 기차로 40분 거리다. 제네바 호수에는 선박의 왕래가 많았지만 물이 파랗고 깨끗하며 물오리, 물새들이 이곳저곳에서 무리를 짓고 있었다. 어떻게 이렇게 오염을 방지하고 있는지 부럽기만 하였다. 이제는 다시 리옹을 거쳐 파리, 한국행. 길이 추억에 남는 여행이었다.

오스트리아 비엔나

1992년

8월 17일부터 4일동안 비엔나에 있는 펜터호텔(Penter Hotel)에서 LPS(Lipopolysaccharide)에 관한 두 번째의 심포지엄이 열린다. 포스터 섹션(Poster section)에 대해 준비하며 비엔나에서 사는 친구에게 오래간만에 편지를 냈다. 심포지엄 시작하기 전에 비엔나에 일주일간 머물며 여행할 예정이니 호텔 좀 잡아달라는 부탁을 했다. 몇 십 년 전의 기억으로 비엔나에서 호텔 구하기가 힘들었던 기억이 남아있었기 때문이었다.

이 친구는 25년 전 자기의 인류학에 관한 박사 코스를 한국을 택하였음으로 한국에서 몇 년간 체류하여 한국어와 한문도 배우고 논문준비를 하여 박사학위를 비엔나대학에서 받았다. 현재는 의사로 일하며 비엔나대학에서 한국학도 가르치고 있다. 따라서 박사학위가 둘이여서 D.Dr.로 적는다.

모스코바까지 가는 여로의 내 옆 좌석에는 아주 어린 여학생이 앉게 되었다. 여름방학 동안 집에 왔다 가는 길이며 책이 든 무거운 박스를 발 밑에 이리저리 처치하느라 애를 먹고 있다. 자기는 대학 2년째 스페인 마드리드에서 미술공부를 한다며 타일미술을 하고 있다 한다. 마드리드 지하철역 옆에 있는 교회에 나가보면 마드리드에 사는 한국인을 만나 볼 수 있다하며 자기도 거기에 나간다고 한다. 기타를 치는 이훈이라는 청년은 왕립음악원을 끝내고 한국인도 가르치며 활동한다고 한다. 서로 잘 가라는 인사를 나누고 모스코바에서 각각 갈아탔다.

비엔나에 내렸을 때는 밤이었다. 짐이라야 조그만 가방하나라 그대로 곧장 나가보니 웬 뚱뚱한 할머니 같은 사람이 나에게로 와 자세히 보니 친구였다. 나보다 훨씬 연하이건만 세월이 흘러 이렇게 변했다. 며칠간이니 자기집이 좁고 불편하더라도 같이 있자고 하여 그러기로 하고 친구 집으로 갔다. 이 친구는 한국의 코란도 같은 일제 지프차를 몰고 있는데 여자들이 지프차를 타고 다니는 것이 유행인 것 같다.

다음 날 비엔나 시내를 나갔다. 건물들이 높이 솟아있는 서울과는 대조적으로 고전적인 건물들이 나지막하게 세워져 있어 하늘을 가리지 않아 오히려 안도감을 주는 것 같았다. 오스트리아 인구는 8백만명이고, 비엔나의 인구는 150만명이라 한다. 라트하우스(시청)의 광장에는 수백 개의 의자가 줄지어 정돈되어 있고 화면이 크게 있어 보았더니 카라얀 필름 축제(KARAJAN FILM FESTIVAL)라 적혀져 있고 "매일 어둠이 오면 시작한다"(Täglich bei Anbruch der Dämmerung)라고 적혀 있다. 몇 시에 시작한다가 아니라 얼마나 낭만적인 표현인가. 역시 음악의 도시답구나, 이런 표현 하나도…….

여행오면 미술관, 대성당 쫓아다니기에 다리 아프다. 이 친구가 토요일에 1박 2일의 부다페스트 여행을 헝가리 여행사에 예약해 일찍이 서둘러 출발지에 나갔다. 일행은 한 20명 정도이고 일본 여학생 2명이 끼어 있었다. 빈대학에 다니며, 방학 동안 독일어 코스에 다닌다고 한다. 현지에 도착하니 헝가리 안내원이 나와 우리를 안내하는데 할머니시다. 대학 교수였는데 정년퇴임을 했고, 독일어, 영어를 구사할 수 있으니까 여행안내원을 하며 생활비를 보충하고 있다 한다. 아주 성실하게 설명을 하는데 힘에 겨운 목소리로 돋워 말하는 것을 듣자니 안쓰럽고, 나도 늙어서 내 강의가 저 모양이겠지 그런 생각이 들었다. 촉박한 시간내 보여주는 대로 쫓아다니며 즐겼다. 부다페스트도 참 아름다운 도시였다. 저녁은 헝가리 춤 챠르다쉬를 보며 와인과 함께 저녁식사를 즐길 수 있어 피로를 풀 수가 있었다. 이 친구가 빈으로 돌아오는 길은 버스가 아니고 배를 타게끔 예약하여 우리 둘은 일행과 떨어지게 되었다. 도나우강을 따라 배는 비엔나를 향하며 헤쳐간다. 갈매기와 황새가 강가에 무리를 지어 모이고 있고, 폐허가 된 성도 보인다. 체코슬로바키아, 오스트리아, 헝가리가 까마득한 그 옛날에는 함께 어울려 살다가 이렇게 각 나라로 나눠지고, 지금은 도나우강의 둑을 일부 쌓음으로써 강물 흐름의 패턴이 달라질 수도 있고 영토 문제에 심각한 삼각관계를 도출하고 있다 한다.

학회는 유명한 베스타발 박사의 LPS에 대한 역사적인 고찰로 시작됐다. 그는 막스플랑크 연구실은 정년퇴임하고 스위스에서 살고 있으며, 2시간 정도면 갈 수 있는 프라이부르크로 일주일에 몇 번 나가신다 한다. 몇 년 전에 막스플랑크 연구실을 방문하였을 때 안 계시어 못 뵀다고 그랬더니 다음에 올 때는 미리 편지하고 오라고 하셨다.

LPS에 대한 두 번째 학회인데 역시 의학계에서 많이 왔고 순수 생물계에서는 많지가 않았고 베케사 교수도 불참했다. 왜 참석하시지 않았는지를 알 수 없었다. 심포지엄이 끝나면 친구가 시간이 있을 때는 같이 저녁시간을 지냈다. 하루는 슈테판 돔도 구경하고 공원도 산책을 했다. 요한슈트라우스 공원에서 야외연주를 하여 구경했다. 스트라우스 곡만 연주를 하며, 왈츠 춤을 추고 관중들도 나와서 같이 추기도 하며 아주 멋있다. 참 아름다운, 여유 있는 음악도시이다. 이 친구하고 빈 숲(비엔나발트)을 산책하러 갔었고 돌아오는 길에 그린지히의 새로 나온 포도주를 시음하는 곳에 들렀다. 이곳은 전통적인 포도주 집들이 계속 있고 입구 위에 소나무가지를 달아 매어 놓았다. 문에는 "지금 새 와인이 나왔다"(Jetzt gibt es heurige Wein, Friseh)라 적혀 있다. 금년도의 싱싱한 포도주를 맛보라는 곳이다. 기타연주와 함께 포도주를 마시며 즐기는 것이었다. 학회에서 주선한 행사로 새로 나온 포도주를 시음하는 이곳에서 하루 저녁을 지냈다.

다시 한국에 돌아가는 기쁨. 일주일 있다가 일본의 나고야에서 광합성학회가 열려 이경미 박사하고 조그만 포스터 섹션에 참석하기로 했다. 이 회의는 국제회관에서 열리는데 너무나 모던하게 또 넓게 지어져 있어 부럽기 이루 말할 수 없었고, 한국에서 겨우 20명 정도가 참석했었다.

러시아와 영국여행

1993년 7월 19월~8월 2일

14박 15일의 이번 북동 구라파 여행은 지구 끝 쪽의 불모지 땅을 개발하려고 하는 러시아를 시작으로, 여러 나라의 박물관과 고적지를, 지금까지 말로만 듣던 것을 직접 보는 그러한 여정이다. 어느 여행이나 한 나라에서 1주일 정도는 있어야 그 나라의 것을 조금 알고 간다는 어느 여행 전문가의 얘기가 떠오른다.

모스크바, 상트페테르부르크(레닌그라드), 한 번 가보고 싶은 곳이었다. 단체여행에 끼어 여행하는 것이 편리할 것 같아서 그렇게 계획을 잡았고 여행의 최종 지점에서 떨어져 나와 따로 여행하리라 생각했었다.

여행사의 당초의 스케줄은 모스크바, 상트페테르부르크, 북유럽, 동유럽을 거쳐 비엔나가 최종 지점이었으나, 출발 전에 동경에서 1박하고 직접 스톡홀름으로 가서 한 바퀴 빙 돌아서 최종 목적지가 코펜하겐으로 스케줄이 바뀌어졌다.

동경에 오후 늦게 도착하여 나리다(成田)공항 근교의 호텔에 여장을 풀었다. 전세버스에 실려 동경시내에 들어가니 가는 길이 멀어 아무리 해가 긴 여름철이라고 해도 한국식당에서 장국밥 한 그릇의 저녁을 마치고 늦게 돌아왔다. 불빛아래 야경을 오래간만에 감상하려 애썼으나 쓸데없이 동경에서 1박하는 것이 불만스러웠다.

그 이튿날 새벽 동경에서 스칸디나비안 항공기로 직접 스톡홀름을 향하였고 12～3시간 후에 도착하였을 때도 오후 3시경이라 관광에 나섰다. 1965년도에 들렀을 때는 1628년에 가라앉은 배(wasa)를 바다에서 건져낸 그대로를 우리에게 보여주었는데 이번에 보니 근사하게 지어진 배 박물관 내에 전시되어 있었다.

구시가와 신시가를 2층 버스를 타고 오르내리며 구경하였는데 햇볕이 잘 쪼이는 대낮에도 차들이 불을 켜고 달리는 것을 볼 수 있었다. 지금은 여름이니까 밤 10시인 데도 대낮처럼 환하게 많은 시간을 보낼 수 있어 우리 여행객들에게는 시간을 버는 격이라 좋았으나 겨울에는 오후 2시면 벌써 어둑어둑해 교통사고를 방지하기 위해서 항시 헤드라이트를 켜고 달리기로 법적으로 되어 있다고 한다.

밤 12시나 되니까 밖이 컴컴한 것을 볼 수 있었다. 백야를 잘 겪어본 셈이다. 호텔의 커튼도 우리와는 달리 속에 검은 천의 커튼이 있어 백야 아래에서 잠을 잘 수 있게 하였다. 비행기에 시달리고 또한 곧바로 관광에 들어갔으니 시차도 겹쳐 지칠대로 지쳐 단체여행의 맛을 비로소 알게 되었다.

오후에 비행기로 스톡홀름을 떠나 헬싱키에 도착하였다. 바닷가에 있는 시장구경, 배 구경, 유명한 두 사람의 건축가가 같이 집을 짓고 살았고 지금은 박물관 역할을 한다는 하비트래스크(havittrask)를 관광하였다. 핀란드의 오리지널 사우나를 가 보려면 미리 예약을 해야 거기서 준비를 한다고 한다. 헬싱키 중심가에서 1시간 정도 버스로 갔을까 교외에 위치해 있는데 갈색 빛이나는 호숫가에 조그마한 나무집이 사우나탕, 사우나를 하고 호수로 들어가 수영할 수 있게 돼 있다. 바다 같은 갈색 빛의 호수에서 떠보는 것도 이색의 맛, 깨끗한 도시였다.

다음 날은 일찍이 새벽 차로 상트페테르부르크행 열차에 탔다. 차창에서 대러시아 철도연변을 바라보며 착잡한 기분에 잠겼다. 그 넓은 땅위의 철도 옆의 집들은 허름하고 외모가 말이 아니다. 기차역에 도착하니 지저분하고 지린내가 코를 찌른다. 현지 안내자가 버스를 갖고 나와 호텔로 안내하였다. 나이는 50대 초반인데 키가 작달막하고 거기서 자랐으며 음악을 공부했다고 한다.

특히 인상에 남는 것은 넓은 강위에 전쟁에 쓰였던 군함들이 여기저기 떠있어 강변박물관을 방불케 한다. 에르미타주 박물관 등을 인상 깊게 보았고 볼쇼이 발레를 구경할 기회도 가졌다.

웅장하고 후련한 아름다운 도시였다.

상트페테르부르크에서 모스크바행은 밤에 일등 침대차를 타고 갔다. 모스크바는 소위 스탈린이 좋아해서 지었다는 양파모양의 지붕을 가진 건물들이 여기저기 많이 세워져 있다. 붉은 광장은 실제로는 '예쁜 광장'이라는 뜻이라 한다.

모스크바대학은 널찍한 공간에 녹지대도 많고 웅장한 모습이었다.

여교수가 모스크바대학에 재학 중이라는 딸까지 데리고 나와 우리의 방문을 환영해 주는데 교수인 어머니와는 대조적으로 영어를 한마디도 못했다.

모스크바에는 서커스 전용극장이 마치 오페라극장 모양으로 잘 지어져 있었다. 인간의 서커스 곡예는 너무나 처참하게 생각되었으나 동물들의 묘기는 어찌나 웃기는지 지금까지의 피로를 말끔히 씻어주는 것 같았다.

다음은 폴란드의 바르샤바로 현지의 한국사람 안내자는 독일에서 공부하다 몇 년 전에 바르샤바로 와서 공부하고 있으며 여기에 정착할 학생이었다. 맨 먼저 방문한 곳이 쇼팽의 생가였다. 아름다운 숲과 초승달 모양의 나무다리가 놓여있는 개울물이 흐르고, 꽃으로 둘러 싸여진 이 조그마한 생가 주위는 쇼팽의 곡이 은은히 흘러나오고 있으며 방문객의 발걸음이 끊이지를 않는다 한다. 마담 퀴리의 연구실에도 들려 그때 시대의 실험기기들을 볼 수가 있었다.

다음은 체코의 프라하로 갔다. 민주화의 발상지라고들 한다.

안내자는 한국 여자 분인데 학생을 위하여 선교하는 분으로 독일서 여기로 온지 몇 년 안 된다는데 꽤 체코 말을 하는 것 같았다. 프라하는 너무나 아름다워 이루 말로 표현할 수가 없었다.

유명한 찰스 다리 위에서는 동전이 깔려있는 천을 앞에 놓고 집시들이 기타를 치고 있거나, 바이올린을 켜고 있지만 하나도 측은하게 느껴지지 않고 오히려 낭만적으로 느껴지니 이렇게 환경의 영향을 받는 것인가, 인간의 간사함이 새삼 느껴진다. 그 옛날의 꾸불텅거리는 골목길을 누비며 구경하는 것도 또 별다른 맛이었다.

우리 일행 중에는 사진기를 몇 개를 짊어지고 다니시는 노 교수가 있었는데 이 다리에서 사진 찍기에 골몰하시다 그만 소매치기를 당하셨다. 돈지갑이 아니라 여권을 분실당해 여기에서 우리 일행에서 낙오되었지만, 전화위복으로 프라하에서 곳곳을 혼자서 구경하시고 사진 찍고 며칠을 더 즐기셨다고 한다.

현재의 대통령은 연극작가라고 했다. 이 도시의 보헤미아의 집시들은 그림도 그리며 노래도 부르며 아름다운 도시에서 세월을 보내는 것이었다.

다음 코스는 비엔나로, 저녁때 비행기로 도착하자마자 시내로 관광을 나서 슈테판돔, 슈벨트생가, 슈트라우스공원 등을 번갯불에 콩 구워 먹듯이 다니고 돌아왔다. 내일은 마지막 코스인 코펜하겐으로 가는 날이다.

코펜하겐으로 이동하자 비행장에는 여자 안내자가 나와 있었다. 코펜하겐이 북유럽 도시들 중 제일 부자도시로 소문나 있다고 설명해 주었다. 인어상과 티볼리 공원은 이 나라의 수난의 역사를 보여주는 단면이기도 했고 프레드릭 성과 시 청사는 근대를 대변해 주는 어딘가 다른 느낌을 주었다.

노인들을 위한 조그만 주말 별장 70여 채가 아름답게 되어있어 눈길을 끌었다. 코펜하겐의 관광을 끝으로 여행단은 서울로 떠났다.

단체 관광단에서 떨어져 나온 언니와 나는 공항에 큰 짐은 맡기고, 가고 싶었던 스코틀랜드와 아일랜드를 배와 기차로 가기로 하였다. 유레일패스와 영국의 레일 패스를 준비했었다.

우선 스코틀랜드에 가는 배편을 알아보기 위하여 스칸디나비안 항해대리점(DFDS)을 찾아갔다. 상의 끝에 독일의 함부르크에서 영국의 뉴캐슬로 배를 타고 가기로 결정했다. 하루를 코펜하겐에서 더 쉬고 다음날 함부르크까지 기차를 타고 갔는데 6시간은 걸렸다.

독일에 속하는 푸트가르덴(Puttgarden) 섬까지 가는데 배속에 기차를 싣느라고 잠시 덜컹덜컹 거리고 우리는 기차에서 내려 선상으로 자리를 옮겨 돌아다니기도 하고 독일 부르스트(소세지)도 먹고 1시간 이상을 즐겁게 지낼 수가 있었다. 언제 이런 기차를 싣고 건너가는 항해가 시작했느냐고 물었더니 25년은 된다고 하니 1965년은 지나고 놓인 것 같다. 이것 또한 별다른 코스로 지루하지도 않고 기분 전환이 되서 좋았다.

함부르크에 도착했을 때 저녁 때였다. 일요일이라 그런지 기차역은 한산했고 호텔 구하는 데도 사람들이 장사진을 이루지 않아 쉽게 구할 수 있었다.

호텔까지 걸어서 10분 거리라니 안경을 꺼내서 지도를 봐야하는 번거로움이 귀찮아 동양 사람이 맞은편에서 걸어오기에 거리를 물어봤더니 자기는 일본사람이라며 여행 중이냐고 묻고는 대단하다고 말하며 여기서 오래 살았고 바쁘지 않다고 호텔까지 굳이 데려다 주고 가는 것이었다.

함부르크의 피셔라이항구(Fischereihafen)에서 오후 4시 반에 배는 떠난다. 지하철타고 가서 버스타고 가면 이 항구 바로 앞에 내려주는데 오후라 그런지 항구 옆에 죽 늘어서 있는 생선가게들은 도매상인 모양으로 문들이 굳게 닫혀 있어 아주 조용하고 한가하기 만하다. 승객들이 시간이 다가오자 모여든다.

뱃속에서 하룻밤을 지내야한다. 우리 선실 룸메이트는 둘 다 독일 여자이고 40대 후반은 되어 보이는 한 사람은 영국에서 한 학기 동안 공부하는 딸이 묵고 있는 집을 방문하는 길이라고 1주일 머무르고 딸과 같이 돌아온다고 한다.

웬 짐이 그렇게 많으냐고 하니 한 가방은 순전히 선물만 들어있어 올 때는 빈 가방이 된다는 것이다. 과실 야채 등이라 한다. 또 다른 젊은 대학생은 스코틀랜드 북쪽 해안으로 방학에 놀러 간다면서 아름다운 곳이라 말한다.

기차와는 달리 배타고 가는 것은 지루할 틈이 없다. 침실에는 샤워시설이 다 되어 있었다. 5층 배인 것 같은데 어느 곳은 지나다보니까 몇 십 개의 침대가 큰 홀에 놓여있다. 밤에는 늦게까지 연주 노래 등의 프로그램이 있어 지루한 줄을 모르고 북해를 바라보며 뉴캐슬에 내린 것은 다음 날 오후 3시경이었다.

뉴캐슬 기차역에서 에든버러행의 기차를 탔다. 차창 밖의 자연을 바라보니 양들이 넓은 풀밭 위에서 평화롭게 거닐고 있다. 여기 양들은 가까이 보니 얼굴이 거무스름한 게 험상궂게 보인다.

에든버러에 도착한 것이 오후 6시는 되었다. 잠자리를 구하니 여행철이 돼서 대만원이라 시내에서 조금 떨어진 곳으로 결정을 하였다. 에든버러는 여행객으로 만원인 것 같다. 우리가 든 호텔도 방이 하나 남아 있어서 겨우 잡을 수 있었다.

우선 그룹여행을 예약했다. 에든버러시의 궁전, 성, 아름다운 옛 건축물, 옛 거리 등을 만끽하였다. 이날 저녁은 에든버러 시에서 좀 떨어진 마을에 뜰이 넓은 궁전 같은 곳에서 전통적인 스코틀랜드 음식과 와인, 춤, 노래가 있는 연회가 있다. 우리는 이 구경을 택하였다.

에든버러시의 교외는 아름다운 정원을 가진 단독주택들이 보기 좋게 아담하게 놓여있고 아파트 같은 것은 이 주위에는 거의 눈에 띄지 않았다.

남자들이 킬트(kilt)라는 스코틀랜드 치마를 입고 나와 백파이프(bagpipe)를 불면서 노래 부르고 춤추며 화기애애했다. 옆 좌석에는 한 노신사를 사이에 두고 두 할머니가 앉아 있었는데 미국에서 왔다한다. 노신사는 에든버러에서 태어났으며 미국에서 살고 있고 몇 년마다 방문하는데 부인은 돌아가셨다 한다.

사회자가 이 노신사의 참석을 축하하며 93세인데 앞으로 더욱 건강하시도록 축배를 올렸다. 짐작하건데 이 노신사를 돌보러 두 할머니가 같이 오신 것으로 생각된다. 옆에서 보니 식사도 잘하시고 와인도 잘 마시고 커피도 잘 들으셔서 아주 건강하신 분 같다.

내 앞 자리는 네덜란드에서 오신 분인데 제약회사에서 유전공학 연구 분야 담당자라 하며 30명을 끌고 여행안내자로 참석했다고 한다. 아무튼 즐거운 시간을 보냈다.

다음 날은 에든버러 주변의 호수, 아름다운 자연, 숲, 메리여왕의 생가 등을 방문하였다. 독일의 류네부르그(Luneburg)의 하이데(Heide)가 유명하여 지금도 기억하고 있는데 이곳은 하이데가 군락을 이루고 있으며 또한 꽤 큰 양치식물들이 군락들을 이루고 있다.

이 아름다운 자연 속에서 킬트치마를 입고 서있는 사나이는 오락가락하는 가랑비를 맞아가며 백파이프를 열심히 불고 있으며 옆에는 한 아낙네가 꽃핀 하이데 한줌씩을 여행객에게 팔고 있었다.

우리는 에든버러까지 가지 않고 중도에서 글래스고(Glasgow)로 가기 위해서 버스에서 내렸다. 양들을 바라보며 한 시간 남짓 지나 글래스고에 내렸을 때는 오후 7시가 넘었었다. 여행사에 가서 호텔을 물어보니 역시 여기도 대만원이지만 하룻밤은 된다 하여 가까운 곳으로 가기로 하였다.

영국은 호텔마다 바지 다리는 것(trousers-straightener)이 놓여 있어 역시 영국신사들은 여행 시에도 바지의 선을 말끔히 잡을 수가 있구나 생각하며 우리도 구겨진 바지를 부지런히 말끔히 펴서 기분좋게 입고 다닐 수가 있었다.

글래스고대학, 박물관, 식물원을 지하철을 타고 갔다. 브리티시 레일패스로 왔다 갔다 한다. 글래스고대학은 1451년에 설립된 영국에서 제일 오래된 대학이 아닌가 싶다. 이 대학의 박물관에는 18세기의 제임스 와트(James Watt)의 스팀 엔진에 대해서 많이 나와 있다. 19세기의 방부제 사용의 선구자인 외과교수 조셉 리스터(Joseph Lister), 유명한 물리학자인 켈빈(Thomson Kelvin)도 이 대학 출신이라고 했다. 너무나 고색 찬란하여 대학인지 무슨 궁전인지 분간하기가 어려울 정도이다.

그 주변에는 유명한 박물관이 있고 또 개인박물관(Mackintosh house), 정원, 개울 양쪽 가장자리의 숲의 나뭇가지 잎들이 물속에서 하늘거린다. 다리모양이 독특하며 아름다워서 한결 환경을 로맨틱하게 만든다. 방학이지만 대학은 관광객을 위해서 개방되어 있었다.

식물원까지 걸어가니 양난이 아름답다고 적혀있어 문을 막 닫으려는 양난 실을 구경하였으나 선전만큼은 미치지 못하였다. 식물원에 앉아서 킬트 입은 신랑과 신부들, 몇 쌍의 사진촬영을 구경하며 한가하게 보냈다.

다음 날 글래스고에서 아침 8시 기차를 타고 약 2시간 후에 스트란러(Stranraer)항구에 도착했다. 북아일랜드의 벨파스트까지는 3시간 걸리는 짧은 거리라 배도 간단하게 긴 의자가 죽 놓여 있었다. 스트란러 항구에서 바다에 이르기까지 좁은 만처럼 보이는 호수(Loch ryan)를 빠져 나가는데 족히 한 시간은 걸렸으리라 생각된다. 호수가 너무나 넓어서 바다로 착각된다.

벨파스트항구 주변은 건설하느라 어수선하고 아일랜드의 수도 더블린을 가려면 기차 역으로 가야한다. 교통이 막혀서 셔틀버스가 오지않는데 자칫하면 기차시간을 놓치게 생겼다. 옆의 한 여인이 걸어서 20분은 걸린다고 하니 걷는 것이 나을 것 같아 걷기 시작했다. 물어물어 기차역에 가서 타려고 패스 두 가지를 다 보이니 다 안된다하여 기차표를 북아이랜드 국경까지 끊어서 비로소 기차를 타게 되었다. 기차시간에 막 다다른 안도감에 차창을 내다보니 시야에 퍼지는 푸른 들판, 양들은 평화롭기만 하고 차 시간에 쫓기던 조바

심, 그렇지 않으면 북아일랜드에서 하루를 지내야했던 불안감이 스르르 녹아버리는 것만 같았다.

더블린역에 도착하였을 때는 해가 이미 저가는 어둑어둑한 7시경이었는데 역은 한산하고 여행자 인포메이션 팻말이 무색할 정도로 문은 꽉 잠겨 있었다.

역 밖으로 나가니 길 건너편에 호텔이 하나있어 우선 들어가기로 생각했다. 더블린 시내는 도보로 7~8분이면 가는 곳이었다. 여기는 일찍 해가 진다. 캄캄한 밤이다.

피곤할 때 저녁은 중국집을 찾는다. 다행이 밤 12시까지 문을 열어 저녁에 와인 한 잔으로 피로를 풀고 다른 호텔 예약과 관광예약을 마치고 목적지에 온 안도감을 느꼈다.

더블린에서도 영국에서나 마찬가지로 바지의 선은 깨끗이 세우고 다닐 수가 있었다. 아일랜드의 화폐 가치가 영국보다 아주 조금 떨어지지만 영국 돈이나 아일랜드 돈이나 똑같이 취급해 버린다.

다음 날은 젊은 여인의 안내를 받았다. 고고학을 연구하는 대학원생으로 방학동안 가이드 역할을 한다고 한다. 지리학, 고고학에 문외한인 나로서는 너무나 안타깝다.

더블린은 1000년 전에 해적에 의해서 세워졌다는 유럽에서 흥미를 끄는 도시 중의 하나라 한다. 더블린대학(Trinity college)의 옛날풍의 거무스름한 대리석 건물에는 1591년에 개교됐다고 적혀있다.

더블린에서는 유명한 문인들이 배출되었다. 예이츠, 제임스 조이스, 오스카 와일드, 사무엘 베케트, 버나드 쇼 등. 패트릭 성당도 인상적이었고 문인들이 많이 살았다는 한 동네는 나지막한 빨간 벽돌

집들이 길을 따라 죽 늘어 서있다. 문의 크기는 비슷하나 제각기 다른 모양으로, 다른 색으로 칠해져 있는데 아름답게 조화되어 이색적이었다.

유럽에서 가장 오래된 5000년은 된 것으로 추정한다는 피라미드보다도 더 오래된 유일한 유적인 왕족 묘들이나, 아일랜드의 옛 수도(Hill of Tara)들의 고적지 등은 인상적이었다. 18세기의 전형적인 정원이라고 그러는데 아름다운 보기 드문 수목들이 늠름히 서 있어 장관이었다.

이제는 더블린에서 코펜하겐으로 되돌아 가야한다. 더블린시의 외곽을 달리는 다트 전철(Dart train)을 타고 항구(Dun Longhair)로 달렸다.

이 항구가 있는 바다에는 제방이 까마득하게 멀리까지 만들어져 있어 제방 위를 저녁 무렵 산책객이 줄을 잇고 있다. 개를 끌고 가는 사람도 눈에 많이 띠었다. 개들이 뒤룩뒤룩 살이 쪘다.

너무나 아름다운 풍경이었다. 끝까지 가보니 한 젊은 청년이 바이올린을 은은히 켜고 있으며 앞에 깔린 넓은 천위에는 동전들이 깔려 있었다. 바다를 바라보며 하루 저녁을 지냈는데 진작 여기에 와서 묵었더라면 좋았을 것을 시내에서 묵은 것이 후회스러웠다.

영국의 홀리헤드(Holyhead)로 건너가는 배는 밤 11시 반 출발이다. 일찌감치 배타는 역으로 나갔는데 많은 사람들이 나와 기다리고 있었다.

50세는 되어 보이는 여인은 머리는 며칠 빗지 않은 것 같고 옷도

남루하며 보따리를 하나 껴안고 기다리고 있다. 또 앞 줄에는 두 청년이 이가 득실거릴 것만 같은 헝클어진 긴 머리에 바지무릎은 찢어져서 너덜거리고 큰 배낭을 짊어지고 못 얻어 먹어서 그런지 말라빠진 개를 제각기 한 마리씩 거느리고 기다리고 있었다.

배 타는 시간이 길지 않아서 그런지 배에는 소파나 의자들이 마련돼 있었고 우리와 좌석을 함께 한 사람은 영국 노신사와 부인이었다.

개를 데리고 가던 두 청년은 개는 맡겨 놓았는지 없고 다른 칸 바닥에 담요를 덮고 들어 누워 자고 있었다.

새벽 두세 시 경 홀리헤드에 도착하자 그곳이 곧 런던행 기차 타는 곳이었고 기차는 곧 연결이 되었다.

내 옆 좌석에는 더블린에 사는 동생을 방문하고 돌아온다는 중년 여인이 개를 데리고 앉아 있었다.

6시간 후에 런던에 도착하였다. 도버 항구에 가려면 지하철을 타고 런던의 빅토리아에 가야 한다.

도버행 기차를 한 대 놓쳤는데 다른 라인에서 곧바로 도버 가는 기차를 타게 되었다. 이 기차는 도버 선창까지 직행으로, 배를 탈 사람들만이 탄 셈이었다.

한 시간을 달렸을까 갑자기 기차가 멈춰 서서 덜거덕거리며 속도도 아주 줄이고 뒤로 갔다 앞으로 갔다 하다가 그대로 선다.

안내 방송하기를 고장이라 수리 중이라고 하더니 한 시간 이상을 실갱이 하다가 거꾸로 다시 역으로 되돌아갔다. 다시 가니 한 시간 반 거리를 4시간은 걸린 것 같다.

도버 선창에 내리자 시간은 급하고 벨기에의 오스텐드(Oostende)행 배를 찾아가는데 두 가지 종류의 배가 있다는 것을 몰랐었다.

아무튼 우리는 오스텐드에서 코펜하겐으로 가는 기차를 놓치면 안 되니까 빠른 배, 즉 제트포일(Jetfoil)을 타겠다고 했더니 돈을 더 내야 한다고 한다. 다른 배로는 4시간 걸리나 이 제트포일은 2시간 반 밖에 안 걸린다.

오스텐드에 내려 코펜하겐행 야간 침대차를 타기까지 1시간 정도 여유가 있었다. 여섯 사람용의 침대 칸에는 뉴질랜드에서 왔다는 고등학교 교사를 정년퇴임한지 몇 년이 됐다는 노신사와, 벨기에에서 동시통역을 한다는 젊은 여인, 그리고 교사직을 갖고 있다는 젊은 영국 여인, 덴마크로 자전거 여행을 하러간다는 젊은 청년 등이 함께 탔다. 노신사는 이미 미국을 몇 달간 두루 돌아다니다 오신 분으로 자기 부인은 암으로 몇 년 전에 세상을 떠났고 암협회에 가입하여 회의에 참석했다 오는 길이라며 봉사활동에 많은 시간을 할애한다고 한다.

그는 음식에 대한 식견이 대단했다. 여행을 많이 해서 그런지 얘기를 아주 재미나게 이끌고 가서 우리 일행은 시간 가는 줄 모르고 밤 늦게까지 보냈다. 아몬드를 꺼내어 돌리길래 먹어보니 그 아몬드는 처음 맛보는 새큼한 맛이 나는 것이었다.

동시통역을 한다는 벨기에 여인은 스페인어, 불어를 주로 한다하며 딸을 낳은 지가 6개월 되는데 코펜하겐에서 약간 떨어진 곳에서 사는 어머니에게 맡겨 놓고 자기는 벨기에에서 일자리를 가지고 있다며 주말이면 밤차로 간다한다. 벨기에의 일자리가 자기에게는 더 마음에 들어서 있다 한다. 얌전해 보이고 인상이 좋은 여인이었다. 독일어, 영어도 잘 하든데 포르투갈어도 한다하며 지금은 이태리어를 공부하는데 힘들다고 한다. 상당히 재능이 많은 여인인 것 같다.

다음 날 아침에는 내릴 준비에 바빴다. 나에게 자기 집의 주소와 전화번호를 적어주며 무슨 일이 있으면 연락하라 한다.

이 사람은 코펜하겐 전역에서 내렸다. 유모차에 애기를 태우고 자기 어머니가 마중 나왔는데 우리 차창에 유모차를 끌고와서 자기의 딸을 보이고 손을 흔드는 것이었다.

코펜하겐에 내린 것은 아침 8시경이었다. 여행사 앞에는 배낭을 짊어진 여행객들이 장사진을 친 채 죽치고 앉아 기다리고 있는 것을 보니 거기서 문 열 때까지 기다릴 생각이 안 났다. 그날 하루를 쉬고 갈 곳을 찾으니 다 만원이었다.

다음 날 동경행 여정을 마무리지었다. 8월 15일이 됐다.

여행은 고생이다 그러나 고생으로 느껴지지 않는 것이 또한 여행이다.

중국과 백두산

1994년 7월

금년 여름에는 중국을 가고 싶다고 생각하고 있었는데 어느 날 친구한테서 전화가 걸려왔다. 중국여행을 가지 않겠느냐고. 모 대학 산악회에서 주도하는데 코스도 좀 특수하고 괜찮다 한다. 나는 냉큼 응하였다. 멀지 않고 인접한 곳이니 가벼운 마음이다.

7월 29일 9시 35분발 비행기이니 새벽 일찍 가방하나 덜렁 들고 나섰다. 내가 최고령자이고 19명 중 3, 4명을 제외하고는 다 젊은 분들이다. 1시간 후에 우리는 상해에 도착했다. 상해, 어린 시절에 얼마나 멋있는 곳으로 상상했었던가. 대국적(大國的)인 느낌은 있었으나 낡아서 허름한 인상을 받았다. 상해는 6000년 전에는 바다였었고 4000년 전 육지가 되었다 한다. 임시정부 옛 청사를 방문했고 황푸강을 따라 버스는 달려 홍구공원, 도산공원의 윤봉길(尹奉吉) 열사의 묘지를 방문 후 상해 역에서 기차를 타고 1시간 30분 후에 소주(蘇州)에 도착했다. 소주라는 한자가 이상하다 했더니 간

소화한 한자로 썼기 때문이고 옛날 한자와 병행해서 쓰고 있는 것을 알았다. 다음날 오전에는 반문(盤門), 호구(虎丘) 한산사를 관광하고 역 옆에 있는 매촌원(梅村園)이라는 식당에서 점심 식사 후 운암사(雲岩寺), 탑 등을 보고 500년 전 명나라 시대에 관리직을 그만 둔 사람이 지은 개인정원이었다는 졸정원(拙政園)을 들렀다. 삼나무가 무성하고 대규모의 각(閣)이나 또한 큰 연못 안의 연꽃, 백송들이 당당히 서 있어 역시 대국이라는 위압감을 준다.

다음은 기차타고 항주(杭州)행이다. 쫓아만 다니니 편하다. 악비왕묘(岳飛王墓)를 방문하고 서호(西湖)유람선도 타보고 영은사(靈隱寺)를 돌아봤는데 중국 절들은 향내가 너무나 강하고 자욱해 옆에 서 있기가 어렵다.

용정차(龍井茶)가 유명하다 하여 한 잔씩 마시고 파란 찻잎으로 덮여 있는 넓은 밭을 지나 소동파기념관도 구경하고 저녁 결에 심양(瀋陽)행 비행기를 2시간 가량 타고 갔다. 도착 후에는 투숙. 다음 날 아침 식사 후 단동(丹東)행 9시 기차를 탔다. 약 6시간을 소요하니 기차 속에서 식당 점심도 먹어볼 기회를 가졌다. 차창 밖을 내다보니 수로가 많이 나 있어 배들이 짐을 운반할 수 있게 돼 있다. 그 넓은 땅이 벌거벗은 모습은 볼 수가 없고 파랗고 싱싱해 보이는 작물들로 덮여 있었다. 단동에서 금강산(錦江山)에 올라가서 압록강과 강 건너 북한을 바라본 다음 배를 타고 압록강을 돌았다. 단동 쪽은 건물도 많고 번화해 보이나 북한 측은 한산해 보이며 녹슨 허름한 배들이 강위에 몇 척 둥둥 떠 있으며 인기척도 그저 몇

몇 사람이 보일 뿐이다. 압록강이나 철교는 중국과 공유라한다.

8월 2일에는 버스로 단동을 출발하여 호산의 성곽을 지나 압록강을 따라 달렸다. 무어라 표현할 수 없는 확 트인 경치가 펼쳐졌다. 민가가 거의 없는 시골 길을 달리는 것이었다. 그 길을 잘 아는 중국인이 운전을 했고 이 운전사의 안내로 중도에서 점심식사를 하게 되었다. 물론 밥이 나왔는데 두 숟가락 넣으니 돌이 씹히고 세 숟가락 째도 돌이 한 두 개가 아니라 지글거려 먹을 수가 없었다. 다른 사람들도 마찬가지로 돌이 씹힌다고 야단들이다. 야채 볶음을 먹어보니 역시 시원치 않다. 이 벽촌에 20명의 손님이 몰려 왔으니 너무나 좋아서 쌀을 일을 사이도 없고, 배추도 씻을 사이 없이 기름 속에 넣은 모양이라고 우리는 깔깔대고 웃어댔다. 버스 타고 가는 도

중에 군데군데 맑은 개울물이 흘러 그야말로 시골 가는 한가한 기분이다. 10시간을 버스로 달린 끝에 고구려시대의 수도인 집안(集安)에 도착하였다. 호텔이라야 간판만 호텔이지 추하고 형편이 없다. 저녁 먹고 나서 뱃속이 이상하더니 그날 밤 여덟 번을 설사했다. 내일은 백두산에 올라가는 길인데 이 상태가 계속되면 못가지 않겠는가 걱정을 했다. 그래도 새벽녘에는 가라앉아 잠을 조금 잘 수가 있었다. 다음 날 아침 중국에서는 으레 아침식사로 죽을 내놓아 죽으로 요기를 조금했다. 나만 걸린 것이 아니라 두, 세명 빼놓고는 다 배탈이 난 모양이다. 그 이유를 생각해보니 버스 속에서 복숭아를 나누어 주어서 먹었었는데 개울물이 맑아서 그 개울물에 씻었기 때문일까? 아침 일찍이 고분을 관광했다. 오분총(五墳塚), 장수왕릉, 광개토왕릉(장수왕의 父), 국내성(國內城)을 돌아봤는데 벽화는 동물의 피와 식물의 기름으로 그렸다 한다. 30년 전에 불란서의 브르타뉴 지방 여행 시 고분벽화를 봤었는데 그것에 비해 너무나 웅장하고 생생하여 고구려시대의 번창함을 새삼 감명 깊게 느끼게 한다. 집안(集安) 호텔에서 조선일보사 주최인 집안 고구려 고분(古墳) 탐방 팀을 만났는데 몇 백 명이 왔다하며 우리는 몇 군데밖에 못가봤는데 고분을 고루고루 답사한다고 한다. 교수도 모시고 와서 세미나도 하는 것을 보았다.

다음 날 8월 3일에 집안(集安)에서 통화(通化)로 버스를 타고 6시간은 갔다. 통화에서 밤 9시 5분 이도백하(二道白河)행 침대차를 탔다. 8월 4일 아침 5시에 이도백하에 도착하였다. 여성 안내원이 버스를 갖고 마중 나왔다. 우선 조선인 식당에 가서 아침식사를 하고 중국에서는 장백산(長白山)으로 알려진 백두산 방문 길에 오른 것이다. 2,700미터 고지까지 둑이나 차도가 견고하게 잘 닦여져 있었고 가는 길은 늠름한 자작나무 숲이 쭉쭉 뻗어 있어 장관이었다. 다행히 날씨가 좋아서 2,700미터 고지에서 청보라색이라고 표현할 수 있을까 그런 푸른 천지를 내려다 볼 수 있었다. 고산식물들이 군락을 이루어 꽃이 피어있고 너무나 평화롭게만 보이는 것이었다. 다시 내려와서 장백폭포를 보았다. 온천물이 뜨겁게 나와 그 물에 계란 삶은 것을 팔고 있었다. 천지를 올라가는데 뾰족뾰족한 돌산이 장관이고 고원지대에는 조그만 꽃들이 군락을 형성하고 있었다. 천지 물에 손도 좀 적셔보고 흐르는 물에 미숫가루를 타줘서 천지 물도 마셔본 격이 됐고 왕복 족히 2시간 반은 걸은 폭이다. 이도백하

식당이 좋지 않다하여 길림 가는 도중에서 오후 늦게 조선인 식당에서 점심을 먹었는데 찐 옥수수도 나와서 강원도에 온 기분이었다. 이도백하에서 길림으로 오는 도중 울창한 숲의 경관이 좋았다. 김좌진 장군과 홍범도 장군이 싸웠다는 청산리를 거쳐 이 두 분을 기리는 어랑촌을 지나가는데 벽이 하얗게 말끔히 칠해진 우리 시골집 같은 집들은 조선족이 사는 집이라 한다. 용정을 지나 길림에 도착한 것은 밤 8시였다. 버스 배터리가 약해서 도중에 물도 부어주고 사람들이 내려 떠밀어서 발동도 걸어 50년 전의 목탄차를 회상시켰다. 길림은 집안보다는 훨씬 나았고 큼직한 조선인 식당에서 저녁을 먹었다. 호텔도 집안 보다는 나았다.

다음 날 8월 5일에는 도문(圖們)으로 가서 두만강과 함경북도를 바라보았다. 함경북도 산림 속에 속도전이라고 써진 간판도 보았다. 한국의 50년 전 시골장과 흡사한 시장구경을 하고 다시 용정(龍井)으로 가 점심과 옥수수를 먹은 다음 일송정(一松井)과 해란강(海蘭江)을 바라보았고 대성중학교를 방문하였다. 지금은 박물관이 되었고 28세의 젊은 나이에 작고한 윤동주(尹東柱) 시인의 비석이 세워져 있었다. 문익환 목사나 정일권 씨가 다 이 학교 출신이라 한다. 다시 연길로 나와서 4시 45분 비행기로 북경행, 도착은 19시 10분. 북경에서는 신만수빈관(新萬壽賓館)에 투숙했는데 밤에 야시장 구경을 나갔다가 비를 만났다.

8월 6일에는 버스로 북경시 구경에 나섰다. 명십삼능(明十三陵)

과 정릉(定陵) 박물관을 관람하였다. 이 정릉은 거의 400년간을 지하에 매장되어 있던 무덤으로 1950년에 박물관으로 개관했다 한다. 만리장성에 갔었는데 우리는 4능까지 밖에 못 갔다. 기원전 7세기에 시작했고 전 길이가 6,000km라 한다. 그 옛날에는 수 많은 인간이 희생됐을 텐데 후손에게는 관광대상으로 전세계의 금전을 긁어모으는 곳이 되었으니 역시 대국이라는 생각이 든다. 칠보공장도 구경했고 한식당으로 가는 도중 북경대학, 청화(淸華)대학을 겉으로만 보고 지났다.

다음 날 8월 7일에는 서태후(西太后)의 여름 휴양지였었다는 이화원 별장을 구경하고 천안문광장, 자금성, 천단(天壇)공원을 방문했다.

이태리 우비노행

1994년 9월

광합성원핵생물의 8차 심포지엄이 9월 10일부터 15일까지 이태리 우비노(Urbino)에서 열렸다. 나는 9월 7일에 프랑크푸르트행 비행기를 탔다. 내 옆 좌석에는 나 정도의 외국 할머니가 앉았는데 동독 베를린에 있었다는 베를린대학 한국학 교수이다. 1990년도부터 서울에 세 번째 다녀가는 길이라면서 비행기 속에서도 한국말 책을 읽고 쓰고 하는 것이었다. 박완서 작 『꿈』을 번역했고 최인호 단편 문학상 수상작을 번역하고 있다 한다. 한국말을 아주 잘 한다. 프랑크푸르트에는 10시간 걸려 저녁 7시경에 도착하였다. 다음날 바젤행 ICE(Intercity Express)기차 창가에서 차창 밖을 내다보니 프라이부르그를 지나는 것이었다. 시간이 좀 있으면 들릴 수 있을 텐데 아쉬운 생각이 들었다. 이 차 안에서 나와 마주 앉은 젊은 여성은 타일 회사의 지배인이고 드레스덴(Dresden)에서 일한다 한다. 정치가들은 5년이면 동독합병이 잘 되갈 것이라고 그랬는데 10년 15년은

걸릴 것이라 한다. 쥬리히(Zürich)에서 자르간스(Sargans) 가는 길은 쥬리히 호수를 따라 달리는데 호숫가 언덕에 아름답게 집들이 들어서 있다. 젊은 부부와 마주 앉아 있는데 미국에 여행 갔다 왔고 그 날은 컴퓨터 전시를 하고 오는 길이라며 스위스 초콜릿을 주고 간다. 그 초콜릿을 여행 중 배가 고플 때면 조금씩 떼어먹고 지금도 남아있다. 구라파에서 제일 조그만 나라 리히텐슈타인(Lichtenstein)을 가볼 생각이다. 이 나라는 스위스하고 오스트리아 틈에 끼어있는 길이 26km, 너비 6km인 작은 나라로 인구는 3만명이라 한다. 라인강을 사이로 스위스와 경계를 짓고 있다. 자르간스에서 기차를 내려 봐두츠(Vaduz)행 버스를 탔을 때는 어둑어둑해졌다. 내 옆 좌석에는 할머니가 앉아 계셨다. 나보고 어디를 가느냐고 묻기에 봐두츠에 가서 호텔을 정할 생각이라고 말하고 한국에서 왔다고 말했더니 자기는 한국 사람을 많이 안다고 말한다. 이런저런 얘기 끝에 호텔에 갈 것 없이 자기 집으로 가는 게 어떻겠느냐고 그런다. 호텔로 가는 것이 편하기는 하지만 할머니 댁으로 가는 것이 일면 재미도 있을 것 같아 그러겠다고 응하였다. 자기 조카 딸들에게 전화를 걸어 놀러 오라해서 밤에 와인 마셔가며 한참 놀았다. 한 조카 딸이 다음 날 직장을 쉬고 나를 자기 차로 언덕에 있는 슐로스도 가고 안내하겠다 한다. 이 할머니께서는 봐두츠에서 조금 더 가서 있는 샨(Schaan)에서 사시는데, 넓은 아름다운 정원에 조그만 집으로 이 거리에서 몇 십 년 전에 제일 먼저 지은 집이라 번지가 1번지이다. 이 할머니께서는 한국 사람을 여러 사람 알고 계신다. 한 20년 전에 인스부르크에서 신학공부를 하던 청년으로 신부가 되려면 몇 달 안 남은 사람이었는데 친구와 함께 인스부르크에서 산에 올라갔다 눈에 미끄러져 떨어져 그만 세상을 떠났단다. 사진을 보여주며 친구들이 애석해하여 가톨릭출판사에서 출판된 추도 책도 보여주는데, 첫머리에 김수환 추기경의 왜 진작 신부직위를 안주었는가 라며 애석해하는 글이 쓰여 있었다. 깔끔한 천으로 만들어 얌전히 개켜진 슬리핑백과 모포를 내놓는다. 자기가 만들었다 한다. 부피가 작으니 세탁하기도 아주 편하게 돼 있다. 그 다음 날은 조카 딸과 산에도 올라가고 리히텐슈타인을 만끽하였다. 밤에는 조카 딸이 나에게 보여주고 맛도 보게 하려고 가져왔다면서 커다란 치즈를 끙끙거리며 갖고 들어온다. 미리 맞춰 놓았던 손으로 만든 치즈라서 맛이 좋다 한다. 이렇게 큰 것을 언제 다 먹느냐고 그랬더니 울안이 넓어서 이 집 저 집 나누어주면 없다는 것이다. 즐거운 나날을 보내고 다음날 아침 이른

기차를 타기로 했다. 구두를 신으려고 보니 구두가 깨끗이 닦여져 있다. 이 구두는 아직 몇 년 동안 구두 약 맛을 못 보았는데 이 낯선 땅에서 그것도 서양 할머니한테서 구두 약을 맛 보았으니 너무나 고맙고 따뜻한 마음씨에 감명을 받았다. 앞으로 긴 여행을 해야 하니까 구두를 깨끗이 닦아줘야 한다고 말씀하신다.

9월 10일 토요일 일찍 쥬리히행 기차를 탔다. 내 앞에는 스위스의 전통의상을 입은 할머니와 스위스 장교가 앉아 있었다. 자기는 법률 공부를 하는데 시간이 날 때 신청해서 군인의무를 이행하며 오늘은 주말이라 휴가 나간다 한다. 이 군인은 전쟁 후에 장군은 잎(葉)모양의 휘장을 달았고, 막대 하나 가지고 있는 소위는 스파게티, 굵은 막대를 가지고 있는 군인은 국수라고 했고, 잎 모양 휘장을 가지고 있는 장군은 아마도 국수공장의 사장일 것이라고 말했다고 우스개 소리를 한다. 그 당시는 전쟁 후에 질서가 없어서 휘장도 만들어서 달고 엉터리였었다는 것을 의미한다고 한다. 할머니는 결혼식에 가는 길이라며 전통 의상에 전통 모자, 수제 백에 긴 우산을 가져 보는 사람의 눈을 즐겁게 해주었다. 기차는 린츠(Linz) 강변을 따라 달린다. 이곳은 금싸라기 강가(Gold Küste)라 하여 부자들이 모여 삶으로써 그들로부터 세금을 많이 거두어 개인당 세금부담이 줄어든다 한다. 세금이 일 평방미터에 1,500~2,000프랑이라 한다(1프랑은 1달러). 이제는 쥬리히 호수를 따라 달린다. 기차는 Arth-Goldau-Lugano-Chiasso-Como-Milano로 달린다. 기차는 EC(Euro City)라 부르며 제작한지 2년밖에 되지 않은 파노라마 기차로, 유리창이 양쪽으로 크게 나 있고 이 기차 만드는데 1.2밀리온 프랑이 들었다 한다. 루가노, 치아소까지 스위스이지만 이태리 말로 안내방송이 나온다. 자동차 길이 기찻길에 따라 계속 나 있고 알프스의 가장 뒤쪽 계곡까지 기찻길과 포스트아우토(Postauto) 라인이 뻗어 있는데 긴 거리의 기차운행 시간이 스위스제 시계의 정확성만큼 정확하다고 자랑하는 익스프레스 기차이다. 알프스의 멋진 경치에다 계곡에서 흐르는 아름다운 물줄기나 폭포 물이 보는 사람의 눈을 시원하게 식혀주어 기나긴 나그네 길을 즐겁게 해준다. 알프스를 넘고 이태리 땅에 들어서니 지저분하고 평야가 펼쳐진다. 보로니아를 지나 패자로(Pesaro)까지 왔다. 버스를 타고 우비노를 가야한다. 여기서 이스라엘에서 오는 여자 교수와 미국에서 오는 남자 교수 가족을 만났다. 해는 이미 벌써 저물어서 어두운데 일행이 생겨 마음이 놓인다.

이태리에서는 버스시간도 벌써 지나 그대로 기다리고만 있을 수 밖에 없었다. 영어는 한마디도 통하지가 않는다. 우비노 심포지엄 장소까지 다시 더 택시를 타고 갔을 때는 완전히 지쳐 버렸다. 등록하느라 사람들이 계속 줄 서고 있는데 왜 그리도 오래 걸리는지 과연 이태리구나 하는 생각이 든다. 숙소에서 창 밖을 내다보니 지평선이 보이는 넓은 평원과 나지막한 산에 아름다운 건물이 몇 채 보일 뿐 너무나 고요하다. 그런 전망이 좋은 높은 곳에 학생기숙사나 여러 가지 시설이 멋있게 갖춰져 있다. 계단으로만 꼬불꼬불 2~300m 올라가 있는 카펠레에서 밤에 음악회가 열리는데 꼭대기니 전망이 더 좋다. 심포지엄 장소는 우비노 시내에 있는 대학 건물. 겉으로 보기에 몇 백 년 되어 보이는 고색 찬란한 건물인데 건물 안은 아주 모던하게 꾸며져 있어 놀랐다. 우비노를 16세기의 학자가 말하기를 영광을 지닌 가장 고귀한 도시라고 표현했는데 이 표현은 오늘날에 있어서 방문객들에 의해서 증명 되어진다 한다. 이 도시의 기원은 르네상스 시대에 뿌리를 내렸다하며 이태리 역사를 알려면 우비노 도시 역사를 알아야 한다고 한다. 우비노대학은 15세기에 세워졌고 학생 기숙사만 앞서 말한 시내에서 조금 떨어진 언덕에 모던하게 지어져 있고 다른 시설은 다 이 고색 찬란한 건물 안에 설치 되어 있다. 우리에게 점심을 제공하는 학생식당도 몇 백 년 된 건물인데 시설은 모던하다. 옛날의 궁들이 현재는 박물관으로 돼 있고 라파엘로(Raffaello) 화백이 여기서 태어나서 생가는 기념관으로 열려져 있다. 이태리의 주식은 라자냐와 스파게티여서 여러 가지로 조리된 라자냐를 맛볼 수 있었다.

심포지엄을 무사히 마치고 하루를 우비노에서 더 보낸 다음날 많은 참가자들이 볼로니아까지 대절버스로 가게 되었다. 나는 볼로니아에서 로마행 기차를 탔다. 로마 기차역은 관광안내소가 따로 설치돼 있지 않고 리스트판만 나와 있는데 호텔 알선을 하는 사람들이 몇 명 소리지르고 있다. 가만히 보니 엉터

리가 아니고 다 증명서를 가지고 있다. 역에서 가까운 곳을 원했더니 전화로 예약이 되여 곧 여장을 풀 수 있게 되었다. 30년 전에 두 번은 다녀 갔었건만 생소하다. 이번에 다시 한가한 마음으로 살펴보고 싶은 심정이다. 바티칸 궁전, 박물관을 구경하는데 일요일이라 그런지 관람객이 어떻게 많은지, 옆에서 한국말로 설명하는 것이 들려 돌아보니 한인 관광단이다. 서울, 파리, 독일에서 온 한국 사람들이다. 프랑크푸르트에 있는 한인 여행사가 안내하는 것이었다. 나도 같이 들어도 괜찮겠는가고 물었더니 좋다고 다른 사람들도 환영한다. 그 날은 한인 관광 단체버스를 쫓아다니며 구경을 했고 바티칸 궁전 옆에 있는 신라식당에서 오래간만에 밥과 김치를 먹었고 도시락까지 싸 달래서 호텔에서 저녁까지 때웠다. 뷔아 데이 꼰도티(Via dei condotti)는 서울의 명동거리에 해당되는 곳으로 아늑한 인상을 주는 거리인 것 같다. 로마는 군데군데 경찰이 서 있어서 한적한 뒷

길이라도 길 묻기도 좋고 치안이 괜찮은 것 같다.

관광 그룹에 끼어서 티볼리(Tivoli)를 다시 한 번 찾았다. 르네상스 시대의 분수정원을 가진 갑부의 저택으로 수많은 분수나 인공폭포가 기계나 전기의 힘이 아닌 그 시대의 설치 방법으로 현재도 물이 솟아 나오고 있다는 것이다.

나폴리, 카푸리섬도 관광 그룹에 끼여 아침 일찍부터 남쪽으로 향하는 태양고속도로라고 불리는 프라이비트 고속도로를 달렸다. 이태리는 70%가 야산으로 되어 있다 한다. 고속도로를 달리는 도중 아주 짧은 간격으로 휴게소가 마련됐고 SOS라 적혀 있는 것이 인상적이었다. 500년 전에 베네딕트 신부님에 의해 건축된 몬테카시노 수도원이 제2차 세계대전 중 완전히 파괴됐는데 1950년에 똑같이 재건됐다고 한다. 카피건물이지만 근사해 보였다. 캄파니아 지방으로 들어서 버스는 달리는데 캄파니아라는 말은 '참 기쁜 밭'이라는 뜻이고 기원전 7세기에 희랍인이 만들어냈고 아푸리코드, 올리브, 담배, 포도를 재배하여 수출한다고 한다.

우리 버스 일행에는 브라질 사람이 많았고 일본인, 독일인, 나 등 모두 15명 가량 되는데 동경 신주쿠의 샹파뉴에서 칸조네를 부른다는 사람도 들어 있었는데 칸조네가 무엇인지 모른다 하니까 불란서의 샹송과 같이 이태리 노래를 '칸조네(Canzone)'라고 부른다 한다. 카제로에타(Caseroeta)라는 곳에서 휴식을 취하고 계속 달리는데 우산모양을 한 소나무가 가로수로 쭉 뻗어 있는 것이 멀리서 보기에 아름다웠다.

나폴리는 기원전 6세기에 '옛마을'이라는 뜻으로 희랍에 의해서 만들어졌고 희랍어로부터 나왔다 한다. 400년간 스페인의 식민지였다 1861년에 통일이 됐다 한다. 나폴리는 4개의 언덕으로 되어 있다. 카루소는 나폴리 사람인데 노래로 나폴리를 유명하게 만들었단다. 파바로티, 소피아 로렌도 이곳 출신이다. 나폴리의 시민은 교통신호를 지키지 않아 교통문제가 심각한데 나폴리인의 성격 때문이란다. 그래서 공장을 세울 사람은 나폴리인과 맞지 않기 때문에 북쪽에다 만든다 한다. 시내 관광을 맡은 나폴리 사람이 재미나게 설명한다. 11세기에 지어진 싼타루치아는 두 번째로 큰 도시였다고 한다. 싼타루치아 거리를 지나 보이는 분수, 바로크식의 호텔 건물도 100년 된 것인데 아름답다.

오페라하우스는 12월에 파바로티의 공연부터 시작한다고.

공장지역으로부터 폼페이(Pompei)까지 25km를 용암이 굳어 만들어진 거리를 지난다. 조개껍질로 만드는 카메오 장식품도 희랍으로부터 들어왔다 한다. 제정로마시대의 귀족문화가 서기 79년 베수비오산의 큰 분화로 인하여 일순간에 화석으로 돼 버린 폼페이의 유적들. 1900년 전 사람들의 생활의 한 토막을 볼 수 있었고, 주피터 신전의 2,000년 전의 계단이 얼마나 사람들이 참배했는지 움푹 파여져 있는 것을 볼 수 있었던 것은 인상 깊었다. 해변의 아름다운 경치를 바라보며 쏘렌토에 도착했을 때는 어둑어둑하기 시작했다. 이태리 사람들은 건물을 아름답게 짓고 아름답게 배치하는 것 같았다. 쏘렌토 바다를 바라보고 있는 참 아름다운 마을이었다. 이 쏘렌토 사람이 안내자로 나왔는데 서부활극에 나오는 배우 같은 사람으로 건들건들 이태리 냄새를 꽤 풍기는 것 같다. 파도가 심해서 그로뜨 불래(푸른 동굴)를 못가고 그 대신 아나카프리(Anacapri)를 올라가서 기이한 나폴리만의 경치를 만끽했다. 이런 아름다운 전망을 가진 곳에 스웨덴 태생의 샹 미쉘(San Michele, 1857~1949)이 웅장한 저택을 지었다. 이곳은 지금은 관람객으로 발자취가 끊이지 않는데, 스웨덴 왕실의 여름휴양지로 이용됐다고 한다. 그는 말년에는 스웨덴 왕궁의 손님으로 살다가 92세의 나이로 세상을 떠났다 한다. 이 사람의 유명한 저서가 각 나라말로 번역된 것이 전시됐는데 김정진 역 『샹 미셸』이 눈에 띄어 반가웠다. 배를 타고 나폴리로 돌아와 대기된 버스로 로마로 되돌아오니 어두운 밤이 되었다. 오늘 밤으로

이태리는 안녕하고 내일부터는 북쪽으로 달린다.

다음 날 일찍이 7시 25분 인스브르크(Innsburg)행 기차에 탔다. 내 맞은 편에 깨끗하고 멋있는 초로의 부인이 앉는다. 플로렌스(Florence) 근처, 약 50km 떨어진 곳에 이태리의 좋은 온천지, 몽뜨까띠니(Montecatini)에서 온천을 하고 쾰른에 돌아가는 길인데 비가 많이 내려서 기온이 14℃였다며 쾰른도 비가 많이 내렸고 20℃란다. 우리는 카프리 섬에서 비를 한방울도 안 만났다. 남쪽은 쨍쨍했었다. 베로나(Verona)를 지나는데, 이곳은 셰익스피어의 로미오와 줄리엣의 무대이다. 베로나가 잘츠부르크보다 도시로서는 더 아름다운 도시라 한다. 베로나는 양 쪽에 포도밭이 넓게 퍼져있고 높은 산에다 에취(Etch)강이 흐르고 있고 산기슭에는 성곽이 군데군데 많이 눈에

띤다. 오후에는 볼차노(Bolzano, Bolzen)에 도착했는데 포도 밭이 쭉 연결됐더니 이제는 사과 밭이 쭉 연결돼 있다. 볼차노에서는 독일어도 하므로 역 이름이 두 가지로 적혀있다. 여기까지 기차는 높은 데로 쭉 올라왔고 인스부르크로는 이제는 내려가는 길이라 한다. 먼 산에 눈을 볼 수 있고 여기는 알프스 산맥이라며 2,000m 높이라 한다. 부레쏘논(Bressonon)까지가 이태리고 다음부터는 인스부르크인데 이 두 곳 사이에 놓인 유럽에서 가장 높다는 다리를 차창 밖으로 바라볼 수가 있었다. 9시간을 타고 왔으나 아름다운 경치를 바라보며 지루함 없이 오후 4시 반에 인스부르크에 하차했다. 인스부르크의 조그만 호텔에서 하룻밤을 지내고 아침식사를 하는데 뚱뚱한 중년부인이 준비를 해주는데 아늑하니 내 집처럼 느껴진다.

잘츠부르크행 기차 속에서 창 밖을 내다보니 석회석으로 된 산 속에 성곽이 멀리 보인다. 옛날에는 다른 지역에 대한 방어와 보호 역할을 했었는데 지금은 유적지로 많은 관광객이 방문한다고 한다. 라인 강이 흐르고 있고 다뉴브 강으로 흘러 들어가는데 독일의 바이에른을 지나서 잘츠부르크로 간다고 한다. 오스트리아는 9지방으로 돼 있는데 인스부르크는 티롤지방에 속해있고 잘츠부르크는 다른 지방에 속한다. 기차 속에서 대화를 나누게 된 젊은 여성은 로고패디쉐 프락시스(Logopädische Praxis)를 열고 있는 사람이다. 정신박약아를 훈련시키는 사람으로 의사와 연결이 잘 돼 있고 현재 환자 수는 아홉 명이란다. 이 방면으로 디플롬을 했으며 자기의 시간도 가질 수 있고 스트레스도 심하지 않고 좋다고 한다.

몇 십년 후에 잘츠부르크를 다시 보니 하나도 기억에 남은 것이 없다. 잘츠싸크강을 건너 모짜르트 생가를 방문하는데 잘츠부르크 도시의 옛 모습들이 그대로 유지되고 있다. 모차르트 생가로 인하여 이 거리는 유명해졌다는데 관광객으로 대만원이지만 참 아름다운 거리였다. 여름에 모짜르트 페스티발이 열린다는 곳을 그저 겉으로 보며 거리를 산책하다가 야시장 같은 곳을 만났다. 잘츠부르크의 옛날 솜씨를 등장시켜 관광객을 매혹하게 한다. 대장간, 도자기, 술통, 목수가 만든 소품 등을 비싸지 않게 기념품으로 가져갈 수 있게 직접 만들어서 팔고 있다. 잘츠싸크강 다리를 건너오는데 모짜르트 음악들이 은은히 들려온다. 고궁을 관람하고 뮌헨행 아일쭈그 기차에 올라탔다. 뮌헨 기차 칸에 한 동양청년이 올라탄다. 대만에서 왔다 한다. 자전거 여행에 참가한 청년으로, 코스는 잘츠부르크로부터 빈까지라고 한다. 남녀노소 막론하고 32명이 참가했고 최고령자가 72세로 9일간 매일 45~50km 달렸다 한다. 오바바이에른의 푸리니아 킴 제(Prienia Chiem See)가 아름다운 곳이어서 자전거로 들렸고 이제는 옥토버 페스트(Oktober Fest)에 참석하려고 기차타고 뮌헨에 가는 길이라 한다. 옥토버 페스트는 그해 9월 셋째 토요일 아침 11시에 축제가 시작한다고 한다.

뮌헨에 도착한 후 식당을 찾고 있는데 뒤에서 엔트슐디겐 지(Entschuldigen Sie)하고 부르는 남자 목소리가 들린다. 뒤돌아보니 단장은 안 짚었지만 눈이 잘 보이지 않은 사람이다. 깨끗한 신사차림에 여행 가방을 들고 있었다. 무엇을 원하는 건가 물었더니 호텔을 찾는다 해서 바로 거기에서 보이는 인터시티호텔을 가리켜 주었다. 그렇지. 눈이 잘 안보이니 앞에 가는 동양인 할망구를 불렀겠지. 뮌헨에서 하노버까지 침대 차를 탔다. 내 아래 칸에는 함부르크에서 살다 이사했는데 친구를 방문하러 함부르크에 가는 길이라는 40대 초반으로 보이는 여성이 탔다. 차장에게 여권까지 맡기고 하노버에서 갈아타야 하니까 깨워 줄 것을 당부하고 잠들었다. 이른 새벽 하노버에 도착하니 옆에는 베를린행 기차가 이미 기다리고 있었다. 특급열차, 슈넬 쭈그(Schnell Zug)이다. 기차 속에서 아침식사를 하고 베를린에 도착했을 때는 9시 10분이었다. 숙소를 물어보니 주말이기 때문에 만원이라 좀 떨어진 곳이라야 있다 한다. 베를린의 유명한 쿠어휴르스텐덤(Kurfürstendamm) 거리를 구경한 다음 숙소를 찾아가 여장을 풀었다. 오후 2시의 퍼가몬 미술관(Pergamon Museum) 관광코스에 참가하기로 했다. 동베를린에 유명한 미술관이 있다는 소리는 들었었지만 규모가 어마어마했고, 오는 길에 브란덴브르그 문을 들렀다. 동베를린과 높은 장벽을 쌓은 것을 그 옛날에 봤을 때는 살풍경하고 소름이 끼쳤었는데, 지금은 관광객들이 몰려들어 관광코스의 큰 부분을 차지하고 있다.

다음 날은 9월 25일 독일의 서머타임이 해제된 덕분으로 늦게 일어났으나 택시 타고 가면 충분하다 하여 9시발의 포츠담 투어를 전화로 예약 해주어 택시를 탔다. 얼마 안 가서 길을 막아 차를 못 가게 해서 다리를 못 건너가고 돌다 결국은 다시 호텔로 돌아왔다. 그 날 베를린 시민의 마라톤대회(running parade)가 있어 차를 못 다니게 한다는 것이다. 포츠담을 혼자 에스반을 타고 가기로 했다. 전철을 내리니 조그만 포츠담 관광버스가 손님을 기다리고 있다. 옳다, 이것을 타고 구경하기로 하자. 내 옆 좌석은 깨끗이 차린 할머니가 앉아 계신다. 자기는 어렸을 적에 포츠담에 살았었고 주말이면 자주 와서 관광버스 타고 이렇게 여행한다고 한다. 조용하고 참 아름답다고 말한다. 안내원의 설명을 들으며 빨간 벽돌만으로 짓게 한 네덜란드 마을, 새시리앤호푸 궁을 산책하는데 포츠담회담 때 스탈린은 동쪽으로부터, 처칠, 트루만은 언제나 서쪽 문으로부터 들어왔다 한다. 상수시궁, 포츠탐의 독특한 건축양식, 궁의 아름다운 정원들을 그저 쫓아다니며 구경했을 뿐이다. 지하철로 베를린 식물원을 찾아갔다. 식물원을 찾아가는 거리이름을 보니, 떡갈나무 밑에서(Unter den Eichen), 베고니아 거리(Begonia Straße), 백합 거리(Lilien Straße), 튜립 거리 등 식물이름으로 지어져 붙여 있어 재미있다. 입구에 다다르니 사람들이 장사진을 이루고 있다. 난 전시회가 있어서 그렇다 한다. 난 전시회도 들어가 보니 아름답게 전시돼 있고, 난에 관한 책, 비료도 팔고 푸짐하고 대성황이다. 휠체어를 타고 온 사람들이 많이 눈에 띈다. 넓은 곳에 아름답고 조화롭게 꾸며져 있다. 한가하게 벤치에 오래 앉아 있을 여유가 없어 유감이다. 지하철로 동물원을 찾아갔다. 바로 베를린 역 옆에 있기 때문에 베를린 역 이름도 베를린 쥬이다. 벌써 해가 질 무렵이어서 대충 보는데 규모가 참 크다. 중국이 자생지고 세계의 보호동물인 팬더를 그림에서만 보았었는데 실제로 보니 생각보다 컸다. 내일은 부라운슈바이히로 떠난다. 저녁에 TV에서 노래와 춤을 추는 흑인 여성 죠세핀 베이커의 일생을 그린, 1991년에 제작한 영화를 넋을 잃고 보았다. 1960년대에 불란서에서 사망했는데 대중의 애도 속에 꽃상여 속에 파묻혀 극진한 대우를 받으며 세상의 마무리를 짓는 것을 보고 감명 깊었다.

다음 날은 부라운슈바이히행 기차를 탔다. 차 칸에 맞은 쪽에 한 노신사가 앉는다. 대학의 수학교수라고 한다. 동독에 할머니 집이 있었는데 지금 동서독이 합쳐졌음으로 그 집을 찾을 수 있었고 세를 놓아 이렇게 시간날 때 가끔 간다 한다. 이번에는 92세 된 옛날의 자기 교수에게 컴퓨터를 한 대 선사하고 온다면서 자기는 1955년에 컴퓨터가 독일에 들어왔을 때부터 썼다고 한다. 얘기를 많이 해준다. 기차가 달리는데 동, 서독 경계인 마그데부르그(Magdeburg)를 지난다며 가리켜주고, 나폴레옹이 빨리 키가 크게 자라는 백양나무(Pappel Bäume)를 심게 하여 경계를 멀리서 쉽게 알아보게 했고 그후부터 백양가로수길(Pappel Allee)이라고 부른다 한다. 구두쇠인 독일 사람이 커피 한 잔 대접하고 싶다고 그래서 쾌히 승낙했고 차에서 내릴 때는 내 가방도 들어주는 친절을 베풀었다.

부라운슈바이히에 내려 말리크 박사에게 전화를 걸었더니 곧 나온다고 기다리라 한다. 가방을 보관함에 넣고 열쇠만을 보관하고 기다리고 있었다. 내일 프랑크푸르트에서 비행기를 탈 계획이라고 했더니 프랑크푸르트 호텔에서 잘 것 없이 자기 집에 손님방이 있으니 자고 곧장 비행장으로 가라고 강력히 말한다. 가방이 어디 있느냐고 물어 박스에 있다 말했더니 꺼내어 주기까지 한다. 균주보관소를 구경하고 그 사람 집으로 갔다. 이 사람은 파키스탄 사람이고 단독주택에 이사 온 지 얼마 안 된다며 부인이 밥과 점심요리를 준비하고 기다리고 있었다. 딸이 셋이고 아들이 하나이니 대가족인 셈이다. 얌전하고 호감이 가는 부인이었고 비슷비슷한 중, 고, 대학생의 세 딸이 어떻게 질문을 해대는지.

나는 부라운슈바이히는 처음 왔다. 전차를 타고 시내 구경을 혼자 갔다. 독일 도시는 거의 다 그렇지만 부라운슈바이히도 예외 없이 옛 건물이 아름답게 조화돼 있는 조용한 도시였다. 다음 날은 프랑크푸르트행 기차를 타고 비행장으로 달렸다.

인도와 아프리카

1995년 2월

지리, 역사에 문외한(門外漢)인 나로서는 아프리카를 한 번 가 볼 만 하다고 생각해 관광안내 광고도 찾아보고 여행을 많이 한 친구에게 문의도 했다. 낯설은 곳이라 각별한 사전답사가 필요했다. 인원이 안 되어 못 떠난다는 여행사도 있었고, 결국 친구의 조언으로 분명히 떠난다는 여행사에 예약을 했다. 구정 다음날(2월 1일), 일행 14명은 저녁 6시 비행기로 떠나 자정 가까이에 방콕에 도착했다. 봄베이로 가는 길목이라 한다. 아침에 일어나서야 호텔을 보니 정문 앞에 귀신모신 사당이 눈에 띄었다. 일찍 8시부터 관광에 나섰다. 여기서도 아침 식사를 대부분 사 먹는다 한다. 머리 깎은 스님이 지나는 모습을 볼 수 있었다. 툭툭이 세발 자동차를 스님이 타고 간다. 수상시장(floating market)을 배를 타고 돌았고 배에서 살림하는 사람들을 보았을 때 참 용하다고 표현할 수 밖에 없다. 새벽 사원 앞에서 하선했을 때는 벌써 관광객이 많이 몰려 있었다. 사기로 붙혀

서 여러 가지 형상을 만들어 놓은 수십 미터의 높은 사원은 또 별다른 맛을 안겨준다. 옛날의 왕실이 이제는 관광객의 방문코스가 되어버려 뜨거운 햇빛을 받으며 서 있다. 큼직한 에메랄드로 만든 부다가 있는 왕실 불교사원은 신발을 벗고 들어가야만 했었다. 타이랜드 태생의 안내인은 한국 말을 아주 잘 구사한다.

오후 5시 반 비행기로 봄베이에 도착했을 때는 밤 9시경이라 그래도 방콕 도착시 보다 여유가 있었다. 아침에 호텔 옆 비치에 나가보니 산책하는 사람, 운동하는 사람, 말 타는 사람 등 분주한 모습들이었고 코코넛 파는 상인이 여기저기서 손님을 부른다. 인도 사리옷에 지팡이를 집고 쩔룩거리며 산책하는 아름다운 초로의 여인이 우리를 보고 미소를 던진다. 머나먼 곳에 수평선을 바라보며 또 가까이는 인도 여인의 사리옷의 아름다움을 감상하며 아침시간을 만끽하였다. 우리 일행은 시내 관광을 우선 조금할 수 있었다. 어수선한 거리를 지나자 대로 옆에 판자촌이 쭉 늘어서 있는데 1950년대 우리나라의 판자촌은 여기에 비하면 약과라고 생각되었다. 너무나 구질거리게 보여 전염병이 만연될 것 같은데 그렇지가 않은 모양 같다. 사람들의 얼굴은 별 불만이 없는 듯 평화스럽게 느껴졌으니 저 세상을 내다보는 종교의 탓일까. 봄베이의 세탁소는 실내가 아니라 개울가에 있어 큰 빨래를 양손으로 붙잡고 어깨너머로부터 치면서 빠는 모습이 너무나 신기했다. 해변가에 개선문처럼 지어진 문을 통과하여 바닷가로 난 긴 길은 젊은 사람들의 데이트 거리로 이용된다고 한다. 국내선으로 오랑가바드로 날아갈 예정인데 2시간이 연발이라 한다. 비행장 안의 책 방에서 이것 저것 뒤적거려보니 책값이 참 싸다.

다음 날은 불교예술의 최고 걸작이란 석굴의 관광길에 올랐다. 아잔타는 봄베이로부터 400km 떨어져 있다. 오랑가바드(Aurangabad)는 400m 고원에 놓여있고 버스를 타고 아잔타로 가는 길은 그저 별로 심은 것도 없고 나무도 드문 드문 나 있는 고원의 연속이다. 가끔 옥수수 밭이 보이고 수수댕이로 엮은 움집 같은 것을 볼 수 있었다. 아잔타는 500m 둘레의 불교 원천지로 기원전 1세기로부터 기원후 5세기까지 바위를 파서 만들어진 것이다. 1819년에 사냥길에 올랐던 영국 군인에 의해서 발견됐다 한다. 너무나 숲이 우거져서 사람의 눈에 띄지가 않았다 한다. 30개의 석굴이 번호가 매겨져 있는데 완성되지 않은 것도 있었다. 산맥의 암벽을 깎아서 만든 불당의 불상 조각은 페인팅이 퇴색도 됐고 파괴도 되었지만 생생하게 볼 수 있었다. 분석에 의하면 그 많은 천정의 그림이나 벽그림이 석회로 씻어낸 진흙 기초가 건조된 후에 그려졌다고 보나 진정한 프레스코(fresco) 테크닉은 아니라 한다. 바닥 돌이 둥근 사발 모양으로 약간 우묵하게 패여진 곳이 군데군데 있는데 이런 것들이 물감을 개던 곳이라 한다. 거의 반경으로 둘러 쌓여진 웅장한 석굴들의 아래에는 강물 줄기가 흐르고 있어 경관을 더욱 북돋아 준다. 7세기를 거쳐서 이루어진 산물을 오늘날 볼 수 있으니.

다음은 앨로라(Ellora)로 버스는 우리를 싣고 갔다. 이곳은 불교석굴이 12군데이고 17개의 석굴은 힌두교 사원이다. 기원 6세기로부터 10세기까지 약 350년에 걸쳐 만들어진 곳이고 아잔타와는 다른 양식이다. 우리를 안내하던 여인도 힌두교도라 한다. 석굴 산맥 위에는 선인장이 많이 자라고 있다. 우리나라에서는 기껏 커야 1m 크기나 될까한데 교목으로 꽃이 아름답게 피어 있다. 돌아오는 길에 들에서 호텔에서 싸온 도시락을 먹었다. 남은 음식은 그 주위에 있는 인도인들이 어른, 아이 할 것 없이 서로 다투어 가져갔다. 다시 봄베이로 돌아왔고 이제는 아프리카행이다.

봄베이에서 6시간 날아 나이로비에 도착한 것은 오후 2시였다. 우선 케냐(Kenya)의 민속촌 보마스(Bomas)와 타이타이(Taitai) 빌리지를 구경하였다. 오두막 집을 진흙으로 짓는 모형도 만들어져 있었다. 케냐는 주거도 방목도 할 수 없는 국립공원과 주거 방목이 가능한 자연보호지역 이렇게 두 가지로 구분되어 있다 한다. 그레이트 리프트협곡(Great rift valley)을 지나는데 1,000~2,000m 고원지대이

다. 나카루(Nakaru) 숙소에 가는 길은 넓은 길로 교통 소통이 잘 되고 있다. 거리에서 군데군데 봉지에 담긴 과실을 팔고 있어 샀더니 우리나라의 자두종류인데 조그만 것이 맛이 좋았다. 나카루에 위치한 롯지(Lodge)는 조용한 곳에 하늘을 찌를 듯한 열대식물 교목들이 우거져 있는 곳에 아름답게 산재해 있었다. 하늘의 별도 유난히 빤작거리는 것 같다. 모기장이 처져 있는 침대라 이상히 느껴졌다.

다음 날은 나쿠르(Nakuru) 호수로 이동하였다. 호수바닥이 하애서 왜 그런가 했더니 소금으로 그 넓은 바닥이 덮여 있는 쏠트 레이크(Salt lake)이다. 우기에는 물로 덮이지만 2~3개월간은 하얗게 보존된다 한다. 분홍 빛의 홍학(Flamingo)들이 멀리서 떼를 지어 있는 것을 볼 수 있었다. 차가 빠져 물 가까이에 갈 수 없어 망원경으로나 확실히 볼 수 있었다. 이곳에서는 1~2월과 9~11월이 건기임으로 소금을 채취하여 정염(淨鹽)한다고 한다. 가는 길에 기린이 우뚝 고귀하게 서 있는 것을 몇 곳에서 보았다. 버스에 실려 케냐산의 숙소로 달렸다. 중도에 적도라는 팻말을 배경으로 사진을 찍고 허허벌판을 그저 달리기만 하는 것이었다. 멀리 케냐산을 바라볼 수 있는 숲속에 엉성하게 보이는 4~5층 목조 건물의 롯지가 서 있었다. 코끼리, 들소(Buffalo)들이 롯지 바로 옆에 있는 호수의 소금물을 마시며 소금흙(soil)을 먹으러 어슬렁 어슬렁 내려온다. 이 야생 동물들을 발코니에서 내려다 볼 수가 있었다. 이런

동물들을 볼 수 있는 챤스를 포착하기 위해서 바로 이 호수 옆에 이 롯지가 지어졌다 한다. 토마토, 자두를 봉지에 담아 다음 날 먹으려고 발코니에 놓아 두었는데 원숭이들이 와서 찢고 다 발라 먹었다. 다 먹고 나서는 방 안에까지 들어와 호텔측에서 놓아둔 사탕을 집어가 버려 문을 잠가 버렸다. 우리 일행 중의 한사람은 호텔로 통하는 오솔길을 지나는데 원숭이가 달려들어 봉지를 나꿔채 가려는 것을 간신히 모면했다는 것이었다. 물을 마시고 있는 코끼리 큰 덩치 위에 새들이 올라타고 있다. 멀리 케냐산(5119m)의 눈덮힌 하얀 산봉우리를 바라보며 더 있었으면 하는 아쉬움을 남기며 다시 나이로비로 돌아오는 길에 올랐다. 연기가 자욱한 나이로비 바비큐 집에서 점심을 먹여준다. 여러 가지 동물의 고기, 타조, 닭, 들소, 악

어, 돼지, 말, 양, 기린 등을 구워서 각기 다른 쏘스에 찍어 먹게 마련했는데 지역에 맞는 기발한 아이디어 식당이었다.

우리는 다시 사파리차로 탄자니아(Tanzania)를 향하였다. 가는 길에 아프리카에서 제일 높다는 킬리만자로(Kilimanjaro, 5,895m) 산을 아주 멀리 바라볼 수가 있었다. 지팡이를 갖고 다니는 고유의상의 마사이(Masaai)족을 자주 만날 수 있었다. 기린(giraffe), 얼룩말(zebra), 양(gazelle), 타조(ostrich)를 만나가며 케냐, 탄자니아 국경을 넘어간다. 아낙네 상인들이 우글우글 거리는데, 하나같이 귀에 동전만한 구멍을 뚫어 여러 가지 귀걸이를 5cm는 족히 늘어 뜨린채 달고 있어 처음 볼 때는 징그러웠다. 늙은 여인은 더 귀가 늘어져 아름답게 보이라고 한 것이 우리 눈에는 오히려 딱하게만 보인다. 아루사(Arusha)로 가는 길 양편은 그 넓은 까마득한 땅이 농작물로 덮여져 있다. 메로산(Mero)을 바라볼 수 있는 호텔에 도착한 것이 저녁 7시경으로 여기까지 오는 내내 오두막집, 넓은 초원을 실컷 바라본 셈이다.

아루사는 지저분한 거리에 낙후한 집들로 어수선한데 비해 호텔은 별천지였다. 멀리 메로산을 바라보며 서 있는 호텔 앞의 큰 아름드리 나무들은 처음 보는 노란 꽃들이 만발해 있어 우리의 눈을 즐겁게 해주었다. 호텔 주위의 환경은 아름다워 멀리 초원을 바라보며 바나나 나무에 바나나 송이가 너무나 아름다운 모습으로 늘어져 있어 사진에 담고 싶어 한 장 찰칵했다. 백인 노부부가 한가히 정원

탁자에 앉아서 책을 읽고 있었다.

다음 날 아침 9시에 우리나라의 1950~60년대의 낡은 일제 봉고차를 타고 고롱고로(Ngoronggoro)로 향하였다. 차가 너무나 털털거려 불안해했는데 아니나 다를까 한 30분 정도 달렸을까 아직 아루샤시를 벗어나지도 못했는데 차가 멈춰서는 것이었다. 어떻게 고쳐가지고 누런 먼지가 이는 울퉁불퉁한 비포장도로를 달려가는 데 맨뒷 칸에 앉았음으로 족히 50cm는 상체가 뛰었다 내려 바짝 정신을 차려야지 그렇지 않으면 허리다치기 십상이다. 가다가 또 고장이 나서 차를 내렸다. 아카시아 나무 군락을 볼 수가 있었다. 우리나라 아카시아 나무와는 달리 키는 별로 크지 않은데 개미가 들어있는 조그만 꽈리 크기의 주머니가 나뭇가지에 여기저기 붙어있어 찢어봤더니 개미가 나오는 것이었다. 한국에 돌아와서 그 얘기를 했더니 분류학실 대학원생이 말하기를 그 개미와 아카시아 나무는 상부상

조로 개미가 주머니 속에 살고 있음으로써 아카시아 나무가 벌레 먹지 않고 건재할 수 있다 한다. 황토 먼지와 실컷 싸워가며 달려갔다. 가는 길에 뱀을 가두는 곳을 보았다. 한 쪽이 뚫린 족히 3~4m 되는 네모진 울타리를 여기저기 많이 볼 수 있었다. 뱀이 많다는 것을 알 수 있으며 종류도 많고 절반은 킬리만자로 산으로 올라간다 한다.

고롱고로의 분화구는 독일인이 발견한 곳으로 너무나 넓었다. 사파리차로 도는데 제일 먼저 만나는 동물이 들소(buffalo), 코뿔소이고 영양 종류들이 성큼 나타나고, 멀리 사자를 겨우 망원경으로나 볼 수 있었는데, 다른 그룹은 사자 8~9마리가 모여 있고 새끼까지 같이 있는 것을 보았다 한다. 물이 많이 고여 있는 곳에는 하마(Hippo)들이 떼를 지어 물위로 올라왔다 들어갔다 한다. 롯지는 이 분화구(crater)를 바라보는 위치에 놓여있다. 들소가 롯지까지 올라와 숙박 손님을 해치기도 하니 어두울 때는 조심하라고 한다. 밤에 울타리가 처져 있는 그곳 주민의 살림 집을 구경하러 갔었는데 이 롯지가 생김으로써 사택으로 지어진 현대식 조그만 집들이었다. 두 젊은 부부가 일하러 나간다며 우리를 친절히 대해준다. 아이 보고 일하는 사람까지 두고 살고 있으니 인건비가 확실히 싼 모양이다.

이곳 잔디의 푸른 빛깔은 유난히 고운 색을 나타낸다. 열대지방의 아름다운 꽃들, 멀리는 넓은 크레이터(crater)를 바라보노라니 누런 먼지 쏘이고 온 것을 까마득히 잊게 한다. 다시 아루샤(Arusha)로 돌아오는 길에 바분(baboon), 개코 원숭이를 자주 만났다. 멀리 호수(Manyara)를 바라보며, 황토 먼지를 많이 덮어쓰며 케냐(kenya)의 암보샐리 국립공원(Amboseli National Park)에 도착한 것이 저녁 7시 반이었다. 킬리만자로 산을 해가 떨어지기 전에 정면으로 멀지만 똑똑히 바라볼 수가 있었다. 우리 일행의 다른 한 차는 오는 중 땅 속에 빠져서 못나와 다른 차가 데릴러 가서 아주 늦게 도착하였다. 비가 부슬부슬 내렸고 날씨도 추웠다.

이튿날 일찍 7시에 암보샐리로 출발하였다. 밤새 비가 내려서 먼지도 안나고 상쾌한 날씨였다. 어저께 올 적에는 얼룩말(zebra)을 많이 만났는데 오늘도 역시 얼룩말을 많이 볼 수 있었고 코끼리, 가젤(gazelle, 영양의 일종), 카눈(kanoon, 치타의 일종), 임팔라(Impala)를 많이 만났다. 마사이(Masaai) 부락을 방문하였다. 추장은 큰 키에 57살이라며 4명의 부인을 거느리고 28명의 자손을 두었다 한다. 이 부락은 8가족이고 530명이 살고 있다 한다. 아이들 학교는 비 안올 때는 나무 밑에서 가르친다며 우리가 갔을 때도 한 30명 가량 모여서 선생님의 가르침을 받고 있는 것을 보았다. 오두막집 속은 캄캄한데, 좋은 잠자리가 박스 껍데기를 깐 것이고 지푸라기 같은 것을 깔았는데 이루 말할 수 없이 비위생적이라고 표현할 수 밖에 없다. 나망가(Namanga) 국경을 다시 지나는데 동전만한 구멍이 뚫어져 있는 귓밥에 귀걸이를 줄레줄레 달아 축 늘어트린 상인들을 만나게 됐다. 늙은 여인의 이런 모습은 더 추하게 보였는데 끈질기게 사라고 매달린다. 한 열흘 만에 나이로비(Nairobi) 백화점 속에 있는 한국인

식당에서 점심을 먹게 되었다. 이 식당 주인은 여기 온 지가 10년은 된다하며 아주 만족해한다. 공해도 적고 조용한 나이로비를 극구 칭찬하며 앞으로의 이민대상으로 추천하고 있다.

짐바브웨(Zimbabwe)의 수도 하라레(Harare)에 3시간 비행 후 도착한 것이 오후 7시경이었다. 호텔에 투숙하는 일 밖에 별 볼 일이 없었다.

3대 폭포 중의 하나인 빅토리아 폭포를 보러가는 도중에 너무나 웅장한 몇 그루의 아름드리의 나무를 만났다.

부밥나무(boobab tree)라고 불리우는데 17m의 둘레에 1500년 됐다 한다. 빅토리아(Victoria) 폭포는 1.7km 넓이에 높이가 97m라 한다. 숲속을 지날 때 폭포에서 날리는 물방울 소나기를 만날 때도 있었다. 이런 장관은 이 졸필로는 표현할 수가 없다.

오후에는 보트를 타고 석양을 바라보며 카리바호수 지류인 잠베지(Zambezi) 강을 돌았으며 악어, 하마들을 만났다. 워터베리(waterberry), 흑단(evony) 나무들이 강가에 무성하게 자라고 있다. 다음 날은 악어 사육 농장을 갔었는데 새끼 손가락만한 새끼 악어로부터 몇 미터나 되는 종자용 악어까지 다양했다. 숲에 둘러 쌓인 정원에서 목마름을 달랬다. 오후에 비행기로 황게(Hwange)와 카리바(Kariva)를 거쳐 하라레(Harare)로 다시 돌아왔다. 빅토리아에서 케이프타운행 비행기표를 얻지 못한 모양이다. 황게에서 많은 백인들이 내리는 것을 보았다. 황게가 짐바브웨에서 가장 큰 국립공원이라 한다. 비행기 안에서 라임주스를 처음 마셔 봤다. 다시 먼저 숙박했던 하라레

호텔에서 예측하지 않았던 하룻밤을 보내게 되었다.

다음 날 아침 케이프타운 시내 해변가를 돌았다. 테이블산(Table mountain)이 제일 높고(약 1,100m) 그 옆에 씨그날 언덕(Signall hill)은 약 300m 높이고, 라이온스 헤드(Lion's head) 산맥이 보인다. 해면에 둘러 쌓인 깨끗하고 아름다운 도시였다. 1400년대에 포르투갈인이 점령하여 살다가 1600년대에 네덜란드 사람에게 지배됐다는 이 도시는 시내 중심가에는 백인들이 아름다운 주거지를 꾸미고 살고 있으며, 흑인들은 시외의 초라한 아파트나 집을 차지하여 완전히 구분되어 있는 셈이다. 바닷 물이 너무나 푸르렀다. 해변가의 아름다운 경치를 바라보며 점심은 해변가의 해산물식당에서 가재(cray fish)를 먹었는데 랍스타(lobster)와 같은 것이라 한다. 바다를 바라보는 옥외 식탁이 우리가 있는 동안 연달아 만원이다. 저녁을 든 후 씨그날 힐(Signall hill)을 산책하니 쌍쌍이 또는 친구들과 어울리는 패도 있었다. 언덕 곳곳에 자리잡고 주말도 아닌데 마시며 즐겁게 지내는 것을 보았다. 다음 날은 물개가 떼로 서식하고 있는 씰 아이랜드(Seal island)를 배를 타고 가보니 물에 젖어 반드르한 까만 물개 떼들이 바다위에 솟구쳐 나있는 암반 위에서 햇빛을 쪼이고 있는 모습들이 너무나 평화롭기만 하다.

남아프리카에서 제일 끝이라는 케이프 포인트(cape point, 희망봉)에 올라갔는데 대서양과 인도양이 만나는 곳으로 넓고 넓은 수평선을 바라볼 수 있으며 허허벌판에는 잘 보지 못하는 초목이 그저 드문드문 나 있을 뿐이다. 돌아오는 길에 개인 정원이었으나 지금은 정부에 기증했다는 보타니칼 가든(Botanical garden)에 들렀다. 한적한 넓고 넓은 대지 위에 울창한 숲들, 파란 잔디들, 아름다운 열대 식물 꽃들로 배치되어 발길이 돌아서지를 않는다. 남아프리카는 수도가 세 군데라 한다. 행정수도는 북쪽에 있는 프레토리아(Pretoria)이고 요하네스버그와 케이프타운 등 세군데가 각각 수도 역할하고 있다 한다.

다음 날 오전에 테이블산 정상을 올라 가려고 케이블카를 타러 갔으나 바람이 너무나 세게 불어서 운행이 안되어 올라가지 못했다. 우리는 옛날의 성이었으나 지금은 개인(William Fehr)의 소장품 전시장이 된 곳을 관람했다. 케이프타운시의 정원을 지나는데 우리 시골의 느티나무 같이 큰 알로에 나무(aloe tree)를 봤다. 요하네스버그에 도착했을 때는 어둑어둑한 저녁 8시였는데 거리는 아주 조용했다. 거리에는 백인도 없었고 흑인은 옛날에는 허가증이 있어야 밤에 나올 수가 있었다 한다. 거리는 잘 되어 있어 차가 막히는 일이 없고 만델라 대통령이 피선된 후 백인은 이주를 갔다고 한다. 흑인이 80%는 된다고 한다. 만델라 대통령이 옥살이를 20년간 했다는 케이프타운 건너편 조그만 섬을 멀리서 바라보았었다. 지금은 폐광이된 금광굴을 구경하고 약 2kg의 금덩어리를 보여주며 두 손가락으로 들고 나갈 수 있는 사람은 들고 나가라고 했으나 아무도 들을 수가 없었다. 참관 온 초등학생들의 재잘거리는 소리를 뒤로 하고 문을 나서 서울로의 길에 올랐다.

중남미 여행

1995년 8월 15일

광복절날 오후 3시 비행기로 서울을 떠나 역시 15일 아침 10시에 로스앤젤리스에 도착하였다. 비행장 내에서 서성거리다 오후 3시 35분 멕시코시티행 비행기에 탑승, 약 5시간 날아 도착한 후 곧바로 호텔로 옮겼다. 다음 날은 버스타고 시외로 거의 1시간은 달렸을까. 가는 도중에 큰 산 언덕 전체가 무허가 주택으로 우리나라의 달동네와 흡사한 것을 바라보며 테오티우아칸(Teotihuacan) 피라밋에 도착하였다. 약 660m 높이라는 태양신전 피라밋, 이곳과 약간 떨어진 곳의 460m 높이의 달 신전피라밋이 넓은 허허벌판에 웅장하게 우뚝 솟아있다. 2300년 전에 돌로 하나하나 쌓아 만들어졌다니 감개무량했다. 후추나무가 발갛게 열매 맺은 것이 가로수로 서 있고 널리 퍼져있다. 아즈택(Aztec) 원주민의 업석이라 한다.

멕시코 시티로 돌아오는 길에 별로 많은 비도 안 내렸는데 물이 많이 고여있는 곳을 지나왔다. 사람들도 무릎 위까지 찬 흙탕물속으로 우왕좌왕 다니며 교통도 혼잡스러웠다. 구아달루페 사원을 방문

했다. 옛 사원인 엘떼페야크는 언덕의 이름을 딴 것이고 언덕 위에 높이 지어져 있으나 오래되어 황폐해 있고, 밑에 새로 지은 것은 아주 크고 넓게 지어져 있다. 이 둘을 통틀어서 구아달루페 사원이라 부른다 한다.

8월 17일

국립인류학박물관을 방문했다. 테오티우아칸(Teotihuacan), 마야(Maya), 아즈택(Aztec) 시대의 유물들이 시대별로 구분이 잘 되어 나같은 문외한에 도움이 되었다.

천안문, 붉은 광장에 이어 세 번째 큰 광장이라는 사칼로(Sacalo) 광장에는 대통령 집무실 건물이 서 있었다. 이 집무실의 벽에는 1929년도부터 20년 간의 역사적인 사실을 알리고 있는 유명 화가의 벽화가 그려져 있었다. 아즈택 신전에서 화장실을 갔었는데 양동이에 물을 떠서 2층까지 올려다 주는 것이 인상적이었다. 저녁을 쉐라톤 호텔에서 가까운 한식 식당에서 먹었는데 샐러드가 너무나 싱싱하고 좋았다. 다음 날 8월 17일 오전에는 공원, 부촌가를 드라이브하고 삼문화(三文化) 광장을 방문하였다. 아즈텍 신전에 스페인 식민지시대의 성당을 세웠고 그 주위는 서민층 현대아파트가 허름하게 들어서 있었다. 기원전 3000년에서 기원전까지는 올마카(Almacker) 문화, B.C. 2세기에서 A.D. 7, 8세기까지는 데오티우아칸(Theotihuacan), 마야(Maya) 문화, A.D. 12~13세기에는 아즈택(Aztec)문화, 그 다음 식민지시대로 들어갔다 한다.

너무나 짧은 기간의 멕시코 시티 관광을 아쉬워하며 오후 4시 비행기로 브라질 리오데자네이로(Liodejaneiro)로 떠났다. 밤 9시경 콜롬비아 보고타(Bogota)에서 잠깐 승객들이 내린후 12시간 40분간 비행 끝에 아침 8시경에 목적지에 도착하였다. 이 날(18일) 오후에는 코르코바도(Corcovado)행 전철을 탔다. 조그마한 전철역에는 고무나무가 우리나라의 느티나무처럼 크고 줄기에서 뿌리가 죽죽 나서 밑으로 늘어져 있는 것이 장관이었다. 전철이라야 두칸으로서 백여 명 정도 태우고 숲 사이로 헐떡, 덜커덩거리며 올라간다. 대략 710m 고지며 양 숲을 바라보며 약 20분 올라가니 바다가 한 눈에 보인다. 1931년에 5년을 걸려 이 고지에 세웠다는 약 30m 높이의 크리스트 콘크리트 거상이 서 있다.

저녁 6시경 호텔들 앞에 넓게 펼쳐진 유명한 코파카바나

(Copacabana) 해변가를 내려 갔다. 모래가 어찌나 고운지 한없이 뻗어 있는 모래 밭 위에 여기저기 코코넛 상인이 있어 맛을 보았다. 밀크도 마시고 코코넛 속도 먹었는데 고소하다. 서서 먹으니 테이블에 앉아있던 두 여인이 앉으라고 의자를 권한다. 좀 더 가까이 바닷가로 가려고 신발을 벗으니 두 여인이 우리에게로 달려와 위험하니 나가지 말라고 일러준다. 이미 어둑어둑하고 나쁜 사람들이 소매치기하고 위험하다고 한다. 우리는 다시 신발을 신고 후퇴했다. 호텔 옥상을 올라가니 수영장, 사우나가 있었다. 밤에는 삼바쇼(Samba-erotic dance)를 구경하였다. 한 40분은 족히 봤을까 지루했으나 일행과 같이 숙소에 와야하니 끝까지 볼 수 밖에 없었다.

8월 19일

케이블카(Bondinho) 타고 슈가로푸(Sugarlorf) 꼭대기에 올라갔다. 산 위에서 리오데자네이로의 집들, 바다를 두루 볼 수 있었다. 해변을 바라보며 점심을 든 후에 컬츄어센터를 방문하였고 오후에는 싸카 스타디움을 방문했었다. 18만석이며, 개인 전용자리가 있어서 자리를 사서 쓰다가 팔 수도 있다 한다. 삼바 퍼레이드 스타디움(samba parade stadium)도 따로 있는데 10만명을 수용한다고 한다. 여기서는 토파즈 등 여러 가지 아름다운 광석이 많이 나온다고 한다.

8월 20일

다음 날에는 5시 15분 모닝콜, 6시 식사, 6시 45분 버스로 호텔 출발. 리오데자네이로에서 9시에 출발하여 부에노스아이레스에 12시

30분에 도착하였다. 버스로 시내관광을 하였고 한국식당에서 저녁을 해결하였다. 일요일인데 우리를 위하여 저녁 준비를 했다 한다. 밤 10시부터 12시까지 탱고 쇼를 구경했는데 맨 마지막에는 왕년에 활약했던 노인까지 나와 탱고를 추며 관광객도 무대에 올라가 탱고를 추어 흥미를 돋구었다. 한인촌을 방문했는데 일행인 의사분께서 춥다고 겨우 자켓 하나만을 샀다. 너무나 피곤했지만 1분도 잠을 들지 못하고 가만히 누워있다 5시에 기상.

8월 21일

5시 반에 아침식사를 하고 6시에 비행장으로 향하였다. 6시 45분에 이과수(Iguazu fall)폭포행 비행기에 탑승하여 2시간 후에 도착했다. 이 폭포를 아르헨티나 측에서 구경하고 배타고 건너가서 또 보았다. 브라질 쪽에 있는 중국집에서 점심 후 모터보트 타고 폭포 밑을 거슬러 올라가는데 물에 옷은 젖고 의사분이 배의 요동에 앞자리 난간쇠에 부딪쳐 눈썹 위가 찢어지는 소동도 있었다. 수림 속의 큰나무에는 기생식물(Foliodendron)이 서식하고 있었는데, 높은 나뭇가지 위에서 기생해서 사는 란(蘭)들이 일품이었다. 여기의 장관은 나의 글로도, 말로도 표현하기 어렵다.

8월 22일

아침 4시 30분 기상. 5시 15분 식사. 5시 45분 비행장행. 상파울로 8시 도착. 상파울로 시내관광, 공원, 상파울로대학, 부탈탈연구소를 방문하였다. 이 연구소는 뱀의 독성에 대해서 연구하는데, 300여

종의 뱀이 있고 왁진생산을 한다고 한다. 여러 번 피를 뽑아낸 뱀은 야외에 울을 여러 칸 널찍하게 짓고 흰 쥐를 사료로 주어 편안하게 여생을 살게 하는 것 같다. 언제 뱀의 먹이가 될지 모르는 흰 쥐들이 울안을 왔다갔다 하는데 오히려 평화롭게만 느끼게 한다. 점심, 저녁을 월궁이라는 한식 식당에서 들었다.

8월 23일

아침 4시 기상. 학회가 열릴 산토스(Santos)로 팩스를 넣었다. 4시 30분에 식사. 7시 리마(Lima)행 비행기. 6시간 걸린다 한다. 옆 자리에는 일본 여학생이 앉게 되어 여러 가지 대화를 나누었다. 영양학 전공이라며 나미인의 피 속의 지방 함량을 조사하기 위해서 왔다 한다. 상파울로보다 시차가 2시간이 빨라서 12시에 도착. 쉐라톤호텔에 여장을 풀고 파차카막(Pachachamac)탐방. 돌로 쌓았던 피라미드 흔적이 남아 있다. 잉카이전과 잉카시대 유적지, 사막을 두루 보았다. 독일 지리학자 막스 울러(Max Uhler)가 1900년 초반에 모래를 헤쳐 발견하게 된 것으로, 뤼쁘케(Lubcke) 전 독일 대통령이 페루에 방문한 기회에(1964년 4월) 그 공을 기려 불어로 비문을 써서 새긴 자연 그대로의 돌로 된 비가 서 있었다. 사막과 모래산이 쭉 펼쳐져 있었다. 바로 옆에는 농업을 할 수 있는 초원이 넓게 퍼져 있어 너무나 대조적이었다. 오는 길에 인류학 박물관을 관람하고 한국정에서 저녁을 들었다. 화장품 장미기름이 좋다고 선전이 대단했다.

8월 24일

아침 4시 30분 기상. 5시 10분 조식. 5시 30분 출발. 국내선 비행장에서 쿠스코(Cuzco)행 7시 출발. 8시 10분 도착. 우선 호텔에서 코카인 차를 마시고 앞에 있는 분수대에 대해서 설명을 들었다. 잉카시대에는 양쪽으로 냇물이 흐르고 머리(head), 배(stomach), 꼬리(tail)식으로 모양이 되어 있었다고 한다. 잉카시대 건물은 1층 만으로 지었는데, 바늘 하나도 들어갈 틈 없이 촘촘하게 돌로 쌓여 있다 한다. 스페인이 점령 후 그 위에 2층을 올려서 백색이나 블루색으로 페인트칠을 했다 한다. 산토 도밍고 성당을 방문했는데 3,000m 고지가 돼서 숨이 가쁘다. 싹싸이와만(Sacsayhuaman)은 잉카시대의 한 마을로, 돌로 성벽을 쌓았는데 돌하나의 무게가 300톤 짜리인 것도 몇 개가 있고 넓은 광장도 있다. 공룡발자국이라는 화석을 보았다. 우루밤바(Urubamba)로 가는 길을 기차대신 버스로 15불 더 내고 가기로 했다. 가는 도중 목요일에 장이 선다는 곳에 잠시 들렀다. 장에는 글자를 잘 모르는 사람들을 위해 글자대신 대표되는 물건들을 간판으로 걸어 놓았다. 빵가게에는 동그란 바구니가 걸려 있고, 음료수 가게에는 치차(chicha) 빈 병을 걸어 놓아 표시하고 있다. 치차음료수는 페루의 대표 음료수로 옥수수를 발효하여 만든 것이라 한다. 빵 가게에서 치즈와 오니온 넣은 막 구은 빵을 하나씩 사 먹었는데 맛이 괜찮았다. 손으로 짠 배낭, 양말, 스웨터 등 손 솜씨가 너무나 기가차다. 계곡(Urubamba valley)이 아름답고 맑은 강물이 흐르는데 무지개 송어도 있다 한다. 이런 낭만적인 오지에 아름다운 호텔이 있다. 서양인이 경영자라 한다.

8월 25일

우루밤바 산장 호텔에서 조식 후 버스 타고 기차역에 갔다. 맞추삐츠(Machu picchu)행 기차는 안데스(Andes) 산맥을 따라 달린다. 맑은 계곡 물, 울창한 산림, 낯설은 나뭇 잎, 꽃들을 바라보며 1시간 반쯤 지났을까 역에서 내려 다시 미니버스로 20분은 족히 산을 깎아 꼬불꼬불 돌아 올라가게 만든 흙먼지 나는 도로를 지나 맞추삐츠에 올라갔다. 이 미니버스는 부지런히 움직여 사람을 운반하고 있다. 설명을 들어가며 약 2시간은 옛 흔적을 돌아다녔다. 스페인 사람들이 쿠스코에 도달했을 때 남미대륙에서 가장 큰 도시여서 인구가 125,000명 가량이나 됐었는데 1970년도까지 이 인구밀도는 다시는 다다르지 못했다 한다. 16,000명 정도가 의식이나 종교 중심지에서 사는데 이들은 가족, 성직자, 신전수행원들과 이들의 시종들이라 한다. 약 50,000명이 쿠스코의 보통사람들이고 나머지는 외각에서 산다 한다. 왕국 그 자체의 존재는 1세기를 못 미쳤지만 쿠스코의 잉카존재는 약 A.D. 1000년까지 거슬러 올라간다 한다. 새로운 역사나 고고학의 지식에 의해서 오랫동안 지속됐던 추측이 뒤집어졌다 한다. 맞추삐츠는 1911년까지 오로지 잉카의 집터였었다고 생각해왔다. 그런데 1988년에 탄소-14 테스트에 의해서 이 집터는 일찍이 A.D. 800년 잉카 왕국이 여기에 도착하기 600년 전에 이미 자리잡은 것이라고 밝혀졌다. 어떤 곳은 2,000년 전의 것이라 한다. 전체가 돌로 쌓인 옛 터가 여기저기 지도보는 것처럼 놓여 있는데 모두 돌을 박은 길로 연결되어 있다. 거기 호텔에서 점심을 든 후 버스로 내려와 3시에 기차를 탔다. 중간에 기차가 과열이 돼서 골짜기

물을 양동이로 떠서 퍼붓곤 한다. 차창으로 바라보니 산에 불이 일고 있는 것을 간간이 본다. 3000m, 4000m 고지에 관계없이 원주민들이 곡물을 심기 위해서 8월에는 특히 산불을 많이 놓아 스모그(smog)현상이 일어난다고 한다. 9월에 곡식을 심는다고 한다. 늦게 도착하였다.

8월 26일

쿠스코에서 8시 10분 출발 리마행. 비행기 안에서 영국 여행 안내자와 만났다. 그가 안내하는 중남미 여행은 23일간 3,400불이고 1년에 7~8회 정도 있단다. 중국은 2주일마다 간다며 자기는 21번째 중국에 갔다 왔다고 한다. 나는 일행과 떨어져 12시 상파울로행 비행기를 탔다. 산토스에서 학회가 있었다.

산토스(Santos)는 상파울로(São paulo)에서 북동쪽으로 약 70km 떨어진 대서양을 바라보는 리오데 쟈네로(Rio de janeiro)와 같은 조용하고 아름다운 도시였다. 7km나 되는 해변가의 모래사장은 모래가 너무나 고와 우리나라의 모래와 비교할 때 옛날의 노란모시와 베옷으로 비유할 수 있을까.

상파울로에 도착한 것은 저녁 8시경이었는데 이미 어두워졌고 아무 안내자도 없었다. 비행장에 안내자가 나와 있어서 산토스까지 셔틀버스로 안내한다고 적혀 있었는데 실천하기 어려운 것은 공식적으로 인쇄해서 배부할 필요가 없지 않은가 생각되었다. 산토스행 버스는 10시 마지막 차가 있을 뿐이었다. 거의 2시간은 걸려서 목적지에 도착했고 일본사람, 스페인사람, 나 세 사람은 거기서 택시 합승으로 호텔에 도착할 수가 있었다. 밤중이라 몰랐었는데 학회 끝나고 산토스에서 상파울로로 돌아오는 길에 차창 밖을 내다보니 대관령 같은 고개를 넘으며 4차선이나 되는 왕복 차선이 완전히 한 언덕을 경계로 분리된 곳도 있고, 한 언덕으로부터 다른 언덕까지 높고 긴 다리가 설치되어 있고 굴도 많이 지났다. 양 쪽은 울창한 정글로 덮혀 있어 보는 눈을 시원하게 시켜준다. 산토스 근처나 상파울로시 근처의 산 언덕은 꼭대기까지 허름한 집들이 난립되어 있는데 어려운 사람들이 시골에서 와서 무허가 집을 자꾸 지어서 큰 마을이 된 것이라 한다. 그러나 고층 아파트보다는 보기에 훨씬 낫다.

일요일 저녁에는 본 회의에 앞서 환영식이 있었는데 ISME-7의 의장으로 애쓰고 일해 왔던 상파울로대학 교수인 마틴(Maria T. Martins) 박사께서 약 2주일 전에 작고하여 참가자 일동은 1분간 묵념으로 명복을 빌었다. 이 분은 여성으로 일을 많이 하신 분인데 아깝게 돌아가셨다. 브라질에서는 여성들이 일을 꽤 많이 하는 것으로 느껴졌다. 월, 화요일은 오전, 오후의 구술발표와 포스타 파트로 이 방, 저 방을 분주하게 다녔다. 커피 브레이크 시간에 내놓은 브라질 커피 씨니어(조그만 잔)도 맛이 좋았지만 파파야, 오렌지주스 등 생과즙을 대접해 주어 일미였다. 수요일은 테크니칼 비지트(Excursions) 날로 옵션은 여러 곳이었으나 나는 A코스를 택했다. 생태보호구역이다. 출발 시간은 아침 7시. 버스 3대로, 제일 인원수가 많았다. 1

시간은 걸려 시내를 빠져 나갔고 정글 속의 차도를 1시간쯤 달리고 나중에는 포장이 안된 길을 달렸다. 자연보호센터라는 곳에 들어가 브리핑을 듣고 슬라이드를 보는데 1시간이 걸렸다. 그 후 바닷가에 도착했을 때는 점심때였다.

이곳 Jureia-Itantin은 상파울로주의 남쪽 해안에 위치한 생태보호구역이다. 브라질 열대 우림의 생물 다양성을 지닌, 경치가 아름다운 곳이다. 대서양을 면한 가장 아름다운 보존지구의 하나이다. 대서양의 모래사장 따라 강줄기가 바다로 합치는 곳까지 걸어갔다. 강의 길이는 70km라는데 물이 진한 갈색이며 깨끗하다.

휴미크산(fumic acid) 때문에 갈색이란다. 이 곳 모래사장은 3km라한다. 강쪽을 가보고 다시 모래사장을 걸어서 정글 속의 아주 좁은 오솔길을 걸었다. 산 넘어 바닷가를 바라보고 다시 내려와 돌아가는데 선인장 꽃이 너무나 아름답게 피어있어 사진찍느라 법석이었다.

홍콩 공과대학에서 왔다는 일행과 함께 걷는데 그들은 자낭균(Ascomycetes)을 분리하고 생리를 연구한다며 해변가에 둥굴러다니는 조그만 나무토막을 주어서 가방에 넣는다. 갖고 가서 균을 분리하겠다 한다. 다른 사람은 클로렐라(Chlorella), 뉴트리숀 관계를 연구한다며 족히 3시간은 걸었다. 돌아오는 길에 만난 사람은 일본 쓰구바 연구실에 있는데 폐수처리에 대해서 연구한다고 한다. 목이 말라 1RS(0.9U$)주고 한 컵의 물을 사서 마셨다. 6시에 돌아올 예정이었는데 8시 10분 전에야 돌아왔다. 돌아오는 길에 아래쪽은 물속에서, 위쪽은 공기중에서 자라고 있는 맹그로브(Mangrove)라는 이색적인 고목 군락지를 보았다.

목, 금요일은 다시 심포지엄이 계속되었다. 목요일 저녁 8시의 방케트에는 삼바 쇼를 보며 저녁 식사를 하였다. 금요일 오후 6시 반에 폐회식이 있었다. 본 강의는 브라질 상파울로대학 교수의 "Endophytic fungi and their roles mainly in tropical plants"로 열대식물의 내성곰팡이와 이들의 역할에 대한 발표였다.

미생물분야의 광범위한 분야를 다루었는데 분자 생태학, 해양 미생물, 열대지방의 상처입은 선인장 종류에서 서식하는 미생물, 토양과 미생물, 100도 이상에서 사는 혐기성 미생물, 폐수처리 등 다양한 부문과 함께 분자생태학(Molecular ecology)을 앞으로 더 활용하고 새로운 전 지구적인 방법의 개발 필요성을 역설한 강의들이었다. 다음 8차 ISME는 1988년 캐나다에서 열린다는 것을 알려주고 폐막했다.

회의 후 투어로 다음 네 곳을 옵션으로 내놓았다.

1) Manaus, Amazon, 2) Campo Grand-Pantanal,

3) Rio de Janeiro, 4) Ethanol Producion Farm(Ribeirao Peto)

나는 3박 4일의 Manaus, Amazon 여행을 택하였다. 9월 2일부터 3박 4일로 이 여행이 끝나면 9월 5일 상파울로로 출발 예정이다. 상파울로와 마나우스 간의 시간차는 1시간이며 약 4시간 비행하였다.

호텔, 트로피칼 마나우스에 여장을 풀고 쉬고 있었다. 전화벨이 울린다. 전화를 받으니 미국의 여 교수인데 나하고 방을 같이 쓰면 어떻겠느냐는 것이다. 좋다고 그랬다. 큰 가방을 두 개나 갖고 들어왔다. 워싱턴 스테이트대학 교수라고 소개했다. 둘이서 저녁을 먹으러 나가는데 우리 호텔에서 해결하자고 합의를 보았다. 저녁을 잘 먹었다. 와인도 한잔 곁들이고 이 얘기 저 얘기 심심치 않게 잘 보냈다. 이곳에는 일본 교수 두 분이 있었다. 현직교수로 젊고, 한국 여성 대학원생도 자기 밑에 있다 한다. 사람이 좋다. 산책을 하는데도 무겁다며 물병도 다 자기가 들어준다. 자기는 기운이 세다고 자랑한다.

이곳의 인상적인 것은 마나우스 항구에서 네그로 리버(Black River)를 배타고 내려가는데 물은 산성(pH 4.8)이고 물 빛이 이름처럼 진한 커피 색깔이다. 설탕만 타면 커피라고 안내원이 농담하며 깨끗하다고 마셔보라 한다. 잎이나 나무들 때문에, 또한 산성 때문에 까맣다고 한다. 블랙 리버 하고 아마존강 하고 만나는 곳이 흥미로웠다. 블랙 리버는 검은데, 아마존강은 노란 황토물 빛깔이어서 흘러가는 강물 줄기에 따라서 한쪽은 검고 한쪽은 노란 빛이라 뚜렷이 구별이 된다. 온도, 밀도, pH 때문이라 한다. 이 강은 5,000km 흘러 내려가 대서양으로 들어간다. 1,800m 넓이, 30~50m 깊이인 곳도 있다한다. 이 곳의 우림은 나무 다리를 몇 백미터 놓고 가보게 해놓았으며 어린이들이 원숭이, 뱀, 나무늘보(Sloth)를 안고 사진을 찍게하며 손을 내밀어 돈을 받아 낸다. 나무늘보는 느려서 자기 등에서 조류까지 자랄 수 있다며 미국에서는 게으름뱅이(lazy person)를 나무늘보라 한다고 한다. 카누(canoe)를 타고 블랙 리버 지류를 따라가는데 이번 우림은 걸어서 들어갈 수가 있었다. 브라질에서 제일 큰 나무(Samauma Tree)와 그 나무 위에 있는 커다란 개미집들을 많이 보았다. 이과수 폭포 근방은 아열대 구역이어서 습기가 없지만 여기는 열대지방이어서 너무나 덥고 습해서 견디기가 좀 어려웠다.

다음 날은 INPA(National Institute of Amazon Research)를 방문하여 아마존의 애코씨스템에 대한 강연을 들었고, INPA의 우림보호구역을 방문하였다. 1m 길이의 지렁이를 보았다. 이 우림 속에는 방갈로 연구실이 있었는데 우연히 들어가봤더니 젊은 청년이 반가이 대해준다. 독일서 온 대학원생으로 자기 지도교수께서 이미 5년간 이곳 투구풍뎅이(Kaefer)에 대해서 연구했는데 자기가 여기온 지 7개월째라며 오래간만에 사람을 봐서 그런지 신이나서 독일어로 떠들어대는 것이었다. 그 근방 큰 나무위에 큰 둥근 바구니 같은 것들이 드문드문 걸려있어 무엇인가 했더니 과실 떨어지는 것을 받는라고 매달아 놓았단다. 무화과 열매, 벨로시아(Belosia) 열매들이다.

Micronia 속의 투구 풍뎅이를 연구하는데 766 종류가 있다 한다. 구멍이 나 있으면 유충을 가진 것이라 한다.

통나무 줄기에는 갖가지 이끼들이 무늬를 놓아 얼룩나무 줄기인가 착각할 정도였다. 이곳에서는 45~50도의 고온에서도 잘자라는 식물인 Secorbia secondary forest가 우점종(優占種)을 차지하고 있다고 한다.

다음 날 9월 5일(화)은 비가 내렸다. 아침 8시 반에 네 사람이 각기 10불씩 부담하고 택시로 시내구경을 갔다. 하필이면 이곳은 휴일이었다. 오페라하우스를 방문하였는데 아름다운 옛 건물이고 내부시설도 옛 것 그대로 보존되어 있는 격조 높은 곳이었다. 시장을 가보니 중국 연변에서 처럼 고기를 죽 높은 판 위에 늘어놓고 팔고 있었다. 우리는 2시 40분 비행기로 상파울로로 떠나기로 되있어 부랴부랴 되돌아왔다.

상파울로에 도착했을 때는 6시경이었다. 미국에서 온 여 교수가 예약해 놓은 데빌(Deville)호텔로 같이 가기로 했는데 비행장에서 10분 밖에 걸리지 않는 곳을 밴(van)차를 너무 오래 기다렸다. 9월 7일에나 LA행 비행기가 있음으로 9월 6일은 호텔에서 쉬기로 했다. 미국인은 수영복 차림으로 수영장으로 일광욕하러 나갔고 나는 그 주위를 그저 산책을 좀 했다.

9월 7일 새벽 비행기로 11시간 걸려 LA에 도착한 것이 아침 8시였다. 서로 각기 헤어지게 되었다. 워싱턴 주가 춥이고 조용하다고 나보고 오라면서 자기 집에 게스트룸이 있으니 자기 집에서 머무르면 된다고 한다. 한국 학생도 여러 명 안다면서 김치도 먹어 봤단다. 일주일 간을 같이 지내면서 정이 든 것 같다. 나는 에어포트 힐튼호텔에 투숙하였다. 오후에 LA 시내관광을 하였다. 안내자가 자기는 엔지니어인데 독일에서 오래 있었다며 독일어도 잘했다. 해안가며

LA를 두루두루 안내받았다.

9월 8일

버스타고 코리아타운을 방문하였다. 노르만디(Normandi), 버본드(Verbond) 근처의 버스 속에서 한국 사람을 많이 만나볼 수 있어 한국이 아닌가 착각할 정도였다. 따끈한 국물이 있는 칼국수 생각이 간절했다. 올림픽 가의 호돌이 집에서 멸치국물 칼국수를 주문했다. 너무나 양이 많아서 그릇을 비울 수가 없었다. 시골 노인들이 한국촌 거리의 벤치에 앉아서 얘기들을 하고 있는 모습을 빈번히 볼 수 있었다. 브로드웨이 등을 가보고 다음 날 서울로 떠날 준비로 일찍이 돌아왔다.

중국 계림행

1996년 1월 28일

10시 35분발 KAL을 타고 약 4시간 후에 마카오에 도착.

공항은 신축되어 깨끗하나 썰렁했다. 긴 다리를 건너 중심지로 향하였다. 일행은 8명. 향 연기가 자욱한 관음당절, 돌로 조각된 정면만 남아있는 성 바오로 성당은 1602년부터 20여 년을 걸쳐 지었다고 한다. 카지노 구경을 한 뒤 호텔에 투숙(Lisboa Hotel).

1월 29일

전용버스로 마카오로부터 인접해 있는 주해(珠海) 중국 땅으로 들어가기 위해 비자를 받느라 국경에서 상당한 시간을 보냈다. 주해는 깨끗한 도시였다. 광주(廣州, 광둥성 수도)를 향하여 버스는 달린다. 5대강의 하나인 주강(珠江)을 따라 달리는데 반은 민물이고 반은 바닷물이라며 굴을 양식하는 강이라 한다. 유명한 굴 소스도 만든다는데. 인력으로 건설했다는 도로는 3차선이다. 등소평 주석이

1979년 경제특구로 지정한 곳은 주해(珠海) 연해지방을 우선적으로 택하였고 심천(深川), 해남도 하문(夏門), 선두(汕頭), 샤먼(夏門) 등 네 곳이라 한다. 주해에서 마카오 쪽으로 나갈 때는 사람을 검사하고 짐은 검사하지 않으며 주해로 들어갈 때는 반대라 한다. 중산시(中山市)를 들어가는데 분재원(盆栽園)이 많았고 깅강(吉相)분재가 많은데 깅(吉)은 '집에 장식한다'는 뜻이라고 한다. 열 두평 집에서 삼대(三代)가 사는 집도 있다 한다. 이 곳은 귤, 바나나, 양귀비 열매(여지)가 많이 생산된다. 가는 도중 도로공사 하는 사람들을 볼 수 있었다. 처음부터 끝까지 인력으로 한다는데 큰 다리 놓는 것도 사람 힘으로 1년에 다 놔 버린단다. 열대지방의 겨울이라 우리나라의 가을 날씨와 비슷하다. 중산항구도 바나나가 많다고 한다. 광주시로 들어가는 아주 복잡한 긴 다리를 넘어 가는데 이 다리는 개인이 맡아 건설하고 통행료를 받아 1년이면 본전을 다 찾게 된다 한다. 광주 동방호텔에서 점심을 했다. 광주는 광둥성 수도이고 주해, 중산 경제특구의 경제가 여기를 거치기 때문에 제일 잘 사는 곳이고 활기를 띤 도시같이 느껴졌다.

일행 중 세 사람은 광주에 백화점을 차릴까 답사하러 왔고, 4년이나 이곳에 있었다는 한 젊은 청년이 안내하러 같이 왔다고 했다.

3시 30분. 광주에서 계림행 비행기 탑승. 국내비행장은 우왕좌왕 사람의 무리로 도떼기시장 같았다. 더욱이 구정이 가까워서 더한다고 한다. 4시 50분에 광시성에 위치한 계림에 도착하여 상비산(象鼻山, Elephant hill) 관광. 굴이 크게 뚫어져 코끼리코 모양이라고 이름이 붙여졌고 계림시의 상징이라고 한다. 계수나무가 가로수로 있는 곳이 많다. 10월에 꽃이 피고 향기가 좋으며 열매는 약제로 쓴다고 한다. 이 곳의 근무시간은 9시부터 11시 반, 오후 3시부터 5시 사이 퇴근. 1983년도부터 상당히 개인을 중시하는 방향으로 개방됐다 한다. 야채는 볶아먹고 날것은 안 먹는다는데 16개 소수민족이 모여서 살며, 4살 이하에 동생을 보면 벌금을 낸다 한다. 호적이 없으면 초등학교 가는데 돈을 더 내야 한다고도 한다. 시장(市長)은 장족(族)이라야 될 수 있으며 회족은 사람이 죽으면 창문으로 나가고 팔, 다리 잘라서 산에 놓아두어 짐승이 다 뜯어먹게 한다고 한다. 지금도 시골에서 여족이 장가를 들 때면 3년간 색시 집에서 살며 마지막 단계는 여자의 발을 아프게 짓밟고 돼지고기를 먹인다는 등의 특이한 풍습을 들었다.

1월 30일

계림사람들도 아침으로 쌀국수를 먹는다. 노적암 동굴을 들어가 보니 넓고 높은 종유석의 모양도 기이하여 제각기 명칭이 붙어있다.

우리의 목적지는 리강으로, 유람선에 올라탔다. 리강은 중국 남부에 북동쪽으로 위치해 있고 길이가 437km이며 강 양쪽 산이 산수화 같은 경치이고 수 천 개의 산봉우리가 굽이굽이 흘러 날씨가 좋으면 파란 물에 산이 비쳐 절경을 이룬다는데 이날 날씨는 흐렸었다. 구마봉(九馬峯)이 하이라이트라 한다. 한국 사람은 계림에 200명 정도 살며 1년에 추석, 설날 두 번씩 모인다 한다. 오렌지나무가 쭉 있는데 5월, 10월 두 번 따며 겨울 것이 맛이 좋다 한다. 유람선 위에서 바라보니 고기 잡는 새(가마우지)가 5, 6마리 대나무자리 배 위에 있는데 밤에 고기를 잡는 귀중한 재산이라 한다. 조그만 나룻배에 물건을 싣고 건너와 사라고 치근덕거린다. 강가에서 방망이질하며 빨래하는 모습을 보니 5~60년 전 옛날 생각이 떠오른다. 관암(冠岩)이라는 곳에 금년에 개방한 동굴이 있다는데 우리는 스케줄에 없어 못 들린다하여 실망했었는데 안내자가 조금 있다 오더니 1시간 정도 걸려 들린다하여 좋아했다. 이 동굴은 이미 1940년대에 외국인과 합작하여 발견됐는데 금년에서야 공개한다며 너무나 웅장하고 아직도 끝이 어딘지 모른단다. 배타고 500m는 가고 간이기차타고 또 달리고 기이한 모양을 한 종유석 석주 등이 이렇게 웅장하고 환상적인 동굴은 지금까지 내 생전 처음 봤다. 내부공간이 너무나 넓고 깊어 엘리베이터를 타고 올라 왔다.

버스 길도 한 부분은 외국인, 내국인 길이 따로 나있고, 10년 무사고 운전이라야 외국인 버스기사가 될 수 있다 한다. 계림시에서 한방병원을 방문하였다. 우리나라 병원처럼 입원실이 몇 백 개이고 아주 크다. 한의사가 나오더니 우리에게 서로 손잡으라 하며 전기가

전도되는 것을 느끼게 증명해주고 몇 사람에게 진료를 해주어 흥미 있었다. 중국에 오면 이런 일이 흔하다 하는데 내게는 처음 보는 구경거리였다.

1월 31일

계림발 8시 45분 비행기. 아침 6시 반에 계산(桂山)호텔 출발, 50분 후에 광주에 도착. 동방(東方)호텔에 여장을 풀었다. 이 호텔은 넓은 벽들을 온통 금빛으로 조각하여 중국인의 대국인(大國人)의 기질과 손 솜씨를 자랑하고 있었다. 시내관광에 나섰다. 1890년에 4년 걸려 지었다는 진씨(陳氏) 개인서당이 현재는 관광명소가 됐다. 후세에 유물로 남겨 놓을만큼 가치 있는 건물을 개인이 지었다는 것은 좋은 일이라 생각됐다. 그 다음은 육용사(六榕寺). 537년에 세워졌는데 불에 타버려 989년에 재건되었다며 벵갈 보리수(Banyan tree)가 여섯 그루 서 있었는데 다 없어지고 지금은 다시 심은 것으로 삼과 보리수(Ficus religiosa Linne)가 서 있었다. 손문(孫 中山 1866~1925년) 생가도 방문하였다. 안내자는 월수공원(越秀公園)으로 우리를 안내. 아열대지방이라 양치나무가 많이 눈에 띄었다. 동방호텔에서의 저녁음식이 아주 잘 나왔다.

2월 1일

다시 버스로 국경을 넘어 마카오로 돌아왔다. 일행은 서울로 떠났고 친구와 며칠 마카오에 머물기로 했다. 애당초는 해남도를 갈 목적이었는데 구정 때라 표 얻기도 어렵고 중국어를 한마디도 몰라 위험하다고 만류해 포기하였다. 먼저 묵었던 리스보아호텔에 투숙하였다. 패키지 여행의 강행군에 지쳐 우선 쉬기로 했다.

2월 2일

홍콩행 페리까지 천천히 걸어갔다. 홍콩 돈이나 마카오 돈이나 다 쓸 수 있는데 마카오 돈이 약간 싸다. 바다를 건너가는데 1시간 조금 더 걸려 홍콩에 도착하여 우리는 2층 버스타고 지하터널(Gross harbor tunnel)을 지나 구룡(九龍)을 도는데 외관상 모양 있게 지어진 아파트 단지는 깨끗하고 시설도 잘 되어져 있는 것으로 보인다. 꽤 높아 보이는 산은 푸르러 홍콩에서 산을 바라볼 수 있었던 것은 이번이 처음이다. 홍콩에서 저녁을 해결하고 어둑어둑할 무렵 마카오행 배를 탔다.

2월 3일

아침식사 중 우연히 마카오 안내자를 만났다. Hacka westin resort beach에 가서 산책해도 좋다고 하여 우리는 버스타고 가기로 하였다. 푸른 산 언덕을 지나 상쾌한 공기를 마실 수 있었다. 고층건물만 있는 줄 알았었는데 수평선을 멀리 바라보며 해변을 산책하였다. 멋있게 지어진 리조트가 조용한 곳에 자리 잡고 있었다.

2월 4일

오늘 오후 2시 40분 비행기 출발까지 오전의 시간은 마카오 시내에 있는 산디아고(San Tiago)를 갔었다. 이곳은 해변을 바라보는 아름다운 옛날 집을 지금은 호텔로 쓰고 있는 곳으로 계단 양쪽의 공간으로는 물이 졸졸 흘러내리며 옛 모습을 그대로 살려 보존하고 있는 곳이라 한다. 조용한 주택가를 산책하고 호텔로 돌아와 비행장으로 향하였다.

일본 아오모리

1996년 11월 22일

아침에 4시 반에 일어났다. 너무 피곤했고 아무튼 잠을 잘 못잤다. 김포공항에서 9시 반에 비행기는 떠났고 12시에 아오모리에 도착하였다. 일본식당에서 점심을 들고 5000년 전의 산나이마루야마(三內丸山)라는 에도시대부터 알려져 있는 유명한 유적지를 방문하였다.

바람이 세게 불고 추었다. 토양으로부터 식물씨를 채취하여 DNA 분석을 하였고 매립되었던 것으로부터 그 옛날의 주거건물을 볼 수 있었고 유명한 고적답사 등 거의 한 시간이 걸렸다.

그 다음은 바다 옆에 위치해 있는 아오모리의 파노라마 필름을 구경하였다. 경치가 너무나 좋았다. 축제구경도 하였다.

우리는 고마기(古牧)온천으로 달렸다. 한 1시간 50분 정도 걸려 거의 5시 정도 도착하였는데 아주 조용하고 아름답고 큰 온천이었다. 호텔 방도 넓고 침대와 다다미가 있었다. 7시 반에 저녁식사를 하고 명상도 조금하고 취침하였다.

11월 23일

6시에 모닝콜, 어제 저녁을 너무 많이 들었다. 쌀죽을 좀 들고 과실을 먹었다. 8시에 벌써 오이라세계곡을 향하여 달리는데 중간에 내려 약 25분 가량 산책을 즐겼다. 공기도 상쾌하고 경치도 그만이었다. 주위환경이 아주 잘 가꾸어져 있었다. 계곡물은 도와다 호수에서 방류된 것으로 물량이 적다 한다. 다시 버스를 타고 30분가량 달려 도와다 호수에 다달았다. 쇼핑센터에서 여러 가지 조림야채를 샀다. 아오모리는 사과가 좋기로 유명하다. 사과를 갖고 여러 가지 스넥을 만들어 내고 있다. 배를 타고 도와다호를 일주했다. 한 시간 정도 걸렸는데 경치는 말할 것 없고 물도 아주 깨끗했다. 식당에서 일식을 드는데 특히 꼬치구이가 괜찮았다. 할아버지는 한국노래를 부르고 젊은 남성이 샤미센을 연주하는데 재미있었다.

히로사기성을 방문했었다. 이 성은 외굴, 내굴이 있는데 몇 사람이 낚시를 하고 있었다. 우리는 내부를 관광하고 아오모리 선 루트 호텔에서 하룻밤을 묵었다.

11월 24일

12시까지 충분한 자유시간을 가졌다. 전기상회를 갔었는데 쏘니는 없고 샤푸와 산요가 있었는데 모양도 좋지가 않다. 곤부차하고 나라쓰께사고 생물학사전을 9,500엔에 샀다. 여기는 상점에 죽 지붕이 이어져 있어 아주 편한 것 같다. 비가 와도 걱정이 안된다. 12시 반에 "아지사이"라는 식당에 가서 소바하고 스시를 먹었는데 그렇게 비싸지 않았다. 바로 학고다(八甲田) 로프웨이 역에 가서 1,300m

높이의 산꼭대기에 있는 공원을 케이블카를 타고 올라갔다. 전체가 너도밤나무 숲이며 그 위는 아오모리 도도마쓰 군락이 전체가 싱싱한 녹색을 띠고 있었다.

나무 밑에는 단자엽 식물의 벼과의 사사(Sasa)속인 구마사사, 하얀 자작나무(다개간바)와 식물이 나 있어 너무나 아름다운 경치였다. 윗부분은 온통 하얀 눈으로 덮혀 있었다. 겨우 15분 가량 눈위를 산책할 여유를 가졌다. 젊은이들은 스노보드를 타고 있었다. 다시 로프웨이로 내려가서 큰 다리로 갔는데 이 다리는 200m 높이의 아취형 모양이었다. 그 밑에는 개울물이 흐르고 있었고 호텔로 가는데, 이 다리에서 5분 거리에 있었다. 이 호텔은 온천이 있는 2층 집인데 아주 조용한 곳이었으나 옆 방에서의 소리가 그대로 들려 시끄러웠다. 신선한 공기의 야외 오찬장도 있었으나 방은 너무나 더웠다.

11월 25일

아침 식사 후에 자유 시간을 가졌고 아오모리 공항으로 이동하여 오후 1시 20분 출발하여 4시에 서울에 도착하였다.

베트남 하노이행

1997년 2월 9일

아침에 토익을 들으면서 체조를 했고 아침식사를 아주 조금 들었다. 오후 1시까지는 공항에 도착해야 한다. 베트남, 하노이행 4박 5일 여행. 아주 가벼운 가방으로 지하철을 타고 김포공항을 가는데 거의 텅텅 빈 상태로 약 1시간 25분 걸려 공항에 도착하였다. 3시 비행기인데 너무 일찍 온 것 같다. 나는 배고픔을 느껴 신라식당에서 비빔밥을 먹었다. 맛이 괜찮았다. 기내에서 베트남 음식, 쌀국수와 치킨을 먹었다. 6시에(한국시간 8시) 하노이에 도착했다. 여행 안내자도 포함하여 열 다섯 분인데 전주에서 아홉 분이 오셨다.

우리는 버스타고 공항으로부터 시내로 약 30분을 달려가 한식당에서 저녁을 들고 호텔에 갔다. 호텔 안이 춥다. 밤에 불이 꺼져서 다시 불을 틀고, 잠을 들을 수가 있었다. 하노이는 추웠다. 여기는 겨울이었다.

2월 10일

아침 6시 반에 일어났다. 물이 차다. 재빨리 샤워하고 30분 명상을 했다. 8시에 아침식사를 하는데 쌀국수 스프에 레몬과 파푸리카를 넣어서 만든 것인데 맛이 괜찮다. 빵에 버터 잼을 발라 충분히 들었다. 9시에 버스를 타고 우선 하노이 시내관광을 했다. 베트남 인구는 7,700만. 하노이에만 호수가 20군데 이상이란다. 서호 호수는 5km 길이로 큰데 공기도 맑고 습도 역시 충분해서 먼지도 적당하다. 하노이 GNP는 600$이나 호치민(사이공)은 1000$ 이상이라 한다. 1$가 10,000동이고 콜라 두 병 값이다. 공무원 봉급이 40$(40만동). 우리는 우선 호치민 묘를 방문하였는데 월요일이라 열지를 않아 주변만 두루 보았다. 호치민의 시신은 해마다 소련으로 보내져 다시 새로이 방부처리 된다. 정원에는 프랑스 점령시대에 건축된 프레지던트 관저가 아름답게 놓여있다. 호치민은 거기서 살지 않고 자기의 출생지에서 살았다 한다. 그는 침실과 거실이 나무로 지어진 조그만 집에 살았다고 한다. 한기둥 사원은 식물원 속에 위치한 조그만 사원(우리나라의 팔각정 비슷함)으로 가운데에 둥근 시멘트 기둥 위에 목제건물이 올라서 있는데, 불란서가 점령시 싸움에 지고 떠나면서 불을 질러 탓기 때문에 시멘트로 때웠다 한다.

그 다음은 진국사를 방문했는데 소승불교로 아주 큰 보리수나무가 서 있는 것이 인상적이었다. 불란서인 관광단, 일본인, 우리, 중국인 관광단이 주였다. 다음은 순학사원. 이곳은 우리나라의 성균관에 해당되는 곳으로 공자상, 맹자상이 모셔져 있고 옛날에는 대학역할을 했다 한다. 베트남은 중국에 의해서 1000년간 지배를 당했고 독립한 후에 불란서에 의해서 1860년부터 1940년까지 지배당했고, 그 다음 일본에 의해서 5년간 점령당했고 미국과도 싸워서 이겨냈기 때문에 베트남 사람들의 자부심이 대단하다 한다. 베트남은 석유를 연간 5천만 톤을 생산하나 정제를 못한다고 한다.

묘지도 산이 적어서 불란서식으로 화장을 하거나 중국식으로 매장을 하여 평야 속에 묘지가 군데군데 놓여 있다.

홍강다리를 지나 1차선을 버스는 달리는데 우리에게는 항시 보안관 한 사람이 돌봐주었다. 산이 없고 평야지대만 펼쳐져 있는 데 논은 적은 면적이 더러는 네모로 단정하게 구획되어 있다. 중부지대에나 산이 있다 한다. 남쪽은 1년에 3모작이고 북쪽은 4모작이라 하며 1년에 1억백만 톤이 생산되며 끈기 있는 쌀은 수출하고 안남미를 주로 먹는데 더운 날씨의 이곳 사람들에게 소화가 잘되서 좋다 한다. 쌀 수출이 3위라 한다.

차도에는 오토바이와 자전거가 판을 치고 자동차는 아주 드물게 눈에 띈다. 시내에는 버스가 다니지 않고 전화도 잘 놓여 있지 않아서 서로 연락망으로서 오토바이를 타고 다니기 때문에 대낮에도 많다 한다. 집을 짓는 것도 지방마다 차이는 있지만 폭 3m나 길이 8m가 일반 기준이고 1층에 대해서만 세금을 내고 2층 3층을 올려도 세금을 안낸다 한다. 돈이 있는 사람은 자꾸 고층으로 올려 집을 짓는다 한다. 하롱베이까지 하노이에서 180km 밖에 되지 않으나 길이 꼬불꼬불한 1차선이라 5시간 이상 걸린다. 2시간 20분을 달리고 나니 산이 보이기 시작한다. 5시간 걸려 하롱베이에 도착하여 호텔에서 우선 여장을 풀고 베트남 식당에서 저녁식사를 하였다. 불란서 사람들이 많이 와 있었다. 그것도 주로 노인들이었다.

2월 11일

아침에 쌀국수를 닭고기와 고추, 여러 가지 양념을 해서 먹었는데 맛이 괜찮았다. 9시에 버스를 타고 부두로 나가 배 한 척에 우리 일행만 탔다. 옆에는 생선을 잡는 어선이 있어 우리 배가 가는 대로 쫓아온다. 흥정을 부치는 것이라 한다. 하롱베이의 섬은 일천 몇 백이라 하며 조그만 섬들, 큰 섬들이 코발트색 바닷물 위에 우뚝우뚝 솟아있어 모습이 참 장관을 이루고 있다. 석회암으로 된 동굴도 몇 군데를 방문하였다. 바구니같이 대나무로 엮은 조각배를 열살 정도 먹은 머슴아이가 노를 저어 우리에게 다가와 무엇 좀 달라한다. 어린 동생 둘을 태우고 있었다. 도미인지 하고 게, 새우를 사서 회를 떠 매운탕을 해서 점심으로 들었고 반찬도 여러 가지 나왔다. 저녁 4시에 호텔에 도착하여 한숨 자고 참선도 20분하고 저녁식사는 6시에 베트남 음식을 먹었다.

2월 12일

아침 5시 기상. 6시 식사. 7시 출발. 아침식사는 여전히 쌀죽에 닭고기 국물에 레몬즙, 푸른 야채, 빵, 버터, 잼. 과실로는 바나나, 사과, 수박.

시골길을 버스는 달리는데 조그만 마을을 지날 때는 야채장사, 생고기 장사가 길에 쭉 있다. 오토바이보다는 자전거가 더 많이 있다. 버스까지 싣고 배를 10분 가량 타고 강을 건넌다. 까만 씨앗을 젊은 학생이 열심히 까먹어 무엇이냐고 물어 보았더니 너츠(nuts)라 한다. 멜론 너츠, 수박씨를 볶은 것이다. 그 여학생은 아주 잘 까먹는데 나를 좀 주어서 까먹었는데 잘 안까져 도로 주고 나중에 또 얻어서 까먹었더니 이번에는 비교적 잘 까졌다. 그는 대학생이며 영어를 배우고 있는데 휴일이 20일이나 돼서 지루하다고 말을 한다. 배에서 내리며 빠이빠이 하고 우리는 다시 버스를 타고 달렸다. 상점에서는 빵에다 소세지 같은 것을 넣어서 팔고 사탕수수를 한 묶음씩 파는데 그룹 중의 한 사람이 사서 나누어 주는데 씹어보니 물기가 많고 아주 달다. 또 한 번 배를 타고 건너야 하이퐁시를 가는데 배에 버스를 싣느라고 긴 나무토막을 밑에 깔아 경사지는 것을 경감시켜 버스를 실을 수가 있었다. 1차선도 못되는 간선도로를 1시간 남짓 달려 하이퐁시에 달하였다. 세 번째로 큰 도시이고 인구는 130만이며 월남 전쟁시 폭격을 너무 많이 당한 곳이라 한다. 우리는 카펫 공장을 잠깐 방문하여 손으로 짜는 것을 구경하고 버스로 시내관광을 거쳐 하노이로 향하였다. 오후 1시 반에야 하노이에 도착하여 점심을 들은 후 하노이 시내 시장관광에 나섰다. 시장에는 야채, 과실이 한 쪽을 점령하고 다른 쪽은 생고기 종류, 또 다른 쪽은 생선이 즐비하게 놓여 있었다. 생고기를 하루에 다 파는 것이 주 목적이라 한다. 냉장고가 없기 때문에.

호숫가를 산책하고 아리랑 식당에서 한식을 간단히 든 후 투숙하였다. 여기는 겨울이라 하는데 우리나라의 늦가을 날씨로 호텔 방안이 을씨년스럽게 춥다. 열풍이 나와 그나마 견딜 수 있었다.

2월 13일

아침 4시 반 기상. 5시 아침식사. 5시 반에 비행장행 버스에 올라탔다. 가는 길에 호숫가에 예쁘장한 집들이 드문드문 있는데 불란서풍으로 지은 집으로 부촌이라 한다. 40분 가량 후에 비행장에 도착하였다. 8시 비행기에 올라탔다.

중국 해남성 해남도행

1997년 4월 12일

아침에 일찍 일어나 보통 때처럼 모든 일을 했다. 오후 4시 30분 지하철로 김포공항에 갔다. 1시간 15분 걸려 5시 45분에 도착하였다. 친구는 6시 15분에 내 앞에 나타났는데 내가 장소를 잘못 알고 기다렸었다. 1층이 아니라 2층에서 기다려야 했는데, 50명이 함께 간다. 밤 8시 5분에 삼아행 출발, 새벽 1시(한국시간으로)에 도착하였다. 동방호텔에 3시에 도착. 너무 피곤하다. 취침.

4월 13일

7시에 일어났다. 8시에 아침식사를 뷔페로 하고 9시 반에 출발했다. 우선 천애해각 해변가를 갔다. 웅장한 큰 바위를 보며 모래 위를 셋이서 산책하였다. 다음으로는 녹회두 공원을 갔는데 매우 아름다웠고 여러 가지 식물들이 싱싱하게 보는 눈을 시원하게 해주었다. 시멘트로 만든 아주 큰 동상도 있었다. 점심으로는 한 호텔에서 중국음식을 먹었는데 배가 고파서 아주 잘 먹었다. 하구로 가는 도중 만천하에서 10분간 휴식을 했다. 3시 40분부터 7시 30분까지 4시간을 달리는데 도중에 타이어가 펑크났다. 하구에 있는 한국식당에서 저녁을 먹었는데 빈대떡이 맛이 좋았고 반찬 맛도 좋았다. 물론 우리는 매우 시장했었다. Golden Coast Lawton Hotel(金海岸羅頓大酒店)은 5성으로 좋았다.

4월 14일

6시 반에 기상하여 8시에 아침식사. 쌀죽과 계란, 주스를 마시고 9시에 버스로 달리기 시작했다. 오공사를 방문하였다. 이곳은 500년 전에 학문과 종교로 유명했던 다섯 분이 유배온 후 해남에서 좋은 일을 많이 해서 이 다섯 분의 동상이 세워져 있다. 소동파도 여기에 유배왔다가 여기에 사는 사람을 위해 우물을 파게 했다고도 한다.

해남은 나비가 많다 한다. 나비상점을 관광했다. 점심식사 장소를 가느라고 더 버스를 타고 갔는데 사람도 많고 어찌나 시끄러운지 불결도 하고 그러나 먹을 수 밖에 없다. 한 15분가량 버스를 타고 해남에서는 제일 높다는 동산령을 갔다. 어마어마한 큰 바위들이 많이 있었고 로프를 붙잡고 꼭대기까지 올라가 사방을 둘러보고 내려왔다. 몹시 더웠고 햇빛이 눈부시게 강렬했다. 내려오는데 사찰도 묘지도 많이 보였다, 우리와는 달리 잔디를 입히지 않았다.

버스를 타고 40분 가량은 달렸을까 식물원을 방문하였다. 조용하고 호수도 있고 아주 광활한 자연환경이 너무나 아름다웠다. 한 30분 가량 산책하고 호텔에 도착하였다. 저녁식사 후에 야시장을 산책하고 호텔에서 좀 쉰 다음 온천으로 수영하러 나갔다. 하늘에는 반달이 떠있고 북두칠성이 아주 찬란하게 빛나고 반딧불이 빤작 빤짝 날아다니는 것을 바라볼 수 있었다. 나는 별이 떨어지는 것이 아닌가 느껴졌다. 온천물은 그리 뜨겁지 않으며 기분좋게 해주었다.

4월 15일

아침에 일찍 일어났다. 온천하고 잠시 수영도 했다. 상쾌하게 느껴졌다. 온천물은 어저께 밤만큼 따뜻하지 않았다. 8시 반에 아침식사를 하고 9시 반에는 출발하여 진주상점을 들렀다가 원숭이섬을 조그만 배를 타고 한 7분 걸려 도착하였다. 원숭이가 1,000마리 정도 있는데 다만 몇 마리의 큰 놈하고만 사람과 접촉하게 한다. 멀리 보이는 곳에는 사슴이 있었다. 원숭이 산에서 점심을 먹었다.

정원쪽을 더 들어가니 사슴들이 20마리 정도 살고 있었다. 묘족 민속촌으로 버스는 달렸다. 쇼 구경을 하는데 음악이 너무나 크게 울려 시끄러워 나왔다. 매우 더운 날씨다. 밖에 앉아서 망고를 두개 먹었다. 배가 고팠다. 바나나도 4개나 먹었다.

4월 16일

아침 식사 후에 아롱만 해변에서 자유시간을 가졌다. 삼아에서 약 20km 쯤 떨어져 있는 곳에 있는 해변인데 사람이 적고 조용하며 길게 뻗어 있는 해변이어서 자연 그대로의 바다를 느낄 수 있다. 묘족 민속촌을 관광했는데 별로 기억나는 것이 없다. 저녁을 먹은 다음 공항으로 이동하여 새벽 1시 10분 비행기로 삼아를 떠났다.

에게 해 유람선 여행

오래간만에 큰 가방을 지닌 여행길에 올랐다. 30분이 지연되어 12시에 비행기는 떠나 현지시간으로 오후 5시에 방콕에 도착하였다. 방콕식 저녁을 들은 후 베트남으로부터 흘러 내려오는 강을 바라보며 아름다운 경치를 내다볼 수 있는 쉐라톤호텔에서 하룻밤을 보냈다.

1997년 5월 8일

아침식사도 의외로 좋았다. 8시에 우리 일행은 배를 타고 차오프라야 강을 유람했다. 강 언저리에 펼쳐진 아름다운 경치며, 별장 같은 예쁜 집들을 바라보다 물속으로 시선을 옮기니 싱싱한 수초(水草)들이 보는 눈을 시원하게 해준다. 배 안에서 점심은 주어서 요기를 했는데 오렌지주스가 너무나 비쌌다. 약 4시간 배를 타고 가서 아유타야를 관광하였다. 아주 큰 망고나무 무리들이 인상적이었고 떨어진 망고들이 싱싱하고 큰데 맛도 기가 막혔다. 저녁으로는 방콕의 대표적인 현지 음식이라는 '수끼'를 먹었는데 그저 그러했다. 23시 55분 발 아테네행 비행기는 1시간 연발이고 비행기 안에서 잠을 잘 수밖에 없었다.

5월 9일

아침 7시 반에 아테네에 도착하였다. 1시간 연착이다. 티타니호텔에서 아침을 먹은 후 버스투어를 시작했다. 우선 언덕 쪽을 갔는데 올리브 나무들이 여기 저기 과수원을 형성하고 있으며 필로다 힐로부터 아크로폴리스를 바라보았다.

아크로는 '언덕'이라는 뜻이고 폴리스는 '도시국가'라는 뜻이다. 아테네시의 언덕에 지어진 산성이고 아테네에서 가장 오래된 곳이고 이 아크로폴리스 성 밑에 집들을 짓기 시작하여 아테네 도시를 형성하기 시작했다 한다. 헬라 국가의 중심지였고, 3개의 신전과 2개의 극장으로 돼 있다 한다. 올리브는 '월계수', '감람나무'라는 뜻. 해송이 많이 나 있다. 파르테논 신전은 B.C. 447년에 페르시안인이 파괴한 옛 신전자리에 아테네의 수호여신 아테나에게 바치기 위해 대리석으로 세워졌다.

페르시아와의 전쟁에서 고대 그리스가 이겨낸 것을 알리기 위해 한 병사가 마라톤 평원으로부터 달려와 아테네에 전달해, 오늘날 마라톤 경기의 기원이 됐다는 얘기도 들었다. 파르테논 신전은 지혜의 여신을 상징하며 지은 양식도 직선이 아니라 나선 상으로, 둥근 토막토막으로 쌓아서 지진에 견디도록 지었단다.

신전 기둥 하부는 둘레가 5m 30cm, 상부는 3m로 원주형(entastic)

방법으로 지어서 기둥이 46개인데 간격이 하나도 같지 않고 하나의 정점으로 모이게 됐다 한다. 오후 4시 배에 타기 전에 한국음식점에서 싱싱한 상추를 만끽하였다. 햇빛이 강해서 농약을 안 준다며 무공해라고 그런다.

우리는 드디어 5시에 MTS TRITON호에 승선하였다. 1,200명이 탈 수 있으며 350명은 승무원이고 750명은 손님이다. 방 배정을 받아 창문으로 바다를 내다보니 물은 코발트색, 태양은 타오르고 내재주로는 말로 표현하기 어렵다.

5월 10일

그리스에서 제일 큰 섬인 크레타 섬에 7시에 도착할 예정이었고 11시 30분에 이 섬을 출항하기 때문에 우리는 일찍 일어나 짧은 시간에 크노소스궁(Knossos)을 방문해야만 했다. B.C. 6000~5000년의 신석기 문화(Neolithic period)에 이어 B.C. 2600년에 아세아 마이노로부터 사람들이 미노아 문화라고 명명된 청동기시대, B.C. 2000년경 크노서스 궁이 세워졌다. 그 후 지진에 의해 파괴된 후 곧 훌륭한, 새로운 건물이 지어졌다 한다. 이 장소는 세월이 지나감으로써 흙으로 파묻혀져 있어 아무도 이 큰 역사적 유적지를 몰랐었다. 1,500개의 방이 있었는데 영국인인 에반스(Evans)에 의해 발굴될 때까지 잠자고 있었던 것이다. 에반스는 영국 Oxford Ashmalian museum의 director였는데 1900년에 발견했고 1903년에 파헤친 후 1931년까지 연구는 계속되었다. 제1차 세계대전으로 중단되었다가 계속되었으며 네 권의 책을 발간했다. "The palace of minos at

Knossos"가 대표작.

점심은 선상에서 뷔페를 먹었는데 자리도 없고 바람이 어찌나 세게 부는지 그저 배만 채웠다. 오후 2시 반에 그리스 민속춤 레슨 시간이 있어 우리는 나갔었다.

오후 4시에 싼토리니(Santorini)에 도착하였다. 배에서 내려 케이블카를 타고 올라갔다. 당나귀 타고 올라가는 길도 있었는데 당나귀가 아니라 말을 타는데 위험하다 한다. 눈에 띄게 잘 구분된 지층으로 된 섬 위에 일색의 하얀 집들이 너무나 아름다운 경관이었다. 바다로 향해 사진도 찍고 은장식품이 유명하다는 상점들도 구경하고, 바다를 내려다보며 오래 앉아 있고 싶었으나 7시에 케이블카 타고 내려와야 만했다. 쇼를 좀 구경했으나 피곤하여 곧 일어났다.

5월 11일

로데스(Rhodes)섬에 입항하자 8시에 관광은 시작됐다. 청동기(B.C. 3000~1100)에 대한 기록이 없어서 건축양식에 의존할 수밖에 없다고 한다. 로데스는 마이노의 콜로니였었다고 본다. 가로수는 유카리우스(yukarius) 고무나무로 돼 있고, 중세기 11~17세기에는 이곳으로부터 오른쪽 18km는 터키의 섬으로 간주됐다 한다. 면적은 1,498㎢으로 제주도 크기고 10만 명이 상주인구이고 10만 명이 이동 인구란다. 중세시대 십자군 종교전쟁으로 암흑기를 지냈다고 한다. 십자군 전쟁은 1092년에 시작했는데 십자군이 낮에는 점령하고 밤에는 나갔다 한다. 고대 원형경기장이 있었는데 다목적으로 회의장으로도 경기장으로도 쓰였다 한다. B.C. 200년에 고대 올림픽이

열렸고 7,000명을 수용할 수 있다고 한다.

로데스섬은 제우스 전설에 의하면, 제우스의 아버지는 거인인데 술 마시면 자식을 잡아 먹는다. 제우스가 아버지를 죽이고 헤라누이와 결혼. Vionisus신은 포도주를 만들어 신, 인간을 즐겁게 해주며 인간에게 좋은 일을 많이 하는 신이란다.

이곳 유동 인구의 80%는 관광객이고 20%는 오렌지, 올리브, 포도를 재배해서 살아가는 농민. 겨울의 온도가 12도.

버스는 린도스(Lindos)를 향하고 있다. 가는 길에 삼비고 교회가 산 언덕 멀리에 보인다. 남아(男兒)를 원할 때 맨발로 올라가 기도하고 내려오면 사내아이를 낳게 되는데 이런 아이에게는 이름을 삼비고라고 붙이는데 우리 버스기사 이름도 삼비고였다. 버스에서 내려서 두마리가 서로 연결돼 있는 당나귀를 두 사람이 타고 가는데 옆의 당나귀는 느리게 가고 내가 탄 당나귀는 촐싹거리며 자꾸 빨리 간다. 일행 중 한사람은 당나귀가 넘어지고 탄 사람도 떨어져 머리를 조금 다쳐 피가 났고 다리도 타박상을 입었다. 이곳은 B.C. 2~3세기가 전성기였다고 한다. 버스 길 가장자리에는 곳곳에 십자가가 있는데 그 장소에서 죽은 사람을 표시하는 것이고 경각심을 주기 위해서란다. 비스듬히 올리브나무 동산이 줄곧 시야를 채우는데 수확은 망을 밑에 경사진 대로 깔아놓고 두들기면 떨어져서 미끄러져 내려가서 모이게 된다 한다. 갑각류(게, 새우), 지중해 참치가 일미라 한다. 이날 점심도 배안의 아폴로 데크에서 뷔페를 먹는데 바람이 너무나 세서 몸둘 바를 모르면서 겨우 먹었다. 빨간 사과이길래 먹어봤더니 우리나라의 떨어진 사과 맛에도 못 미친다. 그저 여기서는 오렌지가 제일인 것 같다.

오후에는 십자군의 거리, 로도스(Rhodos) 시내관광에 나섰다. 로도스는 사슴(Hirsch)이 상징이다. 우리는 부둣가로부터 계속 산책해 올라갔다가 숲이 우거진 곳으로 내려오는데 두 분의 할머니도 역시 우리처럼 산책길이었다. 독일 분이었고 14일간 로도스에서 쉬고 간다면서 이 지대를 다섯 번은 산책했다면서 아름다운 지대라고 또 오겠다 한다. 꾸불꾸불한 골목길, 옛날 동네를 거닐어 내려오는데 길 위에 있는 맨홀 뚜껑에도 사슴그림이 새겨졌고 집도 함부로 허물고 짓지 못한다 한다. 밤에는 선장의 주선으로 칵테일 파티가 열렸다. 일일이 악수하며 인사하고 30분간 진행됐고 저녁식사는 9시 반에서야 시작해서 너무나 졸리고 피곤했다.

5월 12일

아침 5시부터 서둘러야 했다. 7시부터 11시까지 팟모스(Patmos)섬에 정박한다고 한다. 날씨가 좋아야 배가 작은 팟모스 항구를 들어갈 수 있다고 안내한다. 버스를 타고 우선 요한(Johan)동굴을 방문했다. 성 요한이 성령의 지시를 받아, 말하자면 지금의 타이피스트처럼 받아썼고 일곱 교회에 대해서 지적하여 이 지시를 받았다 말한다. 동굴 속의 바위가 너무나 근사했다. 요한이 죽은 장소, 머리쪽과 팔 벌린 쪽이 표시되었고 기도한 곳도 표시돼 있었다. 물이 나온 곳을 길이로 표시해 놓았다.

그 다음은 수도원을 방문. 그 옛날에 물도 곡식도 안 나온 이곳에 수도원을 세웠다. 로마에서 쫓겨나서 팟모스에 유배당했던 요한은 물도 없고 먹을 것도 없는 이곳에서 2년 후에 풀려났고 하느님의 성령의 감동으로 앞날의 일을 알아냈다 한다. 수도원에는 200명이 먹을 수 있는 빵 반죽 통이 있었고 오븐 큰 것이 있었다. 수도원 건물 전체가 장미목으로 지어졌고 또한 금으로 입힌 것이 너무나 장관이었다. 박물관도 보았고 거기 역사를 그린 벽걸이들이 눈에 띄었다. 10시에 탑선. 12시까지 자유시간. 2시 반에 터키의 쿠사다시에 입항. 버스타고 성 마리아 집에 갔었다. 여기서 마리아가 죽었으며 요한이 보살펴 주었다 한다. 나무들의 아랫줄기가 하얘서 가까이 가보니 종이를 조금씩 매어 묶어 놓은 것인데 소원을 써서 달아맨 것이다. 밑에 보드가 몇 개 있는데 종이들이 붙어 있고, 그 아래로 내려오면 수도꼭지가 몇 군데 있었고 물(성수)을 받아 가지고 가서 선물을 한다고 한다. 선인장 꽃이 아주 아름답게 피어 있다. 다시 버스로 에베서 유적지로 향하였다.

에베서(Ephesos 또는 Ephesus)시는 고대 희랍의 서해안 소아세아의 상업도시였으나 지금은 터키에 속한다. 에베서시는 길바닥은 대리석으로 깔아져 있고 상점이 계속 늘어서 있어 그 시대의 유행의 중심지였다 한다. 항구에 가깝고 동서를 이어주는 중심지였다. 누가, 어느 때 에베서를 건설했는지에 대해서는 확실하지 않다. 그러나 아마 B.C. 2000년쯤 건설되었고, 11세기에 이오니아(Ionia)에 의해서 정복됐고 지진이나 말라리아 병에 의해서 도시가 쇠퇴된 것으로 전문가들은 얘기하고 있단다. 1893년에 발굴됐는데 삼분의 일 밖에는 발굴되지 않았다고 한다. 원형극장에는 로마시민만 들어갈 수 있었고 그 당시의 목욕탕 시설도 냉, 온탕 시설로 돼 있었다 한다. 이오니아식 기둥은 24꼴이고 도리아식 기둥은 20꼴로 기둥이 서 있었다. 안토니우스 왕과 클레오파트라가 이 대리석 길을 산책했고 도서관이 만남의 장소였다 한다. 이 도서관에는 그 당시 25,000권의 책이 있었고 트리아누스(Trianus) 동상 밑의 물통 모양의 모자이크 무늬의 도로를 지금도 볼 수 있어 인상적이었다. 그 옆으로 상점들이 계속 있었다. 쿠사다시(Kusadasi)나 에베서는 동일하나 에베서는 로마시대 때의 말이라 한다. 에베서에 항구가 있어 배가 들어가던 것이 지금은 토사가 밀려 들어가 항구가 없어졌고 쿠사다시 항구에서 제방공사로 연결하여 육지에서 갈 수 있다. 하늘위에서 내려다 볼 때 새 모양이어서 쿠사다시라고 불렀다고 한다.

쿠사다시는 '새'라는 뜻이란다. 이 곳의 상주인구는 5만 명 정도이고 여름에는 20만 명을 넘어서며, 별장이나 콘도들이 해변에 지어져 있었다. 지중해 바다가 보이며 올리브 나무가 많다. 농사에 좋은 기후라 한다.

보스포로스 해협이라는 것은 그리스말로 '암소가 건너간 나루터'라는 뜻이고 바다는 이오니아해라고 부르는데 '이오라고 하는 여자가 건너간 바다'라는 뜻이란다. 신화에 의하면 제우스가 사랑하는 여자 이오를 본처인 헤라가 죽이려고 하니까 이오를 황소로 둔갑시켜 바다를 건너가게 했다 한다.

옛날의 화장실 설치가 아주 잘 돼 있다. 물이 흘러가게 돼 있고 내려가는 길 위에는 사창가로 가는 길을 발모양을 그려 놓음으로써 표시해 놓았다. 아고라라는 것은 '시장'이라는 뜻이다. 25,000명을 수용할 수 있는 극장이 돌로 원형으로 돼 있고 바다에서 불어오는

바람으로 소리가 높은 곳까지 잘 전달된다고 한다. 항구에서 여기로 오는 길목에 기둥이 계속 서있고 상점들이 있었다.

5월 13일

오늘은 배가 오후 2시에 이스탄불에 도착함으로 늦잠도 잘 수 있고 오전 중 여유가 있었다. 갑판 꼭대기까지 올라가 봤고 그곳 의자에 잠시 누어서 하늘도 바라보았다. 아침에 일어나니 동행한 언니도 나도 골치가 아팠다. 선내의 병원을 찾아가 의사를 만났다. 이유를 모르겠다며 혈압, 맥박을 쟀으며 30달러를 맨 마지막날 내야한다며 의료보험증을 준다. 공짜로 의료보험에서 금새 처리되는 것이 아니고 서울에 가서 해야 한다고. 점심에는 일행 중 한 사람이 막 된장을 가져와서 감자와 야채를 넣고 국을 끓여 오래간만에 우리 음식을 맛있게 먹었다. 도착이 가까워 오면서 선상에서 이스탄불을 바라보니 회교사원이 둥근 양파모양으로 여기저기 아름답게 보였다. 2시에 배 도착 후 우리는 버스로 관광에 나섰다. 이스탄불이 터키에서 제일 큰 도시이다. 도심도 보스포로스(Bosphorus) 해변에 위치하고 있고 북쪽은 흑해와 인접하고 동쪽은 마르마라 해(Marmara sea)에 접해 있다. 이스탄불은 콘스탄티노플이라고도 부르고 '두 도시사이의 도시'라는 뜻이란다.

인구는 1,100만. 황금의 뿔(Gloden horn)은 보스포로스의 옆 팔이라고 볼 수 있는 자연 항구에 놓여있고 비잔틴과 오트만시대의 사원과 문화유물이 넘치고 있다. 1453년에 마호메트(Mahomet II)에 의해 정복될 때까지 이 도시는 비잔틴 제국의 중심지였다. 그 후는 오트만의 중심지가 됐다. 1923년에 터키공화국이 설립된 후 터키의 수도는 앙카라(Ankara)다. 언제 비잔틴의 옛 도시가 세워졌는지는 확실하지 않지만 전설은 있다. "눈먼 나라의 반대편에 세우자." 황금의 뿔과 point of Lygos 사이에 city of Blindbird를 세우고 그들의 지도자의 이름을 따서 비산치온(Bysantion)이라고 불렀다고 한다. 비산치온의 작은 도시는 상업중심으로 성장하였다. 북쪽은 중국으로부터, 남쪽은 해양을 통해서 실크로드가 이루어져 교역의 중심지가 되었다. 이 도시는 B.C. 750~550년에는 희랍사람들에 의해서 식민지가 되었고, B.C. 479년에는 페르시아 사람들이 들어왔고 스파르타왕에 의해서 점령됐다.

회교사원(Blue mosque)을 방문하였다. 1609년부터 1616년까지 15

년 걸려서 지어진 웅장한 독특한 건축으로, 기둥이 벽면에 붙어있어서 높은 돔을 자랑한다.

소피아 사원은 지금은 박물관으로 쓰인다. 이 사원은 A.D. 325~360에 세워졌다. 콘스탄틴 21대에 시작하여 그의 아들 콘스탄티누스(A.D. 337~361)에 의해 완성됐다. 우리 일행은 제일 큰상점인 플라자(plaza) 54에서 모이기로 하고 제각기 흩어졌는데 옛날부터 장터로 유명하다는 이곳은 호박제품 상점이 즐비하게 놓여 있고 가죽제품 상점도 방문객들을 유혹한다. 우리를 여행시켜 주는 이 배는 하루 이스탄불에서 잔다. 저녁은 배꼽춤을 구경하며 파스타를 먹었다.

5월 14일

아침 8시에 벌써 관광은 시작되었다. 우리는 버스를 타고 마르마라(marmara)해를 따라 달려 유럽과 아시아를 잇는 다리로, 다시 아시아 쪽에서 유럽 쪽으로 건너왔다. 아시아 쪽으로 가는 길은 1974년에 설립됐고 1.4km의 길이이며 유럽 쪽으로 가는 다리는 1.9km이며 1988년에 일본사람과 합작하였다 한다.

우스크다르 다리는 하루에 86만대의 차가 다닌다. GNP는 2,900$. 학생들이 5월 19일 독립기념일을 축하하기 위한 마스게임 연습을 하고 있었다. 일부다처(一夫多妻) 제도라서 4명의 처까지도 갖는다. 서로 의가 좋고 네 번째는 어리니까 첫 번째 부인이 일 시키기가 좋다 한다. 오리엔탈 익스프레스 도착 역을 두 번이나 지나치는데 그저 한가롭게 느껴졌다. 술탄 왕궁을 방문. 술탄 전성기가 1481~

1520년이었다고 한다. X-레이 검사를 받고 입장을 하였다. 80캐럿트 다이아몬드가 있고 술탄 왕이 선물 받은 것을 진열해 놨고, 그릇에 에메랄드, 루비보석이 박혀 있는 것들이 아주 아름다웠다. 의자에도 보석이 박혀있고 술탄 왕이 입었던 옷가지들이 아주 아름다웠다. 금으로 싸놓은 잘린 팔을 진열해 놓았고 해골도 전시해 놓았다. 돌아오는 길에 제일 큰 가죽제품 상점을 구경했고 저녁식사 시간까지 짐을 좀 꾸릴 여유를 가졌다. 8시 45분에서야 저녁을 먹었다. 정장을 하라는 날인데 주위를 보니 꽃꽂이도 예쁘게 해놓고 풍선을 매달고 음식도 좋았다. 샴페인 건배도 있고 풍선을 터트리며 선장이 하객을 한사람씩 맞이하는 즐거운 저녁식사였다.

5월 15일

델로스섬에 도착한 것은 아침 8시였다. 파도 높이가 3m나 됨으로 미코노스섬에서 작은 배가 오지 못해 구명보트로 우리를 운반해 주었다. 현재는 무인도로 돼 있으나 박물관과 그림엽서 파는 가게는 있었다. 지진을 당하지 않았고 발굴하지도 않아 옛날의 유적지를 볼 수 있었다. 조그만 섬으로 1,300m 넓이, 길이 5km 정도. 신전, 옛날의 살던 집들, 상점들의 흔적을 볼 수 있었다. 아폴로 전설에 의하면 햇빛의 신인 제우스와 레토의 아들로 일란성 쌍둥이 자매인 아르테미스가 함께 델로스섬에 태어났다 하여 성지로 보고 있다. B.C. 580~1200년에 성지로 인정됐고 성지 순례지로 정신적인 지주역할을 하였다고 한다. 그리스를 통합하는 정치적인 핵심도시로 발전하여 델로스는 B.C. 7세기에 융성한 문화를 갖고 국제도시가 되어 델로스 동맹본부를 여기에 설치했다. 보물창고들을 여기저기에서 볼 수 있었는데 창문에는 창살을 만들어 놓았다. 후에 아테네로 옮겨졌다고 한다. 아테네에 파르테논 신전이 건설됐고 12개의 그리스신화의 신전이 존재한다. 아폴로는 태양(太陽)의 신전, 안토어시스는 달의 신전. B.C. 3세기에 퇴화하게 되고, 신전의 기둥들이 소피아 신전의 기둥으로 옮겨지고 성지 순례지가 되었다. B.C. 6세기에 신전이 세워져 파르테논 신전보다 앞선다. 사자(lion)상이 애당초는 19개 있었는데 네 개가 남아있고 한 개는 베니스로 가져갔다 한다. 인구(人口)가 최고 25,000명이나 됐었고, 1925년까지 우물이 있었는데 말라리아병 때문에 없앴다 한다. 돌담에 회칠을 했고 모자이크 무늬의 바닥을 했다. 박물관에는 대리석 조각품이 대부분이었다.

11시에 보트타고 다시 승선했는데 12시에 도착. 다시 항해는 미코노스 섬으로 향하고 있었다. 점심 후 3시 30분에 작은 배타고 한 5분 걸려 상륙하여 다시 버스로 미코노스섬 센터로 이동하였다. 그리스 풍경이 물씬 나는 골목길을 여기저기 누비며 다니는데 풍차는 옛날의 상징으로 돌지 않고 서 있었으며 상점 문이 닫혀 있다. 5시 반 내지 6시에 연다한다. 피곤하여 곧바로 버스타고 다시 배타고 돌아오니 7시 반이다. 9시 15분에서야 저녁식사를 하게 되었다.

서서히 다가오는 마지막 날을 앞두고 가방 정리도 하고 웨이터에게 50불, 식당의 종업원에게 70불의 수고비를 제각기 준비하고 9시 15분 저녁식사에 나갔다. 식당의 종업원이 우리에게 디저트로 싱싱하고 맛좋은 오렌지를 너무나 잘 갖다 주었다. 만족하고 돌아오니 10시가 훨씬 넘었다. 내일은 7시에 우리 배는 아테네에 도착예정이니 너무나 피곤하여 취침.

5월 16일

6시에 아침식사다. 언제나 디저트로 그 큰 오렌지 아니면 바나나다. 7시에 하선(下船). 현지 안내자가 버스를 갖고 나왔다. 다시 아테네로 온 것이다. 그리스의 위치는 삼대륙, 즉 유럽, 아프리카, 아시아에 대해 건널목 역할을 하는 위치에 놓여있다.

고속도로를 타고 고린도(Corinth)행. 2500년 전에 고린도에 도시를 세웠다. 신고린도에 우선 가서 파울이 세운 교회를 보고 고전 고린도 쪽으로 이동하였다. 고전 고린도는 그 당시 65만 인구. 건축양식이 도리아 양식인데 지진에 의해서 파괴됐고 땅이 내려앉아 얕다. 미국과 합작으로 발굴하는 중인데, 발굴물들을 연구한다고 갖고 가서 발굴이 중지됐다 한다. 버스타고 가다 고린도 운하를 봤다. 에게해와 이오니아해를 연결하는 지름길로 이 운하가 없을때는 400km를 돌아야하는데 이 운하 건설로 6.8km로 단축됐고 수심은 20m.

도리아(Dorya)식 아폴로 신전은 7개 남아있고, 하루를 시작하기 위해 아폴로 신전에 고기 놓고 제사지내며 그 고기는 상점에서 판다고 한다. 고린도 성이 산에 보였다. BEMA는 재판하는 곳. 사도 파울이 고발당한 장소이다. 그 다음은 우물터를 갔는데 물이 솟아나오고 있었다. 그 당시 관을 설치하여 물 공급을 했다 한다. 열매가 달린 아몬드 나무 밑에서 시원하게 쉬고 있었다. 햇빛에 나가면 아주 더워도 그늘에 들어오면 시원했다. 그곳에서 항구까지 2km는 대리석으로 깔렸다 한다. 화장실은 터키의 것과 같은 구조로 되어 있다. 앞에 물이 흘러 휴지 역할을 했고 윗사람이 용변을 볼 때 깊이 변이 떨어지는 소리를 들리지 않게 하느라 음악을 틀어놨다 한다.

다시 버스로 1시간 반을 달려 아테네 시에 있는 한국 음식점에서 오래간만에 싱싱한 상추를 맛볼 수 있었다. 식당 주인은 여기서는 햇빛이 너무나 강해서 농약을 줄 필요가 없다고 또 한 번 자랑을 늘어 놓았다. 약 25분 걸려 공항에 도착. 17시 10분 방콕행 비행기에서 자리에 여유가 많아 마음도 여유있게 귀향길에 올랐다.

태국 푸켓행

1998년 4월 2일

태국의 맨 남쪽에 위치하고 있는 제일 큰 섬이 푸켓이다. 아침 7시에 조그만 가방하나 가볍게 들고 지하철로 김포공항에 갔다. 1시간 15분 걸렸다. 너무 일찍 도착하여 여행 일행이 모일 때까지 기다려야만 했다. 10시 반 태국행. 거의 6시간 걸려 오후 2시 반에 비행장 동무앙(Dong Muang)에 도착했다. 둥(Dong)은 '언덕'을, 무앙(Muang)은 '공항'을 뜻한다 한다. 비행장이 좀 높은 곳에 위치하고 있다. 버스는 우리일행을 엠바시 스윗호텔에 하차시켰다. 거실까지 있는 근사한 호텔이었다. 저녁을 먹으러 버스타고 한국식당을 가는데 버스에서 내려서 식당까지는 얼마 안 되지만 쓰레기가 더미로 쌓여져 있고 퀴퀴한 냄새에 길도 질퍽거리고 불쾌감을 주는 거리를 지나야만 했다. 허기도 졌고 닷새 동안 잠을 잘 못자 피곤하였다. 태국은 면적이 51만 400㎢로 남한보다 5배나 크다고 한다.

4월 3일

7시 15분경 잠깐 산책 후에 아침 식사를 들었다. 파파야, 파인애플, 수박이 구미를 당겼다. 8시 30분에 버스를 타고 첫 번째로 왕궁을 방문하는데 여러 번 방문했었던 친구는 시원한 나무 그늘 밑에서 기다린다 하다가 우리 일행을 찾지 못하여 혼자서 돌아다니다 돌아왔다. 관광 일행들이 많아서 도떼기 시장을 방불케 했다. 여전히 친구 몇은 바람이 살랑살랑 불어오는 돌 위에 앉아 있었다. 그 주위를 한바퀴 빙 돌았다. 1시간은 족히 걸렸다. 12시에 버스가 와서 이번에는 고려정이라는 한국식당으로 데리고 간다. 어제 저녁보다는 조금 나은 편이었다. 식사 후 연례행사처럼 보석상과 꿀, 로얄젤리 상점으로 안내한다. 6시 30분 비행기로 약 1시간 걸려 푸켓에 도착하였다. 저녁 밥을 먹으러 한국식당을 40분은 버스타고 갔었다. 이번에는 뷔페식이다. 호텔 노버트 인에 아주 늦게 들어갔다.

4월 4일

아침 6시에 기상. 8시에 버스를 타고 1시간은 달린 후 피피(PP)섬으로 가는 배를 탔다. 물빛이 깨끗했다. 유인도, 무인도 합해서 200개나 되고 PP자로 되어 있다 한다. 수온이 12~14℃이고 염도가 짜고 습도가 없다. 아름다운 큰 바위섬이 군데군데 솟아있고 푸른색, 황록색의 나무들이 암석 위에 무리를 이루어 서식하고 있는 것이 너무나 아름다웠다. 이 조그만 섬을 가까이 배가 한 바퀴 도는 것이었다. 배 밑으로 어류(魚類)들이 움직이는 것, 바다 속의 식물들, 산호초를 구경하고 뷔페식 현지 점심을 든 후 자유로이 쉴 수가 있었다. 모래가 아주 곱고 우리나라 모래처럼 빤짝거리지 않고 잘 털린다. 습기가 없어서 그렇다 한다. 몇 년 만에 발바닥이 너무나 뜨거운 모래 위를 거닐었다. 파도도 없고 물장난 치기도 심심한 고요한 물결이었다. 일본 청년 둘이 제각기 떨어져 있는 비치 파라솔 밑의 벤치에 기대어 문고를 골똘히 읽는 것을 바라보니 여유있고 평화로움을 느끼게 한다. 우리는 2시 반 배편으로 부랴부랴 다시 푸켓으로 돌아와 한정식으로 저녁 후 투숙하였다. 방콕 인구는 700만인데 화교가 60%이고, 길가 상점에는 전화번호가 거의 적혀 있지 않다. 이곳은 하기(夏期), 우기(雨期), 건기(乾期)로 나누고 지금이 하기의 막바지라 한다. 다음에는 에메랄드 사원을 방문했다. 부처님 이마에 큰 에메랄드가 박혀 있는데 왕이 직접, 하기에는 시원하게 부처님 장식을 해 바치고, 우기에는 다른 것으로, 건기에는 금빛깔로 입힌다고 한다. 푸켓은 인구는 20만 명이고 이동인구가 200만 명인데 유럽 사람이 70%를 차지한다. 태양 때문이라 한다. 푸켓 해변 모래밭은 8.5km로 신발 디디는 소리가 뽀드득거린다. 산호사(珊瑚砂)라 그렇다 한다. 야자나무가 많다. 물속에 잠겨있는 오두막집 기둥들은 야자나무인데 썩지 않는다 한다. 잎은 지붕 잇는데 쓰이고 버릴 것이 없단다. 코코넛 물은 변비에 좋고 껍질은 숯으로 쓴다고.

4월 5일

7시 반에 아침 식사하러 갔었는데 빵이 벌써 떨어져 있어 기다리지 않고 우유와 시리얼로 대치했다. 8시 반에 버스투어는 시작됐다. 푸켓동쪽을 향하여 달렸다. 가는 도중에 코브라(cobra) 뱀과 달팽이

사육장을 방문했다. 코브라가 유난히 큰 간장과 취장을 갖고 있고 건강에 좋다며 코브라 스프 한 대접에 10$라며 주문을 받는다. 맛이 어떻더냐고 물어보니까 그저 그렇다고 대답한다.

다리를 지나 달리는데 이 다리로 푸켓과 광아만을 구분한다. 우리 일행은 광아만을 가는데 약 30명이 타는 갸름한 조그만 배를 타고 갔다. 경치가 너무 아름다워 글로는 표현할 재주가 없다. 맹그로브 나무가 바다의 군데군데 큰 군락으로 무성하게 자라고 있다. 몇 년 전 브라질 싼토스에서 자연 보호림을 관람시켜 줄 때 본 맹그로브 나무가 크기는 했지만 몇 그루가 물속에 뿌리박혀 있는 것을 너도 나도 보느라 법석대던 기억이 되살아온다. 야자수 비슷하게 생겼는데 줄기와 뿌리가 나출(裸出) 되었고 이것 역시 여기저기 바다 위에 군락을 이루고 있다. 석회석으로 형성됐다는 멋진 동굴을 지나 배는 물세례를 우리에게 안겨주며 달린다. 바다 위에는 여기 저기 아름다운 섬들이 녹색으로 드문드문 물 들여져 있고 황록색의 가을 풍경을 방불케 한다. 석회석 굴은 5~6억 년 전에 형성됐다며 여기서 뱀은 자라는데 15년이 걸리며 잡어 먹지 못하게 하나 코브라는 괜찮다 한다.

푸켓에서 92km 떨어진 팡아(phang-Nga)만으로 가는 길의 양쪽은 고무나무가 계속 널리 단지를 이루고 자라고 있다. 1441년에 브라질인이 고무나무 씨를 가지고 들어온게 시작이란다. 1770년대에 주석과 고무나무 때문에 영국인이 들어왔다. 일본인이 1868년에 고무, 주석을 가지고 가려고 해서 태국과 타협을 했고 지금 차관의 70%가 일본자본이라 한다. 태국은 지하가 얇고 땅이 약하다 한다. 팡아만은 한국인에게도 잘 알려졌다. 태양의 도시 푸켓의 관문이다.

금사연(제비). 제비집 수프는 제비 보금자리를 갖고 수프를 만든 것인데 기관지 천식에 좋다하여 중국 사람들이 많이 와서 먹는다 한다.

뱀은 하면(夏眠)을 하고, 코브라는 두 종이 있다 한다. 뱀에 물리면 졸면서 죽게 되는데 맹독이 신경을 건드려 그렇다고 한다. 망그로브 나무와 코브라 뱀 색이 비슷하다 한다. 악어(crocodile)도 담수악어(elligator)와 바다악어가 있다 한다.

태국인의 특징은 흥정과 타협을 잘하는 것. 지반이 약해 건물 짓는데 어려움이 많다고 한다.

5000년 역사를 가진 나라는 태국, 중국, 한국과 함께 베트남도 해당된다.

안남미가 많이 생산되는데 이 안남미는 날아서 여기 저기가 잘 붙는다 한다. 안남미를 수출하고 그 대신 다른 것들을 수입한다. 조그만 배를 한 20분 타고 가서 해상식당에 다다랐다. 해산물로 점심을 요기하는데 대성황이었다. 망그로브 숲을 양쪽에 끼고 다시 배를 타고 석회암 굴을 지나면서 약 20분 가니 007 촬영지 때문에 유명해진 제임스 본드 섬에 다다른다. 굴로 내려가서 석회암도 직접 만져 볼 수 있었고 경치가 너무나 아름다워 이리 뛰고 저리 뛰고 돌아다녔다. 다시 배를 타고 돌아와 원숭이 사원을 관광하였다. 이곳도 석회암 굴속에 열반불상이 놓인 곳이다. 등신불도 있는데 150년 됐다하고 소승불교라 한다. 다시 푸켓으로 돌아오는 길에 차와 견과물을 파는 선물가게에 들려 이것저것 맛보고 저녁 6시 반 비행기로 방콕에 도착했을 때는 7시 반. 공항에서 간단한 저녁식사를 마치고 우리는 국내선에서 국제선으로 긴 거리를 이동하였다. 우리 일행 중에는 사진작가 청년들이 몇 명 끼어있어 긴 거리를 이동할 때 우리 가방을 들어다 주어서 참 고맙게 생각하고 있었는데 공항에서 지루한 대기시간을 메우느라 말이 오고 가는 중 내 짐을 들어다준 그 청년은 우리 고향사람이었고, 또한 우리 친척 조카를 잘 아는 처지다. 될 수 있는 대로 남을 돕고 살아가려는 기특한 청년들이라는 것을 알았고 기쁜 마음으로 11시 55분 비행기로 서울을 향하였다.

항가리 부다페스트와 독일 여러 곳

1998년 8월 16일

오늘은 일요일이라 그런지 김포공항 가는 길이 하나도 안 막혀 민수 아빠가 운전하고 집에서 40분 걸려 도달했다. 루프트한자로 14시 15분 정각에 출발했다. 내 옆 좌석에는 프랑스 청년이 앉아 있는데 우리는 독일어로 서로 얘기를 나누었다. 한국에 2주일간 있다 간다며 비가 많이 내려서 다만 서울 주위만 다녔다며 한국어도 조금 배웠다 한다. 아주 좋은 청년이라는 인상을 받았다. 대학을 졸업했고 직장에 나가기까지 2주일간 휴가를 한국에서 보냈다며 한국이 좋다고 또 한 번 오겠다 한다. 김치도 맛이 좋고 한국음식이 맛이 좋다 한다. 식료품 계통에서 일을 하게 될 것 같다며 한국과 조인(join)해서 해볼까 한다고 그런다. 기내가 추워서 기침이 나온다. 지금 벌써 6시간을 비행했는데 외부온도가 -52℃ 시베리아 벌판을 지나는 중이다. 이 사람은 노르망디에서 산다며 파리보다 서울이 공기가 낫다 한다. 저녁 6시경에 10시간 걸려 프랑크푸르트에 도착. 공항에서 가까운 별 세 개 짜리인 라마다 카라벨호텔로 가기로 공항에서 수수료 5마르크 내고 결정했다. 호텔에서 차가 와서 10분 정도 달리니 조용하고 숲도 보이고 정결해서 괜찮았다. 너무나 피곤하여 한숨 잤다.

8월 17일

호텔의 아침식사도 좋았다. 10시 45분에 셔틀버스로 공항에 왔다. 큰 가방을 공항에서 부다페스트로 부쳐 버리려고 조그만 가방꾸러미도 큰 가방 속에 넣었더니 내 힘에 겨운 무게였다. 루프트한자가 2층에 위치해 있어 에스컬레이터를 타고 올라가야 하는데 나에게는 무거워서 제대로 올려 놓으려다 뒤로 넘어졌다. 뒷 사람이 나를 붙들어 주어서 크게 다치지 않고 가운데 손가락 아래가 눌려져서 피가 맺혔고 아팠다. 그 사람을 보니 덩치도 크고 힘도 세 보이는 중년 신사였다. 너무나 고맙다고 인사를 했다. 40여 년 전에 베를린에서 같은 장학생인 일본 교수와 함께 콘서트홀을 찾아가는데 지도를 보며 걸어가다가 넘어져서 무릎을 크게 다쳤었는데 그 일본사람이 나를 넘어질 때 좀 붙잡아 주었던들 그렇게 많이 다치지 않았을 텐데 하고 지금까지 잊혀지지 않는다. 돈들이지 않고 남을 도와주는 일을 즐거이 하는 독일 사람인 것 같다. 프랑크푸르트 비행장도 커서 부다페스트로 가는 게이트로 15분은 걸어서 갔다. 약 1시간 40분 걸려 거의 2시 40분에 부다페스트에 도착하였다. 공항에는 미니버스가 조직적으로 배치되어 있는 것 같았다. 왕복표를 끊으면 할인이 되어 2,000포린트를 지불하고 노보텔호텔에 쉽게 도착하였다. 심포지엄 등록도 내일로 미뤘다. 6시에 컨벤션 센터에서 개회식과 리셉션이 개최되는데 위치가 노보텔호텔과 붙어있는 것을 모르고 자꾸 물어봐서 민망했다. 리셉션에 있는 여자 직원 역시 영어도 아주 서투르고 견습 직원 같았다. 그 나라의 부(富)를 호텔에서 느낄 수 있는 것 같다. 5시경에 길도 알겸 일찍 내려갔더니 몇 사람 밖에 없었다. 한 젊은 서양 청년도 일찌감치 와 있어 같이 레몬 띠운 시원한 물을 마시며 얘기를 했다. 얘기하다 어디서 왔는가 물었더니 독일 프랑크푸르트대학에서 왔다는데 이런 국제회의는 처음이라며 이제는 독일어를 하는 것이었다. 영어도 잘해서 미국인인가 했었는데 미국에 가서 2년인가 있었다고 한다. 지금 디플롬(Diplom) 아르바이트로 결정학(crystallography)을 하고 있단다. 물을 둘이 다 여덟 잔씩을 마셔가며 얘기를 하였다. 디플롬 아르바이트는 최소 6개월부터 최고 9개월간에 한다며 재미가 있으면 박사학위로 이 결정학을 계속할 것이며 그렇지 않으면 다른 것을 할 것이라 한다. 한국에도 가보고 싶다며 내가 쾰른(Köln)에 간다니까 명함을 주면서 자기 집에 전화를 걸으라며 자기 어머니가 쾰른 시 안내를 해 줄 것이라 한다. 아무튼 재미나게 얘기를 했다. 오프닝 세리머니가 열린 부다페스트 컨벤션 센터는 운치있는 클래시칼한 건물이며 양쪽에 꽃을 천정에서 늘어트려 달아 놨고 꽃 화분으로 아담하게 장식했으며 연단 앞에도 꽃으로 가려 멋있게 해 놨다. 참석인은 1,500명 정도였으며 개막 강연은 Hartmut Michel(1988년 노벨상 수상자) 박사가 광합성 작용과 호흡작용에 대한 membrane protein complex structure에

대해서 했다. 헝가리 민속춤 공연이 있었고 거의 8시에 끝나 리셉션을 열었는데 공간이 좁고 사람은 많아 비벼대며 나가야만 했다. 음식은 충분히 보충하는 것으로 보였다.

8월 18일

8시 반부터 심포지엄은 시작한다. 그 곳으로 가는 길을 알아보고 있는데 한 외국인이 자기도 간다고 그래서 그럼 동행 좀 하자고 그랬더니 한 사람이 내려오는 것을 기다리고 있으니 내려오면 같이 가기로 했다. 어렴풋이 한국말처럼 들려, 가서 어디 말을 하는가 하고 물어봤더니 영어를 한다는데, 한국말을 하셨는가고 물었더니 한국 사람이라고 한다. 나는 심포지엄에 온 사람인가 반가워했더니 한화그룹 상사에서 일하고 있다 하며 명함을 주면서 필요할 때 연락하라 한다. 우리 일행은 다뉴브 강을 건너가는 버스(8번, 112번)를 타고 가서 대학을 들어가니 고색 찬란하였다. 바닥은 모자이크 대리석으로 깔려 있으며 강의실 문도 벽들과 같은 디자인으로 되어 있어서 문으로 보이지 않게 아주 정밀하게 건축을 하였다. 역시 유럽의 일원이라 다르구나 느꼈다. 건물이 한 사람은 100년은 됐을 거라고 그러고 다른 사람은 200년은 됐을 거라고 그런다. 오후에는 주제 강의가 다시 컨벤션 센터에서 8시까지 열렸다.

8월 19일

아침에 발표를 좀 들었는데 너무나 더워서 땀이 흐른다. 나는 점심 후에 혼자서 시내구경을 가보려고 나섰다. 우연히 트램을 타려고 서 있는데 얼마나 가는지를 몰라서 옆에 서 있는 여인에게 물어봤더니 자기도 간다며 같이 타면 된다고 한다. 자기는 불어를 하고 독일어도 약간 한다며, 40년간을 러시아어를 의무적으로 배워야 했지만 지금은 안 써서 다 잊어버렸다고 그런다. 아주 친절하고 인상도 좋아 보이는 중년 여인이었다. 나보고 내리라며 시내 복판이고 조그만 가게들이 많아 선물도 사기 좋다 한다. 우리나라 옛날 야시장처럼 조그만 노점들이 양쪽으로 놓여있고 조금 들어가 보니 시내 복판이었다. 날씨가 더워 바깥에 의자를 내놓고 앉아서 마시고 있는 풍경이 하나도 어려움을 겪는 나라라는 인상을 주지 않았다. 오후 6시부터 심포지엄에서 주최하는 와인 파티가 있다기에 가보았더니 5~6명이 악기를 연주하고 있으며 적포도주를 원하는 대로 마셔가며 서로 애기할 수 있는 시간을 갖게 하는 것 같았다. 너무나 더웠다. 한국에서 온 여러 사람을 만나보게 되었다.

8월 20일

오늘 아침식사는 7시 반쯤 내려갔는데 여기서 만난 드루 교수부인과 마주쳐 같이 앉았다. 드루 교수는 먼저 일어나서 회의에 갔고 부인과 얘기하며 오랫동안 식사를 같이 했다. 버스 정류장에서 첫날 길을 가르쳐 주었던 플로리다대학 교수를 만나서 같이 갔다. 자기는 런던에서 태어났고 부인이 미국인이어서 미국에 있으며 자기 가족은 런던에 있기 때문에 1년에 한 번씩 방문한다고. 영국 파운드가 너무 비싸다고 그랬더니 자기는 자기 가족들 집에서 묵기 때문에 괜찮다고 한다. 한국학생이 자기 연구실에 있었는데 강원도라며 경제사정이 나빠져서 못 오고 있는데 자기도 돈을 대 줄 수 없다 한다. 원핵생물(prokaryote gene)에 대한 심포지엄을 듣고 나오다가 배재대학의 오혜인 교수를 만나 얘기를 나누었다. 기초과학연구소의 박영만 박사와 synechocystis에 대한 연구를 같이 한다는데 기초과학연구소는 비싼 기계가 많이 구비되어 있어서 맡기면 실험해주고 비용을 받으면 되며 박영만 박사의 활동 덕에 연구가 활발하다 한다. 일주일에 두 번씩 세미나가 있고 그 사람은 phototaxis를 주로 한다고 한다. 나중에 박 박사를 만났다. 스웨덴의 광합성 작용 연구소(photosynthesis institute)에서 일하며 이번에 충남대학교 식물생리 전임교수로 채용된 사람인데 나고야 심포지엄 때 만난 사람이었다. 또 한 분은 부산대학 생물학과 유 교수이고 홍영남 교수와 동기라며 오래 얘기를 했고 점심도 같이했다. 그곳은 바닥이 모자이크로 깔린 공간에는 몇 군데 책상 의자가 놓여있어 앉아서 쓸 수도 있고 편리하였다. 오후는 자유시간이다. 우연히 한국 사람들과 만났다. 우리는 다뉴브 강가를 걸어가는데 사람들이 꽤 많았다. 오늘이 헝가리의 무슨 국경일이어서 무대를 꾸며놨고 모두들 강가에 나온 것 같다. 인파 속을 지나는데 너무나 힘에 겨워 다시 되돌아 나와서 위의 인도로 걸어갔다. 시내 야외 레스토랑에 자리 잡고 맥주 한 잔 마시며 저녁을 시켰다. 나는 스파게티를 먹었는데 맛이 괜찮았다. 다뉴브 강에서 불꽃놀이가 있어 다리를 빨리 건너가야 하기 때문에 먹자마자 일어나서 갔는데 다리로 사람들을 통과시키지 않는데 나는 겨우 건너올 수가 있었다. 다리를 건너 와 다른 사람들을 기다리니 안 건너와 경찰관에 물어보니 9시에 불꽃놀이는 시작한다고 했다. 노보텔호텔 방향을 물어본 다음 혼자서 걷기 시작하였다. 길이 여러 갈래가 있어 중간에 엉뚱한 길로 간 모양이다. 밤은 어두컴컴하고 트램을 타고서야 겨우 호텔에 도착하게 되었다. 거리에는 축제 기분이 감돌았으며 마시는 패거리도 많이 보았다.

8월 21일

7시 20분쯤 식사하러 내려갔다. 드루 교수 부부를 만났다. 나보고 항상 아침식사 시간을 잘 지킨다고 했다. 9시경에 심포지엄에 참석했다. 10$를 헝가리 돈으로 바꾸었고 내일 비행장으로 가는 미니버스를 예약했다. 온천이 강 건너 호텔 속에 있다하여 가보니 돈을 내야 들어가서 구경도 할 수 있고 타월도 가지고 가야 온천욕을 할 수 있다 하여 번거로워 포기했다. 우리는 트램을 타고 성에 가기로 했다.

역사박물관(history museum)과 미술관(art museum)을 관람하는데 오늘도 축제하느라 옥외에 무대를 차려놓고 헝가리 민속춤도 춘다. 야시장처럼 조그만 가게들이 쭉 이어져 있고 헝가리 고유의 물건들을 만들어 보이며 파는 것을 참 재미나게 구경하였다. 성당도 가 보았고, 다리 아프고 지쳤다.

8월 22일

5시 전에 깼으니 충분히 여유있게 준비했다. 오늘 독일 쾰른으로 떠나는 날이다. 7시 10분에 아침식사를 여유있게 들었다. 8시 40분에 미니버스 예약이 돼 있어 8시 30분에 천천히 가방을 끌고 내려갔다.

심포지엄(Prokaryote symposium)에서 여러 번 만난 기억이 있는 사람을 여기서 만나게 돼 함께 앉아 갔다. 영국 출신이었다. 부다페스트 비행장까지 약 30분 걸렸다. 10시 45분발로 프랑크푸르트에 2시간 후에 도착했으나 비행기에서 내리기까지 시간이 오래 걸렸다. 가방 맡기는 곳으로 가서 큰 가방을 맡기고 쾰른으로 가는 기차역으로 내려갔다. 2시 3분에 떠나는 특급열차 ICE 일등석을 탔는데 텅 비어 있었다. 뉴질랜드 여행을 20일간을 하고 돌아온다는 50대 독일인 부부와 같이 한 칸에 타고 갔다. 태어나기는 동독에서 태어났지만 부모가 서독으로 넘어와 살았기 때문에 서독에서 자랐다며 좋다고 한다. 여행을 떠날 때 기쁘고 돌아올 때 또한 기쁘다는 옛말이 있다 한다. 코블렌츠에서 그들은 내렸다. 라인 강변을 기차는 달리고 있었다. 옛날 그대로 아름다운 포도동산, 로렐라이를 알아보지 못하고 기차는 달렸다. 산들이 벌써 초가을 기색이 완연한 듯 황갈색을 띠우고 있는 나무들이 많았다. 비가 너무 안 내려서 그렇다한다. 프랑크푸르트에서 쾰른까지 2시간 걸린다. 앞으로 30분이면 쾰른 역에 도착한다. 쾰른에서 내려 대성당쪽으로 나가서 택시타고 안데어 론네(An der Ronne)로 달렸다. 택시기사가 잘못 길을 들어와 한참 돌아다니다 드디어 번지를 찾아냈다. 티데 박사가 나왔다. 티데 부인은 도르트문트에서 여성단체회의에 참석했다 오는데 기차와 자동차 충돌로 연착한다며 티데 부인은 그날 부총재로 선발됐다는 등 얘기가 많았었다. 너무나 피곤한 날이었다. 티데 부인과 여행 플랜에 대해서 얘기한 후 일찍 방으로 들어갔다.

8월 23일

8시 30분 아침식사에 부랴부랴 준비했다. 9시 30분에 아헨으로 자동차를 몰고 떠났다. 약 40분 걸렸다. 시내구경에 나섰다. 맨 처음 간곳이 아헨 시청(Kaiser's Saal)으로 1500년대에 지은 것으로 일부는 성당으로 쓰고 있으며 아름다웠다. 아헨박물관을 갔었는데 초콜렛을 만들어 부자가 된 사람의 4층집을 박물관으로 쓰고 있는데 아주 아름다운 살림들을 볼 수 있었다. 아헨 커피숍(Aachen Kaffee Stuben)에 갔었는데 여기서 오래된 커피 집으로, 역시 4층 건물로 아늑한 분위기로 아름다웠다. 차를 마신 후 다시 차를 몰고 네덜란드 쪽으로 국경을 넘어 마스트리흐트(Maastricht city)를 방문하는 길에 수도원(Lin) Broch Kloster가 멀리서 푸른 들판 속에서 아름답게 보였고 젖소들이 한가로이 풀밭 위에서 서성대고 있었다. 자동차 길을 달리는데 자동차가 가까이 가면 빨간불이 꺼지고 파란불이 켜져서 그대로 지나가게 한다. 아주 편리하다. 독일에서는 마음대로 시속 160~180Km로 달린다며 이와 같은 속도로 달리는데 하나도 자동차가 흔들리지 않는다. 아우토반은 일반도로의 두 배의 비용을 들여 건설했기 때문에 그렇다며 네덜란드는 120Km로도 차가 흔들린다 한다. 아헨박물관에는 카셀 그림이 많았다. 마스트리흐트 가는 길은 언덕을 올라가서 다시 계속 내려가면 다다른다. 마르스강이 유유히 흐르고 있다. '우리의 사랑하는 부인', 프랑스의 노틀담과 같은 이름을 가진 교회를 방문하였다. 고딕양식과 로마네스크 양식을 혼합한 교회로 아름다웠다. 중국집에서 식사를 하고 쾰른에 돌아오는데 1시간 걸렸다. 10시간 이상을 길 위에서 지냈으니 와인도 마셨것만 잠이 안 온다.

8월 24일

아침에 티데 부인과 거기서 가까운 수퍼마켓에 갔다. 8월이건만 며칠 전부터 갑자기 추워졌다 한다. 부다페스트에서 하도 더워서 집에서 갖고 온 자켓을 트렁크에서 꺼내오는 것을 잊어 먹었으니 추워서 야께 하나를 샀다. 가정용품 가게와 책방을 구경하고 돌아왔다. 나는 야케에 새 단추로 갈아 달았으며 티데 부인은 강연을 위한 목소리 훈련에 갔다 왔다. 일주일에 한 번씩 간다 한다. 오후에는 차 몰고 왕궁박물관을 가는데 1시간 20분 걸렸다. 네덜란드하고 가까운 곳으로 2년 전에 완전히 내부가 백색으로 수리되었으며 두 사람의 농부가 어렸을 때부터 수집한 그림을 천정 꼭대기부터 꽉 차게 걸어놨는데 대단했다. 조각도 있었다. 이 왕궁은 냇물에 세 번이나 둘러 쌓여 있어서 방어에 완전을 기한 것 같다. 두 시간을 관람하고 다시 우리는 칼카르라는 마을로 차를 몰았다. 이 마을은 가톨릭교가 아주 강하다는데 아름다운 옛 도시 모습을 그대로 유지하고 있었다. 우리는 박물관의 나이가 지긋한 여직원이 추천하는 고전적인 건물의 레스트랑에 들어갔다. 월요일인데 휴업이 아니니 천만다행이었다. 들어가 보니 500년은 된 식당이라는데 천정은 노출된 나무에 그림이 새겨져있고 너무나 아름다웠다. 음식도 좋았고 와인, 맥주를 마시며 즐거운 한 때를 보냈다. 돌아오는 길은 너무나 길에 차가 없어서 1시간도 안 걸렸다. 밤 9시경에 도착하여 이것저것 내일부터의 여행을 위한 예약전화들을 티데 부부가 해주어서 호텔 찾느라 시간 보내고 서 있을 필요가 없이 편하게 되었다.

8월 25일

8시 20분에 기차역까지 데려다주어 8시 40분 기차를 탔다. 러시아워라 기차 안은 대만원이었다. 겨우 일등칸에 가서 자리를 잡았다. 퀼른 역까지 12분 걸렸다. 베를린 동물원가는 기차를 기다리고 있는데 옆의 여인은 왕복 4시간이 걸리는 직장에 나가는데 지금 시간이 남아서 앉아 있다면서 50이 된 여자가 직장을 얻는다는 것은 어려운 일이고 자기는 이태리어, 영어, 불어를 한다고 자랑한다. 9시 21분 베를린행 ICE를 타고 가는데 달리다 기차가 선다. 20분 늦는다고 안내한다. 시장기가 없어 차내 식당에서 간단히 점심요기를 하고 마그데부르그(Magdeburg)에서 내려서 성당을 구경했다. 900년대에 짓기 시작했다는데 또 다른 조각이 많이 있는 성당이었다. 슈테판 교회도 가톨릭이라며 한 여인이 얘기해 준다. 젊은 여자들이 앉아서 담배피우고 있는데 한 젊은 여자가 다가가서 내가 보기에 담뱃불이 있느냐 물어보는 것 같더니 한 여자가 일어나서 라이터를 꺼내

담뱃불을 부쳐준다. 국내선 기차는 2층으로 돼 있는데 자전거를 갖고 들어갈 수 있다고 기차 문에 적혀있다. 바람이 몹시 불어 초겨울 추위다. 앞에 적혀 있기를 "독일에는 아름다운 장소가 많다. 그 중 가장 아름다운 곳은 일터다."(Es gibt viele schöne Platze in Deutschland. Die Schönsten sind für uns Arbeitsplatze.)라고 적혀 있어 그것 참 잘 말했다고 아래를 읽다보니 SPD 선전이고 "우리는 준비되어 있다."(Wir sind bereit)로 적혀 있다. 3시 31분발 베를린행. 퀼른부터 베를린까지 얼마냐고 물어보니 왕복 600DM(ICE 일등석) 가량이다. 아주 비싸다. 유레일패스가 참 좋다고 느꼈다.

8월 26일

7시 반이나 되서 아침 식사하러 갔다. 과실은 하나도 없고 빵하고

치즈, 살라미, 계란이 나왔다. 이 정도도 좋다고 생각해야지 된다. 왜냐하면 위치가 베를린 복판이어서 교통이 좋고 방도 깨끗하고 비싸지 않으니 며칠 묵어 가기에는 안성맞춤이다.

식사 후 전철 에스-반으로 포츠담 스타디움을 가는데 호텔에서 아주 쉽게 갈 수 있었다. 차비는 4.20DM. 포츠담에서 하차 후 전차로 몇 정류장 가서 내려 호젓한 길을 꽤 걸어갔고 길에 사람들이 없어 좀 무서운 것 같았다. 정문으로 들어간 것이 아니고 상수시궁(Sanssuci palace, ohne sorge, 걱정이 없는 궁전) 정원을 내려다보는 반대쪽에서 들어간 것이다. 층층으로 정원이 꾸며졌고 군데군데 유리문이 양쪽으로 낮게 달려있어 무엇인가 궁금했는데 무화과(Fig, Feig)가 심어진 곳에 겨울에 따뜻한 온도를 유지시키기 위해서 뒤쪽의 담에 햇볕이 쪼이면 유리문을 닫음으로써 따뜻하게 해주기 위한 방법이라 한다. 포도나무가 옆에 심어져 있다. 소위 포도나무 테라스다. 산수시궁을 관람하려면 4~50분을 기다려야만 했다. 그 사이 주위를 둘러보니 경치도 좋거니와 볼거리도 많은 것 같다. 11시 20분에 안내를 받아 40분간을 덧신발을 끌고 다녔는데 대리석으로 무늬를 아름답게 장식해 놓은 홀 천정, 그림들, 로코코 건축이다. 18세기에 Friedrich dem Grossen이 시작하고 19세기에 Friedrich Wilhelm이 더 확장을 했다 한다. 정원을 좀 돌고 점심을 튀링겐 소시지와 빵으로 해결하고 다시 시실리엔호프(Cicilienhof)와 네덜란드 지구(Holandische viertel)를 가볼까 하고 내려가는데 길을 물어보니 멀다 하여 전에 한 번 가보았으니 그만두기로 하고 신궁(Neues palais)이 더 좋다하여 같이 가기로 했다. 신궁 내부도 너무나 아름답고, 웅장하고 말로 표현하기 어렵다. 아주 큰 홀은 콘체르트도 열고 춤도 추는 장소로 천정이 너무나 아름다웠다. Friedrich dem Grossen이 옛 그림을 좋아해서 많이 수집하여 걸어 놓았다. 지친 다리로 밖에 나와 의자에 앉아 쉬면서 옆에 앉아 있는 부인과 얘기를 나누는데 자기는 필리핀까지 가 보았다면서 한국을 언제 한 번 가 보아야겠다 그런다. 어떻게 필리핀을 갔었느냐고 물으니 자기 아들이 필리핀에서 논에 대한 박사과정을 했기 때문에 그때 방문했다 한다. 지금은 무슨 일을 하느냐고 물으니 아프리카에서 농업에 대한 일을 역시 하고 있다 한다. 또 다른 한 젊은 남자는 지금은 베를린에서 여행사에 근무하고 있다면서 3개월간 휴가를 가져 미국, 뉴질랜드, 태평양 섬들, 오스트리아를 여행했다 한다. 자기가 차를 갖고 왔으니까 같이 타고 가자고 그러는데 나는 피곤해 먼저 가겠다고 사양했다. 버스 965번을 상수시에서 타고 가는데 Holandische Viertel을 지나기에 내려서 조금 돌고 다시 버스타고 포츠담 스타디움까지 와서 에스반을 타고 호텔에 돌아왔다. 이 부근에서 잘하는 식당을 호텔주인에게 물어보니 호텔 건너편의 Schildkrote가 독일음식을 잘 하는 곳이라하여 갔더니 대만원이라 자리가 없어 다른 사람들이 앉아 있는 곳에 합석하여 저녁을 먹었다. 괜찮았다.

8월 27일

5시 반에 일찍 일어났다. 따라서 아침식사도 일찍이 했다. 버스 109번으로 샬로텐브르그성을 갔다. 6DM을 입장료로 내고 간단히 돌아보고 나와 다시 109번으로 중앙역까지 와서 100번으로 갈아타고 브란덴브르크에서 내려 사진 좀 찍고 페르가몬 박물관에 가는데 도중에 길을 막고 돌아가게 한다. 콜 수상이 기자들에게 둘러싸여 얘기하고 있어서 그랬던 것이다. 박물관에 가는 길에 두 여인을 만나 같이 가는데 한 여인의 머리카락이 희한한 빛으로 엷은 홍동색인데 예뻐 머리 빛이 보기 좋다 했더니 회색 머리카락이 보기 싫어 이렇게 물들였다 한다. 다시 베를린으로 돌아오는 버스를 타려고 서 있는데 보니까 훔볼트대학이라 적혀있어 보니 본관 건물 정문까지 양쪽으로 책장사가 쭉 있었다. 속에 들어가 간단히 둘러보고 정원에 앉아 잠시 쉬었다. 버스 속의 상자에 유인물이 있어 집어보니 훔볼트대학 행사가 열린다는 선전물로 승객들에게 가져가게 하고 있었다. 호텔로 돌아가 가방을 들고 나와 에스 반을 타고 베를린 동역에 도착하여 드레스덴행의 ICE를 탔다. 약 2시간 걸린다. 1등석은 텅텅 비어 있었다. 내 뒷 좌석에는 할머니가 빨간 모자를 쓰고 앉아 있었다. 얼마간 후에 나에게 초콜릿을 하나 준다. 내리려는 무렵 얘기를 하는데 어찌 빨리 말하는지. 드레스덴 사촌에게 가는 길이고 자기 남편은 10년 전에 돌아갔는데 한 5일간 인사불성으로 있다가 그대로 돌아갔다고 한다. 자기는 23년간 일했고 남편은 40년간 일한 덕에 산다며 배낭을 짊어지면서 코스메틱이 많이 들어있어 무겁다 한다. 자기 시어머니께서 드레스덴에서 살아서 동독시대에 가끔 방문했었는데 가방을 다 열어 펼쳐 보여야 했다며 함부르크에서 작년까지만 해도 6시간 걸렸는데 지금은 5시간 걸린다는 등 말이 많았다. 드레스덴에서 하차하여 곧바로 역 맞은편 호텔에 여장을 풀고 저녁을 먹는데 많다고 그랬더니 반도 된다하여 그걸 주문하여 먹었다.

8월 28일

날씨는 8월 말이건만 여전히 바람 불고 춥다. 10시쯤 되서 슬슬 나갔다. 엘베강 쪽을 향해서 걸어가다 긴 양말 한 켤레를 사서 넣고 가는데 우연히 노부부를 만나 같이 가는데 독일어도 아니고 어디 말이냐고 물었더니 폴란드 말이라 한다. 함께 구경 다녔다. 푸라우헨교회는 지금 완전히 원상복구를 위한 수리 중이라 허물은 돌들이 일련 번호가 매겨져 놓여있고 시계도 떼어서 놓여 있는데 제대로 시간이 맞는다. 컴퓨터로 수리하는데, 옛날 것에 새로 만든 담으로 이어서 만드는데 2006년까지 완성하려는 목적이라 한다.

Schloss, Sempab며 Gemälde galarie(회화진열실), Zwinger Porzellan Ansammulung(도자기 수집)을 구경했다. Bottger는 독일에서 도자기를 맨 처음 만든 사람인데 불란서 갈색토로는 석재공장을, 드레스덴의 흙으로는 도자기를 만들었다. 35세의 젊은 나이로 세상을 떠났다. 점심을 그 두 사람과 같이 들고 쉬었다가 다시 구경을 다녔는데 Bottger Abteilung(보트거 코너)을 나와서 나는 그들과 작별하고 부슬비를 맞아가며 호텔로 돌아왔다. Holand Nortwich에서 심포지엄 열었을 때 네덜란드의 옛적부터 내려온 수렌(Sjoelen)놀이를 했다고 그들에게 말했더니 지금도 많이 그 놀이를 가족끼리 또는 친구끼리 한다고 한다.

8월 29일

오늘은 도자기 본고장인 마이센(Meissen)을 가려고 일찍 서둘렀다. 7시 20분에 아침 식사하러 내려갔는데 벌써 많은 사람들이 먹고 있다. 드레스덴 역에 갔더니 왕복 14DM이고 8시 30분에 떠나는 전차를 즉시 탈 수 있었다. 약 35분간 타니 마이센에 도착. 드레스덴과 마이센 간의 에스 반이 30분 간격으로 있다 한다. 마이센 도자기 전시장까지 엘베 다리를 건너서 꽤 걸어갔다. 길가에 보테가 초상 언저리의 화단에는 꽃밭이 심어져 있었다. 도자기 전시를 구경하는데 그 주변이 나라에 소속된 공장 및 오피스라 한다. 구라파에서는 제일 오래된 도자기라며 지하창고 속에 약 40,000점의 보트가, 칼렌더 그 외의 많은 사람의 작품이 저장 돼 있다고 한다. 약 1,200명이 종사하고 있는데 그중 700명은 실제 만드는 일을 하고 있고 나머지는 사무원이라 한다. 미니버스를 타고 시내관광을 하는데 그 날이 소방서의 축제일이라며 실제로 소방관들이 양동이에 물을 떠서 옮기고 불을 끄는 시늉을 한다. 이 때문에 길을 버스가 지나갈 수 없어 한동안 있다가 갈 수 있었다. 언덕 길을 달려 올라가 상당히 높이 위치해 있는 마이센의 알비리히트성을 들어갔다. 너무나 웅장하고 그림도 많이 걸려 있었다. 성 자체가 고딕식으로, 건축하는데 1471년부터 1525년까지 걸렸다 한다. 이 글로 표현하기 어렵다. 애당초는 도자기 제작소였었고 지금은 박물관이다. 성당을 들어가 보니 오르간 연주를 듣는 시간이라며 입장료가 더 비쌌다. 홀에서 연주를 들은 후 내부로 들어갈 수 있는 문을 열어주어 내부를 구경한 다음 돔 위까지 올라갔었다. 주로 종교적인 상징을 나무로 조각한 그림이 많았다. 점심은 제일 오래된 식당으로 들어갔다. 마이센은 와인이 좋다한다. 할인도 해준다고 해서 앉아서 있는데 옆 좌석에서 한 젊은 여인이 서서 몇 장의 글을 들고 읽고 있다. 어머니의 생일인 것 같다. 케이크를 내놓으며 오래 읽는다. 또 다른 사람이 고무나무 화분을 생일 선물로 가져왔다며 또 쓴 것을 들고 읽는 것이었다. 사진도 찍고 재미있어 보였다. 다시 미니버스를 타고 오다 엘베다리에서 하차하여 다리를 건너가는데 비가 별안간에 억수같이 쏟아져 역까지 가는데 바지가 다 젖어버렸다. 기차를 기다리면서 한 할머니하고 얘기를 나누었다. 자기는 라이프치히에 사는 친구네 집에 가는 길이며 가서 1,000m 높이의 산에 등산할 것이라는데 자기는 폴란드에서 40년 전에 넘어왔으며 이번에 폴란드의 고향을 찾아 옛 친구도 방문한다고 한다. 햇빛이 또 난다. 저녁으로 러시안 수프와 와인 적은 것을 시키고 빵은 그냥 주어서 잘 먹었다.

8월 30일

8시 반에 아침식사에 내려갔는데 대만원이라 자리가 없어 부부가 앉은 자리에 합석했다. 커피를 내 잔에 따라준다. 돈 안 드는데는 참 친절하다. 거의 10시께나 Albertinum에 찾아가서 녹색 돔 천정(Grünen Gewölbe)을 구경했는데 너무나 아름다웠다. 역시 중부 독일인 사쉔 지방은 은과 보석이 많이 매장돼 있어서 부유했던 덕으로 이런 귀한 보물 예술품들을 후손에게 물려주고 보여줄 수 있게 되었다는 것이다. 드레스덴과 Grunegewolbe에 대한 책을 추천해 달라고 해서 사 넣고 천천히 Augus 다리를 건너 Neue Stadt를 갔었다.

일요일이 되서 이곳은 더욱이 한가했다. 날씨가 햇빛이 나고 좋았다.

8월 31일

역으로 9시 반에 나갔다. 10시 25분 ICE로 라이프지히를 갈 예정이었으나 9시 43분 기차가 있어서 타버렸다. 라이프지히에 11시 13분 도착. 동독에서는 베를린 다음으로 큰 도시. 역을 새로 수리했다는데 플랫홈이 25개나 되었고 입체적인 느낌을 주는 멋있는 역이었다. 가방을 보관소 칸에 넣고 토마스 교회를 찾아갔다. 이 교회에서 바흐가 오르간 연주를 했다는 곳이다. 들어가 보니 누가 오르간 연주를 하고 있었고 한 칸에는 바흐에 대한 역사가 사진으로 적혀 있었다. 이 교회 근처의 벤치에는 노인들이 한가히 앉아 있었고 색색의 노점 과일 시장이 계속 놓여있어 사지 않아도 나를 즐겁게 해주었다. 이 근처에서 맥주 한 잔과 점심을 간단히 들고 역으로 돌아오는 길에 또 스파게티를 들었다. 오븐에 구운 것이라나 맛이 좀 더 나은 것 같았다. 오후 3시 15분 기차로 Naumburg(Saale)에서 갈아타고 바이마르로 향하였다. 젊은 청년과 한 칸에 탔는데 군복무를 13개월 하러 가는 길이라며 자기는 교회에서 일한다고 한다. 무슨 일을 하느냐고 물었더니 벽칠도 하고 교회일도 하고 닥치는대로 한다며, 토요일이면 집이 베를린이니까 갔다 월요일에 온다고 한다. 군복무는 의무복무인데 18세부터 32세까지 해내면 된단다. 지금 기차가 지나는 곳은 토양에 소금이 들어있어 호흡기에 좋다면서 휴양지라 한다. 바드(Bad)가 들은 것은 요양원이며 바드술자(Badsulza)의 술자는 '소금'의 옛말이라고 설명해 주었다. 바이마르에서 내리

니 동독시대부터 교수를 하던 여자 교수 클린겐베르그 박사가 마중 나왔다. 경로 우대권으로 버스를 타고 우선 호텔(Christliches Hotel Amalienhof. Amalienstrasse 2. 99423 Weimer)로 갔다. 옛날 집을 호텔로 개조한 곳인데 깨끗했다. 짐을 놔두고 함께 걸어가며 여 교수로부터 내일 내가 방문해야 할 곳을 대충 설명들었다. 괴테하우스, 쉴러하우스, Wittmungs Palais 등. 광장에 도착했을 때는 이미 6시가 넘었는데 저녁 때부터 밤새워 젊은 청년들이 맥주 마셔가며 욕지거리하고 좋지 않으니 가지 말라 한다. 50~60명은 모인다며, 대개는 머리를 깎고 신발에 독특한 표시를 한사람은 신나치 주창자며 지금 연방 선거에 신나치 후보자를 선발시키려고 그런다는데 그 후보자는 뮌헨에서 나치스계통 책을 출판하고 부자라며 돈을 막 대주어 당선될 확률이 크다한다. 200년 전부터 한다는 레스토랑에 가서 저녁을 먹었다. 감자를 갈아서 부친 것으로 버섯하고 내놨는데 맛이 좋았다. 목이 마르니 맥주 먼저 마시고 즐겁게 얘기를 나누는데 내가 맥주를 잘 마셔 자기와 비슷하다며 좋아했다. 자기는 정년 퇴임도 할 수 있지만 자기 일이 끝나지 않아서 앞으로 2년은 더 있어야 한다고 한다. 무엇에 대해 연구하느냐 물으니 동독시절부터 괴테시대의 독일의 문학에 대해서 연구한다며 지금도 포츠담에 매주 한 번씩 가야하며 주로 바이마르에서 산다 한다. 내일 자기 집 티타임에 초대하겠다며 9시경에 헤어졌다. 1712년에 괴테가 늘 책을 샀었다는 책방에 가서 바이마르에 대한 책 한 권을 사고 사진 한 장을 찍었다. 괴테가 이곳에서 살게 된 것은 바이마르의 영주 부인이 16세에 시집와서 23세에 과부가 됐는데 아들이 18세 때 영주가 됐고, 그때 괴테가 프랑크푸르트에서 시인으로서 유명했었다 한다. 이 아들이 괴테를 모셔와서 집을 지어주고 살게 했다는 것이다. 나중에 쉴러도 데려왔다 한다.

9월 1일

9시에 우선 괴테하우스를 방문하였다. 필름도 보고 일찍 오기를 잘했다 생각하였다. 그렇지 않으면 기다려야 했다.

Wittungs Palais와 Wieland Museum을 방문하고 쉴러하우스는 화요일에 문을 닫는다 하여 왕궁박물관을 보고 바로 곁에 있는 괴테의 정원 공원을 갔다. 갈색 빛의 일름강을 따라 쭉 가는 데 플룻 부는 소리가 들려 봤더니 어린 두 소녀가 앞에 모자를 놓고 불고 있었다. 돈 몇 닢 놔주고 일름강의 다리를 건너 괴테의 정원 집을 가

보니 화요일에는 닫는단다. 제일 먼저 괴테가 살았다는 조그만 집을 밖에서만 볼 수밖에 없었다. Wieland Platz 가는 길을 물으니 아주 친절히 가리켜 주어 여기서 사느냐고 물었더니 자기 부인이 여기서 태어났고 40년간 못 와서 와 본 것이란다. 그 부인이 말하기를 오는 길에 옛날 학교 친구를 우연히 만났다며 오늘 저녁에 만나기로 했다고 한다. 길에서 만난 또 한 여인은 나에게 점심 먹었느냐고 물어보며 식당이름을 대며 거기 가서 먹으라 한다. 집에서 주인 자신이 직접 만든 음식이기 때문에 좋다 한다. 날씨는 참 따뜻하고 좋았다. 호텔로 돌아와 좀 쉬고 있는데 4시 45분경에 독일 여 교수가 와서 같이 그의 집에 가는데 넓은 정원 같은 공동묘지를 지났다. 거기에 괴테, 쉴러, 헤르조그 공작(Herzog), 마리아 안느가 묻혀있다. 이 여교수는 오늘 저녁에 언론인들이 오는 모임에 초대되어서 간다며 약 15분간 바이마르의 현재의 어려운 상황에 대해서 말을 한다고 한다. 말하자면 거리에 등이 적게 달려 있다든가, 체육관 수영장이 조그만 것 하나밖에 없으니 설치해야 된다든가 그런 어려운 사정을 말한다고 한다. 자기는 동독시대에도 교수였고 현재 통독시대에도 교수여서 운이 좋다고 한다. 동독은 교수의 월급이 서독의 85%이고, 20%의 실업자가 동독에 있고 서독의 실업자는 5%라 한다. 그의 집은 거실도 넓고 정원도 넓었다. 정원에서 딴 신 버찌(sauer Kirschen)를 냉동시킨 것으로 케이크를 만들어 놓았고 크림을 만들어 차와 곁들여 먹었다. 괴테 나무를 화분에 심은 것을 봤는데 잎 가장자리에 동글동글 생긴게 붙어있고 이것이 가을에 썩어지면 새 식물이 생겨난다 한다.

이 괴테나무의 속명은 Boriophyllum으로 시조식물이다.

조그만 화분에 심어 내게 주는데 잘 살려갈지 부담이 간다. 7시에 헤어져서 나는 호텔로 돌아와 내일 기차로 아이제나흐, 고타(Gotha), 에르프르트를 가는 시간표를 짰다.

9월 2일

아침 5시 반에 모닝콜로 일어났다. 8시발 기차로 아이젠나흐(Eisenach)에 도착했을 때는 9시 35분이었다. 기차역 건너편에 있는 버스터미널에서 봐르트브루그행 버스를 타야 한다. 건장하게 생긴 여자가 버스를 기다리느라 왔다 갔다 해 좀 무시무시하게 느꼈는데 어느 한 여자가 오니까 아주 반가워한다. 이 버스는 몇 사람을 태우고는 호텔이라고 붙여 있는데 까지 올라가 이 두 여인들을 내려놓고 다시 내려와서 봐르트부르그로 올라간다. 내 생각에 호텔에서 일하는 여자들인 것 같다. 이 봐르트부르그는 산이 많고 숲이 우거져 지금까지 모든 평원하고는 아주 다르다. 나 혼자 버스를 타고 올라가는데 숲이 우거져 있어 그 옛날에 루터가 도망갔었던 시절에는 얼마나 우거졌을까 생각이 든다. 버스에서 내려 봐르트부르그까지 꽤 걸어서 올라갔다. 노인들이 양쪽에 지팡이를 짚고 올라가는 것을 목격했다. 봐르트부르그를 안내하는 여직원이 말하기를 지금 우리는 그 옛날에 루터, 괴테, 와그너 들이 걸어 다니던 바로 그곳을 걸어가고 있다고 말한다. 엘리자베스(Elisabeth)실이라는 곳은 벽, 천정이 모자이크로 무늬를 놓았는데 돌조각이 3백만 조각이나 되고 여러 가지 보석 돌로 만들어졌다고 한다. 루터가 거처했던 방은 난로 놓은 뒤의 벽이 잉크자국이 있었다는 곳이라는데 벽이 긁혀져서 한 50cm 넓이가 허물어져 있었다. 검사 결과 그 자국은 곰팡이였다 한다. 다시 매 시 25분에 있는 버스를 타고 내려와 바흐하우스를 찾아갔다. 비는 부슬부슬 내리고 있었다. 바흐가 태어난 이 집 앞에는 바흐 동상이 크게 서 있었고 주위에는 꽃이 아름답게 피어 있었다. 이 집은 지금은 바흐 역사가 들어있는 뮤지엄이다. 책이며 악보며, 정원도 꽃이 만발해 있었다. 언제나처럼 노인할인표를 사서 들어갔다. 루터하우스는 거기서 조금 더 내려가면 됐었다. 밖에서 보니 옛날식 집으로 루터 흔적을 더듬을 수 있는 유적이라 할 수 있다. 아이젠나흐는 숲이 많은 아름다운 도시라 생각이 든다. 다시 1시 30분발 기차를 타고 고타로 갔다. 고타역에서 전차를 타고 두 정류장을 지나 오랑제리에서 내려 궁으로 올라갔다. 오랑제리는 꽃이 만발한 넓은 정원이었고 궁은 그 위에 높이 위치하고 있는데 입장료가 매우 비쌌다. Falter-werkzeuge 전시회가 무엇인가 봤더니 중세시대의 고문이나 사람 죽이는 기구들이 전시돼 있다. 잔인하게 죽이고 고문하는 기구들이다. 궁의 교회도 따로 있고 도서관도 따로 있었다. 보던 중에 제일 재미없는 곳이었다. 다시 내려와 전차로 고타에 왔다. 적어갖고 간 시간표를 보니 1시간은 기다려야 해 안내소에 가서 물어보니 10분 후에 에르프르트행 기차가 있었다. 전차에서 한 여인하고 같이 앉아 가는데 통일 후에 어떠냐고 물었더니 자기는 통일 후가 좋지 않다고 말한다. 실업자가 많고 여러 가지 혜택보던 것을 지금은 못 받아 살기가 나쁘다는 것이다. 에르프르트에서 내려서 궁의 위치를 물어보니 궁은 없고 돔이 있다 하여 나의 무식을 인정. 돔은 전차로 몇 정류장 안 가서 있었다. 교회의 돔이 높이 우뚝 솟아 있어 웅장함을 보여준다. 성당 안을 들어가니 오르간이 연주되고 있다. 이 돔은 부드럽게 올라가게 돼 있어 괜찮았다. 교회에서 에르프르트 책 한 권을 샀다. 예쁜 소녀가 팔고 있었다. 에르프르트는 아름다운 도시였다. 이 곳은 꽃시장도 아름답다. 17시 21분발 기차로 바이마르에 17시 36분 도착이다.

호텔 근처에 있는 100년 이상 된 레스토랑에서 갈증을 맥주로 달래고 버섯과 감자(Kartofel mit Pilz)로 저녁을 먹는데 Sauerkraft를 조금 달라고 그랬더니 많이 가져와 반만 달라고 했다. 2마르크 지불. 동독도 겉으로 보기에는 하나도 어려운 것 같지 않았다. 들어 누워서 쉰다는 것이 잠이 들어버려 깨 보니 밤 10시다. 하루에 여러 곳을 시간에 쫓겨 다니니 스트레스를 느꼈다.

9월 3일

오늘은 9시 반에서야 아침 식사를 했다. 왜냐하면 9시에 루프트한자에 예약 확인 전화를 다시 하느라 15분이 걸렸다. 기다리는 시간이 길었고 남자직원이 내 이름을 찾아내지 못해 시간이 걸려 21.20DM 전화료가 나왔다. 부다페스트에서 확인했으니까 안 해도 된다고 그랬는데 그래도 염려스러워서, 공연한 과민 반응이었다. 한 번 전화기를 들면 시간이 많이 지나 전화료를 많이 물었다. 서울에는 밤 10시에 걸었고 시간이 짧아 7.20DM을 지불했다. 거의 10시나 되서 할인 버스 요금 1.30DM(보통은 2.50DM)을 내고 제나에 가는 버스정류장까지 가서 보니 12시에나 떠난다. 11시이니 1시간이

나 남아서 기차역으로 다시 버스 타고 가서 보니 기차시간도 12시 4분이다. 여행사에서 말하기를 기차가 싸서 젊은 애들이 기차로 간다하여 나도 기차로 가기로 했다. 25분밖에 안 걸린다. 제나에서 내려서 시내로 들어가는 길을 물으니 한 여인이 친절하게 자기가 어느 정도 같이 가겠다고 하여 얘기해가며 같이 걸어갔다. 오전에만 일하고 집에 가는 길이라 한다. 제나대학이 있는 거리로 인도해주며 옛날 성이 허물어진 것이라고 설명해주고, 나보고 쭉 내려가면 대학들이 있다고 친절히 알려준다. 원형의 아주 높은 건물이 주위에 어울리지 않게 우뚝 서 있어 무슨 건물이냐고 물으니 옛날에는 대학 건물이었는데 통일 후 비어있고 정부에서 앞으로 쓸 것이라 한다. 여기서 처음 흑인을 보았다. 길가 좀 광장에는 시장이 펼쳐져 있어 외국인들이 걸쳐놓고 늘어놓고 흥정들을 하고 있다. 다시 제나에서 바이마르로 돌아오려고 역 플랫홈에 올라와 서성거리니 의자에 와 앉으라고 한 중년남자가 말하기에 앉았다. 얘기를 부치는데 자기는 아시아의 해조류 음식물이 좋다며 무기물, 비타민, 요오드가 유럽 야채나 과실의 2~30배 들어있어 좋다며 나보고 젖은 것은 무거우니까 마른 것을 좀 사서 부쳐주면 돈을 부치겠다 한다. 에르프르트에서 옛날부터 산다며 이 곳의 불르멘 꽃밭이 2km의 길이에 1km의 넓이라고 자랑을 하고 미사가 많이 열린다고 한다. 같이 앉아 있던 여인에게 대낮에 술을 마신것 같다고 그랬더니 자기는 집에서는 마누라 때문에 못 마시고 여행하거나 나오면 마신다며 한국에서는 맥주 안 마시느냐고 그러기에 물론 마시지만 대낮에는 잘 안 마신다고 그랬다. 어저께 기차 속에서 만난 할머니는 Tabarz에 와서

Inselsberg에 오라고 그런다. 916m 높이의 Inselsberg에서 튀링겐을 다 볼 수 있다 하며 튀링겐은 독일의 녹색 심장부라 말한다. 역에서 만난 한 여인은 이렇게 얘기를 나눌 수 있으니 좋단다. 라이프지히 역은 1997년에 건축이 완성됐는데 5천만 DM이 들었다며 25군데의 플랫트홈이 설치됐는데 구라파에서는 제일 큰 역이라 한다. 옛날에는 책전람회(Buchmesse)로 유명했는데 지금은 프랑크푸르트로 옮겨졌다고 한다. 쉴러하우스를 방문했다. 외부는 수리하느라 정신없지만 내부는 관람이 가능했다. 저녁식사는 100년 됐다는 레스토랑으로 갔었다. 한 여인이 혼자서 와인을 마시고 있었다. 나는 다른 테이블에 자리 잡고 맥주 한 잔과 튜링거(Türinger) 소시지, 감자와 사우어크루아트(Kartoffelnbrei mit Sauerkraut)를 시켰다. 그 여인이 나보고 어떻게 바이마르까지 오게 되었느냐고 물어서 한 번 괴테하우스, 쉴러하우스, 동독을 여행하려고 왔다고 그랬다. 나를 아침에 호텔에서 보았다며 우리는 서로 테이블 자리는 다르지만 얘기를 나누었다. 저녁시간이라 손님이 계속 들어와 자리도 모자라고 우리가 크게 말해야 하니까 자기 테이블로 오라고 그런다. 이 얘기 저 얘기 나누는데 자기는 뒤셀도르프에서 연방의회에서 일하며 세미나가 시청에서 열리고 있는데 얘기하러 왔다 한다. 옛날에 교사였었는데 그만 두고 애를 다 키워놓고 늦게 다시 철학을 공부해서 지금 일하고 있다고 한다. 좋은 사람으로 보였다. 곧 집에 돌아가게 되서 좋다고 그랬더니 독일의 옛말에 Janosch가 적은 것에 "집이 최고다"(Oh, wie schön ist Panama)란 표현이 아주 적절하다 한다. 또 옛말에 "쉬는자는 녹슨다"(Wer rastet, der rostet)라는 말이 있다고도 한다. 9시까지 얘기하고 호텔에 돌아왔다. Frau Thiede에게서 전화가 왔고 나는 뷸러 부인에게 전화 걸고 샴(Cham)까지 가기로 했다.

9월 4일

아침을 여유있게 보냈다. 10시 20분 기차로 바이마르를 떠났다. 뉘른베르그까지 세 번을 갈아 타야 해 신경이 쓰였지만 국내선 특급을 많이 타기 때문에 경치보며 마을을 보며 Cham에 내렸을 때는 오후 3시였다. Bühler 부인과 그의 어머니께서 마중 나왔다. 내가 전화로 우선 이불 호청하고 칼을 사야 한다고 말해서 우리는 그의 차로 쇼핑을 하러 갔다. 무늬 있는 것은 삶으면 바래고, 흰 것이 없어 또 다른 곳으로 갔다. 커피점에 가서 케이크와 커피로 티 타임을 갖고 다시 다른 상점으로 갔다. 디스카운트도 좀 해 주었다. Cham에서 꼬불꼬불한 길로 족히 20분 이상 가서 언덕 위에 있는 그림같은 그의 집에 다다랐다. 내가 보기에 정원이 700평은 넘는 아름다운 집이었다. 정리도 잘해놓고 아주 아름다운 외국 물건들이, 대만, 베트남, 중국, 한국 물건이 아주 어울리게 정리돼 있다. 손님 방도 널찍하다. 정원에 나가보니 자두나무, 사과나무가 여러 그루 있고 과실이 열려있다. 정원 가꾸기에 힘이 겹다고 한다. 어머니께서는 84세신데 6시 반에 일어나서 저녁 6시까지 일을 해야 한다며 잔디는 메르세데스 자동차에 기계를 달고 깎는데 힘들다고 한다.

9월 5일

10시 30분 기차로 프랑크푸르트로 가서 서울로 떠나는 날이다. 뷸러 부인과 어머니가 기차역까지 데려다 주었다. Cham 도시는 조그만 도시였으나 차는 만원이었다. 일등 칸에 올라타니 몇 사람 되지 않았다. 기차 속에서 뮬러 부인이 싸준 빵과 자두를 먹었다. 라이프지히에서 내려서 토마스 교회를 찾아갔다. 기차역이 아주 크고 멋있어 보였다. 많은 돈을 들였다고 하니 과연 근사했다. 바흐가 그곳에서 오랫동안 오르간을 연주했던 곳이라 들어가 보니 오르간을 어떤 사람이 연주하고 있었다. 바흐에 관한 전시가 한 방에는 펼쳐져 있었다. 교회 옆에 있는 찻집에서 목마름을 가시고 역 근처 이태리 식당에서 오븐에 구운 까르토치오 스파게티를 시켜 먹었는데 그냥 스파게티보다 맛이 좋은 것 같다. 다시 기차를 타고 프랑크푸르트에서 내려 맡겨 놨던 가방을 찾고 서울행 루프트한자에 올라탔다.

필리핀 보라카이

1999년 9월 16일

밤 8시 40분 필리핀 비행기로 김포공항을 떠나 마닐라 니노이 아키노 국제공항에 도착한 시간은 새벽 1시(현지시간 12시)였다. 마중 나온 버스에 실려 호텔에 들어가 2시에나 취침할 수 있었으나 5시 반에 일어나 부랴부랴 아침식사를 하고 7시 반 출발 버스를 탔다. 칼리보 국내선 비행장까지 2시간을 잡는데 버스 속에서 마닐라시를 구경할 수 있었다. 지프니(Jipny) 승용차라는 것이 이색적이었는데 이 차는 제2차 세계대전 때의 군대 차를 개조한 것으로써 창문이 없어 비오면 커튼을 친다 한다. 마닐라시는 차선도 없고 사람을 위한 횡단보도도 없었다. 주민의 97%가 가난한 하류사람들이고 3%가 상류급이라 한다. 40분 가량을 비행하니 칼리보 공항에 도착하였다. 까띠끌라 항만까지 2시간 버스를 타고 갔다. 시야에 들어오는 것은 바나나와 코코넛식물 일색이었다. 군데군데 멍석 비슷한 곳에 벼를 널어 말리고 있는 풍경이 우리나라 시골을 연상케 했다. 이바쟈이

(Ibajay)강 다리를 달릴 때 보니 강물은 맑았다. 강을 지나 코발트색 깔의 바다를 바라보니 눈을 시원하게 해주는 것 같다. “Welcome to Ibajay”라는 플래카드도 보였다. 까띠끌라 항만에 온 것이다. 바닷물이 깨끗하다. 배는 방카선이라고 불리는데 폭은 좁고 길며 20명 이상 양쪽에 앉을 수 있을 것 같다. 배는 길이에 따라 얼기설기 나뭇조각으로 엮은, 넓이가 2m도 더 되 보이는 날개 같은 것이 양면에 붙어있는데 파도를 피하기 위해서 달아 놓은 것이라 한다. 우리가 배를 타려고 보니 사람을 업어서 건너는 것이었다. 내 다음으로 업혀서 건너온 우리 일행의 여인은 나보다 10kg 이상이 무거운데다 짐까지 함께 업혔으니 업은 사람은 땀을 뻘뻘 흘려 안스러웠다. 보라카이의 한 산장에 여장을 풀고 해변의 한식당으로 세발자전거를 타고 가서 밥을 먹게 되었다. 오후 2시 반이었다. 아득한 수평선을 바라보며 산호 모래사장을 무한히 걸었다. 그리 덥지도 않았다. 4시 반경에 해변 야자수 밑에서 코코넛 기름 마사지를 받고들 있다. 1시간에 200페소(pesso, 5$)를 받고, 두 사람이 나누어서 할 때는 100페소씩 나누어 갖는다. 거의 모든 여인들이 마사지 업을 하기 때문에 경쟁이 심하단다. 자녀들이 많고, 남편은 집에서 아이들을 보고, 아낙네들이 나와서 마사지로 돈 버는 것이 수입이 더 낫다 한다. 하루에 300페소만 벌면 사는 데는 지장이 없다 한다. 저녁으로 필리핀식 뷔페를 먹었는데 건물은 주로 대나무로 엮어서 지어졌다.

9월 18일

밤에 실내는 너무나 더워서 잠들기가 어려웠다. 에어컨은 있었지만 시끄러워서 결 수 없었고 어렵게 늦게 잠들었다. 아침식사는 빵, 커피와 바나나로 아주 간단했다. 오늘 하루는 여기에서 있으니 마음에 여유가 있다. 일행의 한 여인과 맑은 물속을 거닐며 머나먼 수평선을 바라보며 계속 갔다. 이 나라는 대나무가 잘 자라는가 보다. 우리나라에서는 찾아볼 수 없는 굵은 대나무들이 쌓여있고 집도 대나무로 짓고 가구, 침대도 짜고 용도가 많다. 바닷가에 앉아 있으니 바람이 불어와 조금도 덥지가 않다. 산호 모래사장은 발바닥으로 걸어도 조금도 뜨겁지가 않다. 저녁은 트리씨클을 타고 20~30분은 가서 민속춤을 구경하며 필리핀식 스테이크를 먹었는데 소고기 맛이 좋았다. 마지막으로 역시 긴 대나무 막대기 두 개를 약 30cm 간격으로 놓고 번갈아 뛰는 놀이를 본 후 일행들도 나가서 같이 뛰며 즐겼다. 9시경 골목길을 트리씨클을 4명씩 타고 돌아오는데 매연을 어찌나 내뿜는지, 또 하도 털털거려서 뒷 좌석 두 사람은 하마터면 머리통, 허리 다치기에 안성맞춤인 것 같았다. 이곳은 자동차는 없었다. 아침에 청소하러 들어온 청년이 말하기를 자기도 내년 2월에는 한국의 쉐라톤호텔에서 일하게 된다며, 21살로 한국어, 영어를 배워야 한다면서 베드를 치운다.

9월 19일

여전히 간밤은 더워서 잠들기가 어려웠다. 아침 식사 후 해변에 가서 배를 탔다. 이번에도 업혀서 배위에 올라타는데 어제의 그 무거운 일행은 자기가 먼저 업히겠다 한다. 배를 내리니 버스가 이미 와 있어서 일행은 라구나 지방으로 달린다. 길가에 벼를 말리고 있는 시골길은 야자수와 바나나가 가로수를 이루고 있었다. 넓은 논이 펼쳐져 있는가 하면, 또 해변길을 달려 가는데 시야는 푸르고 수평선은 멀었다. 팍상한(Pagsanjan)으로 가느라 점심도 중간에 들지 않고 도착한 후에 팍상한 식당에서 현지 뷔페를 먹었는데 오래간만에 한국의 취나물 비슷한 것을 맛볼 수 있었다. 시금치와 비슷한 이곳의 나물이라 한다. 점심 후 물 맞아도 괜찮을 차림으로 조그만 카누를 두 사람씩 탔다. 앞뒤로 두 사람이 노를 젓고 간다. 앞은 젊은 청년이었고 뒤는 노인이었다. 대개는 부자간에 젓는다 한다. 계곡을 따라 올라가는데 강 양쪽은 낭떠러지고 야자수, 바나나 등 무성한 열대식물들이 눈을 시원하게 해주었다. 한 30분쯤 올라가니 계곡은 좁아지고 물살은 세지고 바위 틈으로도 올라가야하니 사공들은 아예 배에서 내려 바위 위를 디뎌 밀며 배를 끌고 올라간다. 물빛은 푸르둥둥하다. 물살이 센 계곡을 역류해 올라간다. 어떻게 배가 지나갈 수 있나하는 좁은 바위틈을 발로 잘 밀어 붙여가며 빠져 올라간다. 오늘은 날씨가 좋아서 제일 꼭대기인 메인돌까지 올라간다. 약 2시간은 이렇게 올라가는데 뱃속으로 물도 들어오고 사공은 계속 퍼내고. 가는 도중 몇 백 미터 위에서 흘러 내려오는 물줄기들을 바라보니 뉴질랜드 산꼭대기에서 보았던 풍경과 아주 흡사했다. 메인돌에 도착하니 넓은 뗏목 위로 7~8명씩 태우더니 폭포 물이 쏟아지는 밑으로 뗏목을 이동해 갔다. 한바퀴 도는 동안 폭포 물에 온통 젖었다. 물에 젖는 것을 막기 위해 비닐을 어깨에 걸쳤으나 바람에 견디지 못하고 흠뻑 적셔졌다. 다시 바위 위에 발을 디디니 휴하고 안도감을 느꼈다. 이렇게 물벼락을 맞으니 신경통에 좋다고 구실을 붙인 것 같다. 내려오는데는 일사천리로 30분 정도밖에 걸리지 않았다. 우리는 탈의실에서 옷을 갈아입고 다시 버스로 마닐라시를 향해 달리는데 일요일이라 교통체증이 대단했다. 지방을 갔다 돌아오는 시간이라 그렇단다. 마닐라시로 들어가는 신설된 고가도로를 타니 충분히 15분은 단축된다 한다. 요금을 내는 곳이라 차가 드문드문 달려 쾌적했었다. 밤 8시 반에야 한국 식당에 도착하여 한국음식을 잘 먹을 수 있었다. 깔끔하고 손맛도 괜찮았다. 홀리데이인 호텔과 가까워서 곧 투숙할 수가 있었다. 아침 7시부터 밤 10시까지 15시간이 소요된 하루 일정이었다.

9월 20일

보라카이에서와는 달리 덥지 않아서 잘 잤다. 8시 반쯤 우선 리잘(Rizal)공원을 방문했다. 필리핀은 탐험가인 마젤란에 의해 1521년에 발견됐고 스페인에 의해서 330년간, 일본이 3년간, 미국이 50년을 지배했다 한다. 독립을 위해 싸웠던 리잘 박사를 기념하기 위하여 세운 이 공원에는 감옥으로부터 사살된 곳까지의 거리를 발자국을 그려서 표시해 놓았는데, 39세의 젊은 나이로 세상을 떠났단다. 죽기 전에 쓴 시가 벽에 걸려 있었는데 한국어로도 번역되어 있었다. 조각가로, 화가로, 안과의사로 다양한 재능의 소유자였다. 너무나 감명 깊고 아름다운 시였다. 이 공원의 뒤편은 파씨이(Pasig) 강으로 격리되어 있었다. 앞 쪽의 요새 역할을 하는 강물 위에는 연꽃이 군데군데 아름답게 피어 있었다. 깔라토치 꽃의 향기가 좋았는데 고무나무 종류라 한다. 다음은 스페인 지배자들의 거주지를 방문하였으나 내부는 공개되지 않아 바깥만 볼 수가 있었다. 버스로 돌아오는 도중에 우리나라의 느티나무와 같은 아름드리 나무 그늘 밑에서 일행은 초가집 더미만큼 쌓아놓고 파는 코코넛을 사서 그 물로 더위를 식히고 서울행 비행장으로 달렸다.

카멜리아호를 타고 큐슈에 가다

1999년 11월 2일

10시 25분행 무궁화호를 타고 부산으로 열차는 달렸다. 친구가 모든 것을 했기 때문에 나는 그저 따라가기만 하면 됐다. 무궁화호는 주중이므로 30%의 할인을 받아 11,400원이었다. 그러나 새마을호보다 1시간이 더 걸려 5시간 반이나 걸렸다. 남쪽으로 달릴수록 단풍에 푸른색이 많았다. 5시경에 부산항에서 카멜리아(camellia)라고 크게 쓰여 있는 배를 탔다. 거북이처럼 느리게 간다는 이 배는 목적지까지 직선으로 따지면 200km 정도인데 14시간이 걸린다 한다. 저녁 7시 반이 되어서야 배는 떠나기 시작했다.

우리가 자야하는 선실은 여러 칸으로 나지막하게 칸이 막혀 있을 뿐 한 공간이었다. 산악인 그룹이 있어 시끄럽다 하며, 장사하는 사람들이 많이 타고 간다 한다. 하여간 시끄럽고 공기는 탁하고 바닥은 뜨겁고 잘 견디는 수밖에 없었다.

11월 3일

밤을 지내고 나니 배는 벌써 하카다(博多)항에 도착하였다. 하카다는 후쿠오카(福岡)의 옛 이름이다. 제주도 위도보다 낮으며 평균 온도가 16℃이며 북쪽은 현해탄(玄海灘)이고 3면이 산맥으로 둘러싸여 있고 국립공원이 있다고 한다. 인구는 동경의 10분지 1이며 1000년 전은 하카다가 제일 발달된 도시였다 한다. '구루미 天國 韓國'이라는 포스타가 붙어있어 무슨 뜻인가 했더니 '맛있는 음식이 많은 한국'이라는 뜻이란다. 동경에서 하카다까지 신간선으로 6시간 걸리고 버스로는 16시간 걸린다 한다. 우리는 버스로 오이다(大分)현 벳푸(別府)로 달렸다. 2시간 반이 걸렸다. 우선 히가시시이야(東推屋) 폭포를 보러 숲 속의 길을, 빤질빤질한 바윗돌 위를 흐르는 물소리를 들으며 오래간만에 산책을 즐겼다. 70m 높이에서 떨어지는 폭포수를 받는 웅덩이는 꽤 넓고 깊어 보이며 맑은 물이 그저 넘쳐서 힘차게 흘러내려 가는 것이었다. 그 다음은 유노하나(湯の花)를 방문하였다. 이곳은 천연기념물인 유황가루를 생산하는 곳이어서 유황냄새가 몹시 나며 유황가루가 퇴적되어 있었다. 짚으로 지붕을 한 조그만 오두막집 온천이 여기저기 몇 채 지어져 있었다. 다음은 지옥순례 차례다. 지옥과는 전혀 상관없이 웅덩이의 물빛은 황산 물질이 들어 있어서 가을 하늘색처럼 푸르고 물의 온도는 100℃라 한다. 거기서 또 약 50m 떨어진 곳에는 황산철로 말미암아 물빛이 거의 피(血)색깔에 가까운 붉은 빛깔을 나타낸다. 연못의 연꽃이 여러 가지 색채로 아름다웠으며 특히 연잎의 직경이 1m50㎝ 이상인 종은 흔히 보지 못하는 것이었다. 다다미방으로 된 이곳 호텔에서 하루 신세를 졌다.

11월 4일

아침 8시에 아소산으로 버스는 달렸다. 벳푸로부터 약 3시간은 달리는데 특히 국립공원으로 지정된 곳으로 시야에 펼쳐지는 속이 탁 트이는 아름다운 산맥들의 단풍 빛깔들은 은은한 연한색부터, 우리 한국의 단풍과는 좀 다른 빛깔의 단풍으로 느껴진다. 넓은 풀밭 위에는 소들이 제멋대로 여기저기 어슬렁어슬렁 걸어 다니고 있다. 우리나라 갈대보다 연약해 보이는 갈대들이 여기저기 바람에 나부낀다. 아름다운 자연에 도취되어 아소산에 도착하였다. 그러나 유감스럽게도 로프를 타고 활화산을 보지 못하였다. 그 이유는 오늘 활화산에서 내뿜는 연기가 컴퓨터상으로 나타난 것이 인체에 유해해서 올려 보내지 않는다는 것이었다. 금년 들어 가스로 인해 두 사람이나 사망을 했기 때문에 엄해졌다 한다. 천명인지를 수용할 수 있다는 대중식당에서 점심을 먹은 후에 구마모토현 아소시 야바게 국립공원을 통과하는데 호수가 있고 자연이 아름다웠다. 아소산은 1,328m이며 1958년에 세계에서 최초로 로프 웨이(rope way)를 설치했다 한다.

그 다음은 구마모토성을 방문. 가등청정(1562~1611)이 영주일 때 지은 목조건물로 방이 53개이고 다다미 장수가 1,570장이며 소화 35년에 복원됐다 한다. 다시 1시간 30분을 달려 구루미에서 호텔에 투숙, 하룻밤을 지냈다.

11월 5일

아침 7시 30분에 식사. 9시에 떠나니 여유가 있다. 우리는 버스로 다자이후(大宰府) 천만궁으로 향하였다. 버스를 내려 궁으로 올라가는 길 양쪽에는 선물가게와 식당들이 아주 정연하게 펼쳐져 있었다. 초등학생들과 유치원생들이 열을 지어 올라가고 있었다. 마침 이 때가 1100년이나 된 이 궁의 축제기간이었다. 1100년 전에 한 훌륭한 학자가 자기의 묘(墓)자리를 찾고 있는데 그때 소 한마리가 한 곳에 꼼짝도 않고 조금도 움직이지 않고 서 있었다는 것이다. 그래서 이 학자가 생각하기를 여기가 바로 나의 묏자리라고 결정을 내렸는데 후에 오늘날의 천만궁이 되었다는 것이다. 연못을 보수하느라 어지러워져 있었고 때마침 국화 전시회를 구경할 수 있었는데 교묘하게 꾸민 국화 본사이(분재)를 보니 과연 일본의 본사이구나 느껴졌다. 후쿠오카로 가는 도중에 캐널 시티(canal city)라는 곳을 들렸는데 큰 백화점 옆으로 운하처럼 물이 흘러가게 한 것이었다. 가스박물관도 들렸는데 가스로 여러 가지 형태를 만들어 흥미를 불러 일으켜 특히 아이들에게는 재미있는 대상이었다. 댄진(天神)거리를 지나 후쿠오카 탑을 올라가서 높은 곳에서 시 전체를 동서남북으로 내려다 본 뒤에 카멜리아 부산행 페리에 6시에 승선하였다. 이번의 선실은 여자들만 있는 곳으로 특별히 배당됐다. 두 사람의 외국인과 옆에 있게 되었는데 이 두 여인은 한 달의 휴가기간을 중국과 베트남에서 보내고 하루를 후쿠오카에 갔다 오는 길이라며 모레부터 출근을 해야 한다는 것이다. 한 사람은 캐나다에서, 또 한 사람은 미국에서 왔다며 이미 1년간 진주에서 영어를 가르치고 있다 한다. 이번의 선실은 조용했다. 카페에서 다시 이 두 여인을 만나게 됐다. 캐나다에서 온 여인은 인터넷을 통해 일본에 일자리를 구하겠다고 그러며 미국에서 온 여인은 한국이 좋다고 한국에서 계속 있겠다며 편지를 보내겠다며 내 주소를 물어보기에 e-mail 주소도 가르켜 주었다. 우리는 밖으로 나가 망망대해를 바라보다 하늘을 바라보며 별을 몇이나 볼 수 있나 보았더니 내 눈에는 둘뿐이었다. 이 밤은 잘 잘수가 있었다. 배는 이미 도착한지 오래되었건만 하선은 8시 반에서야 개시했다.

카리비안 크루즈

1999년 12월 18일

자연이 아름답고 물빛이 비취 빛과 같다는 카리비안해에 마음이 끌려 크루즈 여행을 떠나기로 하였다. 때마침 성탄절 시즌이라 호기심도 가일층. 아침 10시 뉴욕행 비행기를 타기 위해서 나는 4시 20분에 자명종을 울리게 했다. 6시 45분에 준석 엄마가 벌써 왔다. 7시 10분에서야 떠나게 됐다. 영하 8도로 첫 추위라 몹시 춥게 느껴졌다. 성산대교를 지나 김포공항으로 달리는데 막히지도 않아 8시 전에 도착하였다. 굳이 오지 말라고 말렸건만 토요일이라 시간이 있다하여 공항까지 차 몰고 가 가방도 들어다주고 나는 편안했다. 친구도 와 있었다. 출국 열은 사람도 많지 않고 한산했다. 이곳은 바깥과는 달리 너무 더워서 한가지 한가지 벗어 버려야만 했다. 사이언스 클럽에서 준 미국과 한국의 두 곳 시간을 동시에 볼 수 있는 시계를 차니 편리하다. 12시간 반을 날아가야 한다. 가끔 명상을 했는데 도움이 되는 것 같다. 뉴욕에서 짐을 찾아 다시 마이애미로 부쳐야만했다. 그러나 편하게 부칠 수 있게 시스템이 돼 있었다. 마이애미로 가는 국내 비행장까지 셔틀버스로 옮겨졌다. 2시간 40분 정도 걸려 오후 3시 반에 도착하였다. 역에는 크루즈 배이름의 플래카드를 들은 사람들이 손님을 마중하고 있었다. 우리도 하루 늦게 와서 직접 승선을 할 수 있었는데 노파심에 하루 먼저 왔으니 호텔서 하루를 묵어야 했다. 호텔은 비행장에서도 항구에서도 멀지않은 바다를 바라보고 아름다운 경치를 바라볼 수 있는 위치였다. 오후 5시경에 셔틀버스를 타고 베이 사이드(bay side)를 갔다. 산책하는데 역시 미국냄새가 물씬 느껴졌다. 2층에서 저녁식사를 해결하였다.

12월 19일

오늘은 승선하는 날이다. 1시 반경 로열 케리비안 항구로 택시는 달렸다. 큰 간판과 인파로 즉시 알아볼 수가 있었다. 가방에 꼬리표를 붙이고 양도한 다음 등록 층계로 올라갔다. 우리는 일찍 왔으니까 맨 앞에 서게 되리라 생각했는데 줄이 뱀 꼬듯이 꼬부려져 있어 30분 이상을 기다렸다. 여권을 맡기고 그 대신 ID(Identification card)를 받았다. 선실번호까지 적혀있고, 앞으로 이 카드 없이는 배를 타고 내릴 수도 없게 된다. 드디어 선실에 들어가게 되었다. 배는 14만2천톤 짜리의 제일 큰 배이며 금년 11월에 첫 출항을 하고 이번이 두 번째의 출항이라는 깨끗이 단장한 새 배였다. 3,800명을 태우며 빈방이 하나도 없어 방을 변경할 수 없다고 표시판에 적혀 있다. 저녁식사 테이블을 배정 받기위해 줄을 서서 기다렸다. 테이블 번호를 얻고 항상 그 테이블에서 저녁을 먹게 된다. 6시 반에 항상 가야한다. 우리 구미에는 양도 많고 별로였다. 식사 후 산책을 하는데 굉장히 큰 배라고 느껴졌다. 4층, 5층은 주로 상점, 카페로 구성되었는데 양쪽에 쭉 늘어서 있어 흡사 화려한 명동의 축소판이었다.

12월 20일

14층이나 되는 배는 엘리베이터가 여덟 군데나 되는데 그 중 두 곳은 바깥을 내다볼 수 있게 되어있다. 11층에서 아침식사를 드는데 6시부터 여는 곳 또는 7시 반부터 여는 곳 등 편리하게 짜여 있다. 종류도 다양하여 죽부터 밥까지 있으며 무엇보다도 싱싱한 과실 종류가 많았다. 망망대해를 바라보며 아침을 즐길 수가 있었다. 아침에 일찍 일어나서 명동을 방불케 하는 5층 거리를 산책하고 있는데 나 홀로인가 했더니 한 할머니가 이미 테이블에 앉아서 커피를 마시고 있다. 커피 한잔을 들고 같이 앉으니 자기는 시카고에서 친척들과 여러 명이 크리스마스를 이 뱃속에서 지내려고 왔다며 누구를 지금 기다린다며 이야기를 하는 것이다. 자기 여동생의 손자가 작년에 13살이었는데 이 크리스마스 때 죽었다 한다. 그 손자가 스포츠를 좋아해서 이 손자를 추억하기 위해 모두 이 크루즈에 왔다 한다. 이 뱃속에서는 언제나 무료로 다 먹는데 다만 술과 펍에서는 ID로 지불해야 한다.

오후 5~6시와 7시 반~8시 반 두 차례 칵테일 파티가 있으니 정장을 해달라는 컴퍼스(compass) 프린트가 하루 전날 밤에 각 방에

전달된다. 이때 선장과 사진도 찍을 수 있다고 적혀있다. 우리 일행 4명은 5시 파티에 나가봤다. 이곳은 세 사람이 피아노와 바이올린으로 클래식만을 연주하는데 샴페인이 공짜로 제공되는 것이었다. 모두들 파티 복으로 정장하고 나와 아름다움에 시선이 끌렸다. 사진을 찍으려고 줄을 서서 기다리고들 있다. 바로 위층에서는 록음악이 요란스럽게 연주되고 있다.

12월 21일

오늘은 옵션으로 스노클링(snorkeling)에 참가하는 날이다. 망망대해만을 바라보다 보트로 옮겨 1시간 가량 타고 가는데 여기저기 섬이 보이고 푸른 초목의 땅을 보니 고향을 본 듯 반가운 느낌이다. 뜬금없이 콜럼버스는 그 옛날에 그 긴 세월을 망망대해에서 보냈겠구나 하는 생각이 떠오른다. 이 보트에서 두 동양인을 만났는데 태국에서 왔다 한다. 한 여인은 꽤 연로해 보이고 또 한 사람은 아주 젊은 아가씨였다. 연로한 여인은 스노클링에 경험이 꽤 있는 것으로 보였고 젊은 여인은 나처럼 문외한이었다. 두 사람 다 영어를 한마디도 못한다. 그러나 그 여인은 나에게 장비 입는 것, 코에 걸치는 것을 일일이 행동으로 가르쳐주고 코에 씌워주며 나를 보살펴준다. 나는 아무것도 모르니 그 사람하는대로 따를 수밖에 없었다. 드디어 해변에 도착했다. 이 바다는 개인소유라고 적혀 있었으니 바다도 개인소유가 있나 하고 의아히 생각되었다. 햇빛은 쨍쨍 내려쪼였고 물빛은 바닥이 환히 보이는 비취 빛깔이었다. 세 여인은 눈이 휘둥그레 해져 말라빠진 흑인이 노를 젓는 카누 배에 올라탔다. 어느 정도 해변에서 멀어지니 연로한 여인은 바다 속으로 뛰어들고 또 한 여인도 들어간다. 나도 어쩔 수 없이 맨 나중에 바다 속에 뛰어 들어갔다. 물 밑을 보니 파란 생물들이 바다속에 깔려 있으니 나는 처음이라 너무나 황홀하였으나 잘 할 줄 모르고 숨도 차 손 흔들어 카누 배를 오게 하여 올라타고 말았다. 이곳은 아미가섬의 해안 스노클링 지역이라 한다. 보트를 타고 바다 위를 어느 정도 돌다가 드디어 해변에 다달아 내려서 모래 위를 걸어가는데 한국말 하는 사람과 만나 반갑게 인사를 하였다. 캐나다에서 20년을 살았다며 캐나다 국적이란다. 일본 할머니 두 사람은 스노클링을 잘한 것으로 보인다. 그러나 나는 바다 밑에 나있는 식물들의 경관을 한 번 구경한 것으로 위안 삼을 수밖에.

다시 보트에 올라타고 하이티(Labadee)섬에서 하선하였다. 해변을 여기저기 산책하였다. 콜럼버스가 항해 중 이 섬에서 내려서 쉬어 갔다고 선전한다.

오늘 아침에 좋지 않은 일이 생겼다. 일행 중의 한 사람이 어제 저녁 정장차림에 들고 갔었던 구찌 상표의 손지갑을 선실 화장대의 서랍에 넣었는데 찾으니 없어졌다고 한다. 도난당했다고 야단이며 아주 저기압 상태이니 우리도 역시 기분 상하고 불쾌했다.

12월 22일

아침식사를 일찍이 하였다. 죽도 있고 밥도 있고 과실도 많고 먹고 싶은 대로 먹을 수 있어 세 끼니 중 제일 좋은 것으로 나는 생각된다. 오늘은 자메이카를 방문하는 날이다. 배는 벌써 마리아 항구에 도착해 있었다. 배에서 내리니 버스들이 서 있었고 안내원들이 인도한다. 우리는 부림머 홀(Brimmer hall)을 방문하는 버스를 탔다. 이곳은 마리아 항구에서 약 40분 가량 가는데 버스 길 양쪽의 바다를 바라보는 쪽은 멋있게 보이는 호텔들이 주로 자리잡고 있고 또 다른 쪽은 싱싱하게 푸른 초목들이 울창하게 자라고 있어 보는 사람의 눈을 시원하게 해준다. 부림머 홀이라는 곳은 4,000~5,000에이커의 넓은 농장으로 우리가 도착하니 곧 그곳에서 생산되는 과실 주스를 주고는 긴 나무걸상이 붙어있는 몇 십 명이 탈 수 있는 긴 마차에 올라타게 한다. 건장하게 생긴 중년 남자가 운전해가며 설명해가면서 구경시켜 주는 것이었다. 자메이카에서는 슈가로프 파인애플(Sugarloap pineapple)이 가장 맛이 좋다 한다. 꽤 큰 교목에 빨간 열매가 아름답게 달려있는 데 카키라는 식물이라며 살은 요리해

먹고 종자도 먹는다며 버릴게 없다 한다. 바나나의 줄기도 다양하게 쓰인다. 싱싱한 녹색으로 덮여 있는 2,000에이커의 농장가운데에 18세기에 지어졌다는 그레이트하우스라고 불리는 한 집은 자메이카의 노예제도 시대에 농장주가 지었다며 나무 마룻바닥이나 고가구들이 윤이 반들반들나게 자연 상태로 보존되어 운치 있고 아름답게 보였다. 이 집 밑에는 선물을 파는 조그만 간이점이 쭉 놓여있고 과실주스, 코코넛 등을 대접해 준다. 다음은 자메이카의 한 읍에 해당되며 관광의 중심지인 오쵸리오스(Ocho rios)로 버스는 달렸다.

오쵸리오스는 스페인어로 '여덟 곳의 강이 있다'는 뜻이지만 그렇지 않고 본래의 이름은 스페인어로 '폭포'를 뜻한다 한다. 오쵸리오스라는 이 마을은 평상시 잠자고 있는 듯한 고요한 상태에서 호화여객선이 항구로 조금씩 다가와 정박하게 되면 활기찬 왁자지껄 사람의 떼거리로 변한다 한다. 이 마을의 서쪽에 위치한 계단폭포인 둔스강으로 버스는 달렸다. 이 폭포는 180m 높이로 양쪽은 수목이 우거져있고, 석회암으로 이루어진 층층을 줄기차게 떨어져 바다로 흘러내려 들어가는 것이 장관이었다. 관광객들이 수영복 차림이나 짧은 바지차림에 손에 손을 잡고 꼬불꼬불 수십미터 길이로 폭포를 거슬러 올라가는 것을 보니 스릴도 있을 것으로 재미있어 보였다. 이곳의 앳된 아가씨들이 늘씬한 몸매에 어찌나 예쁘고 매력적인지 사진을 같이 찍자고 손발짓으로 신청들을 하니 미소로 기꺼이 응해준다. 돌아오는 길목 중간쯤에 많은 선물상점이 한 군데에 밀집해 있었다. 우리 여객선이 정박하고 있는 마리아 항구까지는 버스로 5분 정도 밖에는 걸리지 않았다. 돈지갑 잃어버린 사람이 그것을 계속 뇌까리니 우리도 편안하지 않고 부담스러웠다. 오늘 낮에도 여전히 편안한 마음이 아니고 자꾸 신고해야 한다고 주장하니 본인은 창피한 생각이 들고 마음이 내키지 않아 했으나 결국 오피스로 올라가서 신고하기로 했다. 나의 영어회화가 시원찮으니 일본사람이 있다며 일본어 할 줄 아느냐고 묻는다. 잃어버린 사람도 일어는 알고 있으니까 아주 잘됐다 생각하고 그 사람이 설명을 다시 다 했다. 얼마 후에 우리 선실로 두 사람의 크루즈 배의 경찰관이 들어와 우리 가방까지 다 뒤지고 조사했으나 나오지 않았다. 누가 들어왔었나를 알기위해서는 문고리 촬영한 것을 확대해봐야 안다며 돌아갔다. 얼마 후에 다시 와서 말하기를 아무도 열쇠를 열고 들어온 흔적이 없다 한다. 선실내의 분위기는 여전히 저기압이다. 잃어버린 장본인은 영어를 잘하는 캐나다 국적 한국인을 만나 장시간 의논했다 한다. 참 답답한 노릇이다.

12월 23일

산책을 하고 방에 들어오니 방안 분위기가 희희낙락이다. 돈지갑을 서랍에서 찾았다는 것이다. 귀신이 곡할 노릇이지. 하여튼 너무나 좋았다.

오늘 아침식사는 점잖은 정식식당에서 먹었는데 골라야 할 메뉴가 여러 가지라 우리 동양인한테는 익숙지 않고 과실도 뷔페식당만큼 싱싱하지가 않았다. 오늘은 한가롭게 12층 조용한 곳에서 일기를 쓰고 있는데 1시간 정도 지나니 꽤 춥고 시끄러워졌다. 어린이를 위한 물장구치는 풀에서 엄마가 어린이들을 놀게 했는데 무섭다고 두세 살 박이 어린이가 우는 것 같다. 슬슬 돌아다녀보니 어린이를 위한 오락시설이 여기저기 나이에 어울리게 배치 돼 있는 것 같다. 디스코텍도 의자이며 천정이며 아주 조화를 이루어 멋있게 꾸며 놓았다. 도서관에 가보니 컴퓨터도 여러 대 있고 조용히 지낼 수 있었다. 바람이 불고 추워서 그런지 수영장에는 항시 사람이 거의 없었다. 뜨뜻한 소금물 마사지 탕에는 두 군데 다 언제나 사람들이 꽤 모여든다. 오늘 저녁식사는 정장을 하는 날인데 중국계 어린이가 전통의상을 입고 나왔는데 이채로웠다. 어린이들의 성장모습이 귀엽고 이색적이었다.

12월 24일

아침에 일찍 일어나서는 14층의 트랙에 올라갔다. 바람이 몹시 세게 분다. 뒤에서 '하이' 하기에 돌아봤더니 몇 번 트랙에서 만났던 깡마른 중년 여인이었다. 8시에 코주멜(Cozumel)에 갈 승객은 극장으로 집합하라 해서 갔더니 보트를 타고 나가는 것이었다. 약 40분가량 타고 가는데 일기가 좋지 않고 비가 내려 바깥은 컴컴하고 음산해보였다. 드디어 코주멜에 도착하였을 때 일기는 괜찮아졌다. 코주멜은 멕시코 밑의 카리브 해 쪽으로 있는 조그만 섬이다. 우리는 본토에 있는 털룸(Tulum) 옛터를 관광하는 버스에 올라탔다. 이 섬에는 골프를 포함하여 19가지의 옵션이 있다. 코주멜 섬은 물이 맑고 터키석 빛깔로 스노클링, 스쿠버다이빙을 즐길 수 있는 세계적인 다섯 곳의 잠수코스 중의 한 곳이라 한다. 버스의 우리 안내원은 50

이 훨씬 넘어 보이는 흰 구두에 멋을 잔뜩 낸 노인으로 보였는데 영어를 아주 빨리 유창하게 한다. 30분을 달렸을까 한 선물가게에 차를 세운다. 양쪽 나무 줄기에 매달아 놓을 수 있는 성인 요람이 제일 눈에 띈다. 털룸을 향하여 버스는 달린다. 15~16세기에 세워졌던 이 조그만 도시는 그때 1,000명 정도의 인구였으며 중요한 인물들은 중심에서 거주했고 그 외 사람들은 길가에 살았다고 한다. 카리브해의 푸른 빛깔 바다를 바라볼 수 있는 아름다운 위치였다. 사원은 여기저기 해안의 낭떠러지에 세워져 있고, 돌로 쌓여진, 둘레만 남아있는 폐허가 관광객을 맞이하고 있다. 푸른 카리브해는 가까이는 하얀 모래사장부터 멀리는 수평선까지, 엷은 푸른색으로부터 점점 층층으로 짙어가는 바다 빛깔이 보는 사람을 도취시킨다. 수영을 하는 몇몇 사람들이 눈에 띄여 부러움을 자아냈다. 여기에도 긴 역마차 같은 것이 관광객을 실어 나른다. 풀밭 위에서 큰 토종 수탉만한 이구아나를 볼 수 있었다.

다시 버스를 타고 약 10분 정도 달려 키셀하(Xel-Ha)라는 자연공원에 갔다. 여기는 자연 풀과 수로망이 만들어져 있는 곳이다. 강물이 여기저기 여러 갈래로 흐르게 하여 수영도 하게 하고, 제일 큰 강물에는 돌고래들이 몇 십 마리 서식하고 있어 수시로 솟구쳐 돌며 재롱부리고 사람들이 주는 먹이를 척척 받아먹는다. 사람들이 모여서 코치를 받더니 강물 속으로 들어가 돌고래를 어루만지고 같이 놀아주는 모양이 흥미로워 보였다. 일행은 코주멜 항구로 돌아와 5시 15분경에 선실로 돌아왔다. 너무나 피곤했다. 저녁 식사 전에 시간이 좀 남았기에 사무실에 가서 코주멜을 두 사람이 안 갔으니 선불했던 돈을 다시 찾고 계산을 다 마무리하려고 줄에 서 있는데 우리 일행의 한 사람이 나 때문에 식사 주문을 못하고 있다고 빨리 오라고 볼멘소리를 한다. 그러나 내 차례가 와 126불을 받고 저녁상에 참여했다. 우리 상을 써빙하는 사람은 이태리에서 왔다는 자그마한 남자인데 여기서 근무한 지가 20년이 됐다며, 이 다음에는 동남아를 도는 배를 타 봐야겠다고 한다. 우리 비위를 맞추려고 애쓰며 앙케이트에 적을 때 자기를 엑썰런트(Excellent)로 적어 달라고, 볼 때마다 "엑썰런트"라고 말하는 것이었다. 오늘이 24일 크리스마스 이브, 11시 좀 넘어서 일행은 선실 밖으로 나갔다. 20여 명이 나와서 크리스마스 캐롤을 부르고 있고 여객선 승객들이 같이 부르고 있다.

12월 25일

아침 일찍이 14층 트랙에 갔었는데 바람이 심해 날아갈 것만 같다. 도서관에 재미있는 읽을거리가 있었는데 누가 읽고 있는지 오늘은 제자리에 없다. 앉아 있으니 추위를 느껴 앙케이트를 쓴 후 선실로 들어갔다. 웅장한 시설을 칭찬하고, 정식디너에 양을 적게한 시니어 포숀(senior portion)을 설정해 남는 음식을 줄이며 쓰레기를 줄임으로써 공해도 줄이는 게 좋겠다고 건의했다. 내일은 아침 일찍 떠나는 날이다. 시설을 돌아보니 스케이트장에는 젊은이들이 웅성대고 디스코 장은 대낮이라 한사람도 없었다. 의자 하나도 멋있는 디자인이다. 천정, 벽 등이 모두 아름답게 꾸며져 있다. 암벽타기도 있고 3~4살, 5~6살 어린이의 나이에 따라 오락장, 물놀이 터가 마련되어 있다. 성인을 위한 펍도 여러 군데 있고 수영장도 두 군데, 따뜻하고 염분이 있는 마사지탕은 남녀 노소 항시 만원이다. 멀리 바다를 바라보는 선탠(suntan)베드 의자는 수백 개가 놓여있어 매일 아침 까무잡잡한 젊은 청년들이 닦아내고 정리하는 것을 본다. 새벽부터 나와서 책을 읽고 있는 나이든 여인이 있는가 하면 드러누워서 자고 있는 젊은이, 운동하고 있는 중늙은이 등 각양각색이다. 술을 제외하고는 모든 음식, 음료는 값을 내지 않으니 5층의 상점가에 있는 빵, 과자 커피집은 언제나 사람들이 앉아 먹고 있다. 피자가 제일 불티나게 없어진다. 쿠키도 맛있고 여기 아이스크림은 맛을 보니 그리 많이 달지 않았다. 오늘은 마지막 날이다. 팁 고지서가 아예 계산해 나와 그대로 봉투에 넣어 각기 주었다. 이 여객선은 선물도 주었다. 두꺼운 유리액자라 너무나 무거워 청소원에게 돌려주었다. 짐을 다 꾸려 가방을 방밖으로 내놓고 일찍이 쉬기로 했다.

12월 26일

오늘 아침 일찍이 배는 벌써 마이애미에 도착하였다. 승객은 8시부터 하선이다. 6시부터 여권을 되찾는 시간이다. 마지막으로 아침식사를 즐기고 하선 길로 나섰다. 짐을 찾는데 많은 시간을 소모했다. 짐 나오는 트랙이 여러 방에 여러 군데인데, 드디어 우리는 짐을 찾고 택시를 타게 되었다. 예약한 호텔은 항구에서 꽤 멀어 고속도로로 마이애미시의 외곽지대를 구경하며 30분 이상이 걸려 호텔에 도착했다. 2층에 바다를 바라보는 쪽에 방 하나를 우선 쓰게 해

주었다. 배 속의 좁은 방에서 네 명이 복닥거리다 이 방에 들어오니 넓고, 바다를 내다보는 위치라 네 사람이 다 기분이 좋았다. 방 하나는 오후 2시 반이 넘어야 줄 수 있다 한다. 방도 넓고 침대도 넓으니 서울서 다 예약된 것이지만 둘씩 쓰고 방하나는 취소하자고 친구가 나에게 제의한다. 나는 예약대로 하자고 그랬으나 다른 사람들이 반대하며 나 혼자 가라한다. 울며 겨자 먹기로 다수에 쫓아갔다. 그 근방을 산책하다 한 상점을 들렀다. 중년은 되는 여직원이 자기가 젊었을 때 부모님을 따라서 부산에 왔다 갔다며 반가워한다. 내가 중국음식점이 닫혀 있더라고 그러니까 뷔페하는 중국음식점이 있다며 위치를 가르쳐준다. 가보니 오늘 먹기에는 위장 부담이 크다 생각되어 다시 되돌아와서 파스타 전문식당에서 스파게티를 들었다. 사람이 많았다. 햇빛이 나니 등이 따끈따끈 하였다. 그러나 바람은 많이 불고 있었다. 오후 1시 반인데 수영하는 사람이 꽤 눈에 뜨인다.

크리스마스 때라 빈방 얻기가 어려워 겨우 예약했다는 서울여행사의 말이었다. 한 침대에 둘이 드러누웠는데 한 사람이 움직이면 나까지 파도 타 도저히 잠들 수가 없어 일어나 앉았다 드러누웠다 하다가 아침에 잠깐 눈을 부칠 수 있었다.

12월 27일

잠을 못자서 기분도 좋지 않은데다 다른 세 사람이 저녁 먹으러 안나간다 하고 나도 혼자 나가기 귀찮아 군것질로 어제 저녁을 때웠으니 배도 고프다. 한 사람이 목욕에 머리감고 화장까지 오랫동안 목욕실에 있으니 차례를 기다려 9시에서야 아침 식사하러 넷이 나갔다. 다시 호텔방에 들어가기 전에 내일 아침 비행장에 일찍 나갈 때 탈 택시를 10불 선불을 주고 예약했다. 오늘은 햇빛이 좋다. 공기도 좋고, 이 호텔은 비행장 가기도 멀고 항구에서도 먼 위치의 허름한 호텔이나 해변 옆이라는 것 한 가지가 장점인 것 같다. 점심에 중국집 뷔페를 갔었다. 값은 9불인데 다양하고 과실도 여러 가지고 맛이 좋았다. 햇빛이 아직 있으니 모래사장 위를 산책하고는 바닷물 속으로 한 여인이 들어가고 있어 나도 조심스러이 들어가 봤다. 대서양 바닷물에 수평선을 멀리 바라보며 공기도 맑고, 그 여인은 캐나다에서 온지 2주일이 된다며 내일은 떠난다 한다. 좀 추웠으나 상쾌하였다. 별로 배고프지는 않지만 내일 새벽부터 계속해서 서울까지 비행기를 타야하니 저녁식사를 하는 것이 좋을 것 같다. 호텔 건너편에 일식 식당이 있어 가보니 겉보기 보다는 크고 깔끔했다. 오래간만에 밥을 먹으니 쌀도 좋고 맛이 좋았다. 밤의 풍경이 아름답다고 하여 일행과 함께 거리로 나갔다. 이미 늦어서 그런지 별로였다. 오늘도 밤을 새워야하겠구나, 집에 돌아가서 휴식을 많이 취해야 되겠구나 생각했었는데 친구와 다른 한 사람이 비치에 있는 간이 침대를 들고 들어온다. 친구가 간이 침대를 쓰고 나는 혼자 자게 해준다. 나하고 같은 침대를 쓰던 사람은 옆 침대로 옮겨갔다.

12월 28일

아침 일찍이 일어났다. 우리의 출발 플랜도 조금 바뀌졌다. 내가 예약한 밴은 5시 반부터 움직인다 했고 국내선 비행장이라 6시까지

가면 되니까 시간도 충분하다고 하여 예약을 했었는데 일행 중 한 사람이 어젯 밤에 한숨도 못 잤다며 불안하니 5시에 택시를 불러 타고 가자고 주장했다. 다른 분도 그러기를 원하니 어쩔 수 없이 가서 예약을 취소하고 선불을 돌려받기를 청구하니 2시간 전에는 가능하나 지금은 너무 늦어 안 된다하여 포기할 수밖에 없었다. 택시 값은 46불을 지불했다. 7시 10분 발 비행기라 시간이 많이 남아 있었다. 우리의 가방은 마이애미에서 서울까지 부치게 되어 갈 때와는 달리 편리했다. 기내에서 재미있는 기사를 읽었다. 3~4년 후에 90,000$의 우주여행계획에 대해서 100명이 예약을 했다고 한다. 60~90분 동안 62마일의 구름 속의 비행중 5분간의 무중력상태에 들어가고, 지상에 되돌아오기 전에 어느 방향으로든지 1,000마일의 관광을 시켜준단다. 지금부터 20년 후에는 은하계에 있는 호텔에 방을 예약할 수 있을 것이고, 10년 또는 20년 후에는 달나라를 예약할 것이라고.

일행 중 두 사람은 뉴욕에서 한식당하는 아들네서 쉬었다 간다하여 헤어졌다. 우리는 셔틀버스로 터미널 1국제공항으로 향하였다. 마이애미에서 뉴욕까지 2시간 40분 가량 걸렸고, 12시 10분 서울행 비행기이니 시간이 많이 남았었다.

기내에서 내 옆자리 승객은 뉴욕 딸네 집에 6개월 있다 돌아가는 길이라며 얘기를 늘어놓는다. 딸이 대학을 포기하고 결혼해서 애가 둘인데 할머니 댁에서 학교를 다니게 하고 5천만 원을 친정에서 보내줘 네일 샾을 차리게 했는데, 어떻게 되가는가를 좀 보기 위하여 지금까지 있었다는 것이다. 네일 샾의 경기가 좀 어떠냐고 누가 묻기에 괜찮다고 그랬더니 금세 다른 사람이 옆에 와서 네일 샾을 열어서 그 다음부터는 한국인에게 절대로 잘 된다는 소리를 안한다고 한다. 또 다른 여자 승객은 5개월 된 애기를 업고 있는데 딸이 시간이 없어서 서울에 데리고 가서 기르기 위한 것이라 한다.

여행은 확실히 사람을 더 잘 알게 해준다.

스페인 바르셀로나

2000년 8월 25일

스페인 바르셀로나에서 제10회 광합성원핵 생물의 심포지엄이 열리므로 25일 오후 2시 40분 루프트한자 비행기로 떠나기로 되었다. 비가 오전에 세차게 내려서 괜찮을까 걱정이 될 정도였으나 점점 가랑비로 바뀌어져 하늘 위를 올라가니 눈부실 정도로 햇살이 났다. 치영이 아빠가 우중에 운전하느라 신경을 많이 썼는데 나는 오늘 처음으로 내부순환도로를 타고 성산대교까지 가게 된 것이다. 시간은 비슷하게 걸리나 신호등이 없다는 것이 장점이었다.

기내에서 옆 좌석은 독일 중년 남자가 앉았는데 한국을 여섯 번째 방문하고 프랑크푸르트로 돌아간다고 한다. 병원의 의사들의 수술시 입는 가운을 거래하는 사업을 하고 있다고 한다. 직원이 5명, 비스코스하고 폴리에스테르로 제품을 만드는데 환경 친화적이며 어린애들 씻기는데도 많이 이용된다고 한다. 생산 시간이 얼마 걸리지 않아서 다른 업체를 이겨낼 수 있다고 하는 이 독일인은 계속해서 무엇을 읽지 않으면 안된다고 이야기를 하여 참 부지런한 사람이구나 생각되었다. 동독과의 합병을 대부분의 독일 사람들은 전연 몰랐었다며 한국의 남북통일에 대해서 자기 나름의 생각을 열정적으로 말하는 것이었다. 11시간 만에 프랑크푸르트에 도착하여 바르셀로나행 비행기를 타기 위해서 20분 이상을 가방을 끌고갔다. 끄는 가방으로 가져온 것을 다행으로 생각했다. 그런데 가방이 기내에 들고 들어가기에 크다며 부쳐야 된다고 한다. 할 수 없이 부치게 하였다. 약 1시간 40분을 비행하여 밤 11시 넘어서 바르셀로나에 도착하였다. 택시가 안전한가 하고 옆 사람에게 물어보니 걱정없다고 하여 택시 기사에게 호텔 이름 쪽지를 보여주었다. 생각보다 가까워 20분 정도 달려 리자에 도착하였다. 스페인어를 전혀 모르니 답답하기만 하다.

8월 26일

내가 이 호텔을 예약할 수 있었던 것은 떠나기 이틀 전에 e-mail을 보내 소식을 받은 것이었다. 참 세상 편하다. 이럴 때 문명의 이기가 한 몫을 하는구나 생각되었다. 아침에 늦게 식사를 하고 심포지엄 장소를 산책삼아 가보기로 했다. 한참 다니다 점심을 멕시칸 푸드로 조금 요기하고 다시 심포지엄 장소로 갔다. 개회식에서 여러 사람을 오래간만에 보니 반가웠다. 불란서의 미생물학자인 스테니에르 박사가 과거부터 현재까지의 미생물학의 발달과정을, 그 다음은 미국학자가 계속 이어갔다. 끝난 후에 마실 것과 마른 안주가 준비되어 있었다. 사람으로 공간이 채워져 무척 더웠고 시끌시끌했다. 숙소로 가니 이미 10시가 지나 있었다.

8월 27일

아침식사에 사과를 먹어보니 우리나라의 사과가 세계에서 제일이다 라고 새삼 느껴졌다. 그동안 먹지 못했던 여러 가지 부르스트 살라미 종류를 맛있게 먹었다. 오전에 일찍 심포지엄 장소에 가서 포스터를 다른 분야에 옮기게 하는데 나도 영어가 서투르고 주최측도 영어가 시원치 않아 한참 설명 후에 납득이 되어 옮기게 하였다. 점심을 주는데 오래간만에 신선한 샐러드를 보니 너무나 반가웠다. 일본의 리겐(理硏)에서 왔다는 말레이시아 청년과, 일본 여자와 같이 식사를 하는데 영어를 잘 하기에 물어보니 미국과 영국에서 어린 시절 10년을 보냈다고 한다. 소련에서 온 교수를 오래간만에 만나 왜 콘드로바 여 교수가 안 왔는가 물어보니 4년 전에 암으로 돌아갔다 한다. 이날 학회시간이 끝난 후에 소련 교수는 콘드로바 교수의 아버지가 소련에서 유명한 수학자였으며 콘도로바 교수는 소련의 미생물 발전에 많은 공헌을 했다고 추도(追悼)의 말을 하였다. 이 여 교수는 88 올림픽 때 승마경주(乘馬競走) 장애물 경기의 심판으로 참석하기 위해 서울에 왔다고 전화가 와 내가 신라호텔에 데리고 가서 한국 음식을 잘 대접한 기억이 난다.

계속해서 네덜란드 한스 교수의 제자들이 번갈아 나와서 교수의 미생물에 공헌한 이야기를 슬라이드를 통해서 보여주며 설명해 주는데 1시간 이상이 걸려 아주 늦게 숙소로 돌아왔다.

8월 28일

오늘의 점심은 한국의 기초과학지원연구소에서 온 다섯 분과 같이 하게 되었다. 내가 식사하고 있는데 독일의 골리크 박사가 내 앞을 지나며 이번에는 시합할 때 다른 나라와 조인할 필요가 없게 되었다고 농담을 걸고 지나간다. 벌써 10년 전에 네덜란드에서 학회를 개최했을 때 한국에서 나 혼자이고 벨기에에서도 여자 혼자 참석하여 둘이 한 팀이 되서 네덜란드의 놀이에 참가했었는데, 그걸 기억하고 이번에는 한국 사람이 여러 명이니 걱정할 필요 없다는 것이다. 점심 후에 건너편의 공원에서 일기를 쓸 기회를 가졌다. 밤에 다시 우리는 콜럼버스 탑에서 만나 항구를 산책하고 야경을 감상하고 해변의 모래, 지중해의 물을 바라보았다. 모래사장의 폭은 넓지 않았으나 길이는 매우 긴 것 같다. 물이 따뜻해서 밤에 수영을 해도 춥지 않단다. 탈의실도 없으나 샤워는 의자에서도 앉아서 할 수 있게 해 놨다. 해산물 식당이 우리나라에서처럼 해변가에 줄지어 있었으나 우리가 간 곳은 손님이 많아 20분을 기다려서 겨우 식탁을 얻을 수가 있었다. 새우, 오징어, 가재, 생선 등 푸짐하게 나와 먹고 남아서 싸 달라고 해서 젊은 분들이 가지고 갔다. 지하철도 끊겨 택시로 호텔에 도착하니 새벽 1시였다.

8월 29일

늦게 잤으니 늦게 일어났고 아침식사를 늦게 하게 되었다. 드류 부인이 혼자서 식사를 거의 끝내가고 있었다. 자리를 같이 하고 이야기를 많이 하는데 중국에 3주간 갔다 왔다며 이제는 먼 여행을 그만 해야겠다고 한다. 늦게 오전 세션을 조금 듣고, 점심은 건너편 공원에서 리셉션이 있었는데 도자기박물관 홀에서 와인, 맥주, 음료와 안주로 구은 과자종류를 내놓아 점심으로 때웠다. 드류 부인하고 도자기박물관과 장식품박물관을 구경했다.

3시 반에 버스타고 카다란 쪽으로 가는데 포도밭이 넓게 있고 집도 나지막하게 있어 편안한 느낌을 갖게 한다. 와인공장을 방문했었다. 카바(cava)라는 상표의 공장인데 불란서의 샴페인에 해당된다며 씻는 것부터 찌꺼기 처리까지 생산과정을 상세히 보여주었다. 이 공장은 카탈루니아 영역에 위치해 있었다. 우리는 공장 식당 정원에서 줄다리기 시합을 하는데 남자 4명, 여자 4명씩이 한 팀이 되어 마지막 이긴 팀까지 2시간 이상이 걸렸다. 폐회식 때 트로피를 주기로 하고 방케트로 들어갔다. 모든 게 푸짐하게 준비되어 먹고 나니 카탈루니아 춤을 보여주었다. 또 와인을 긴 꼭지로부터 입으로 흘리지 않고 넣는 기술을 보여주는 바람에 밤 12시에나 귀가하는 버스를 탈 수가 있었다.

8월 30일

늦게야 심포지엄에 참석했고 오후 4시경에는 지하철로 바르셀로나에서 아름다운 곳으로 이름난 람블라스 거리를 갔다. 꽃시장이 가운데 인도의 양쪽에 쭉 놓여 있어 아주 아름다워 보였다. 꽃시장 바깥이 양쪽으로 차도였다. 내가 우연히 들어간 곳은 시장이었다. 견과류, 과일, 생선이 푸짐하게 진열돼 있고 고깃간에는 훈증된 돼지다리가 매달려 있어 우리나라와 비슷한 점을 느끼게 했다. 성당을 찾아가니 고딕식의 아름다운 건물이었다. 그 주위의 고색 찬란한 거리를 거닐고 카탈루니아 음악 박물관을 찾아갔는데 문이 닫혀 있다. 독일인도 방문하려고 왔는데 다 닫혔다며 가버렸다. 나는 서성거리다가 앞에 있는 가게 주인이 나왔기에 물어봤더니 건너편 가게에서 표를 판다며 5시에 연다 한다. 잠시 기다렸다 들어가 보니 세계에서 아름다운 건물로 손꼽히는 아주 많은 행사를 하는 콘서트홀이다. 카탈루니아의 심벌 중의 하나라 한다. 건물 내부도 너무 아름답고 해마다 50만 명이 방문하여 여러 종류의 음악회에 참석한다고 한다.

8월 31일

제대로 아침 9시부터 학술강연을 들었다. 오후에도 들었는데 LPS의 어류에 대한 독성발표를 듣고 어떻게 추출하고 정제했는가를 질문했었다. 점심에는 괼리크 부부와 같이 먹었는데 부인이 박물관을 방문했었던 이야기며 피카소박물관도 방문했었다고 말한다. 오후 폐회식을 할 때까지 1시간 여유가 있어 책을 한국으로 부치려고 우체국을 물었더니 백화점의 지하에 있다고 가르쳐 주었다. 우선 포장을 해야 하는데 봉투가 10장씩 묶어져 있고 한 장씩은 안 판다고 한다. 또 서편은 거기서는 취급 안한다며 내일 정식 우체국으로 가라한다. 아무튼 봉투를 하나 얻어 주소까지 적어 넣었으니 한가지 일은 처리되었다 생각하고 6시 폐회식에 들어갔다. 이번 학회에 애쓴 사람들에게 박수를 보냈고 트루페 교수의 폐회 강연을 근 40분 동안 들었다. 그는 스타처럼 말솜씨가 보통이 아니었다. 다음 회의는 2003년 일본에서 열리게 됐다며 동경에 대한 슬라이드를 비쳐준다. 바르셀로나에서는 학교 내에서라 포스터 섹션이 좁아서 불편했었다. 동경의 회의장은 에도가와 홀(다까미야)로 신축 건물이고 넓고 초모던이며 포스터 섹션도 아주 넓다고 주최자가 말하여 청중들이 폭소를 했다. 이번 회의에 참석한 네덜란드의 한 교수는 부인을 휠체어에 태워가지고 다니며 줄다리기 시합 장소에도 오고, 조금 걸을 때는 꼭 손을 붙잡고 걸으며, 발표 회의장에 들어와 앉아서 듣게 하곤 했는데 아주 인상적이었다. 폐회식이 끝난 후에는 피아노 반주에 소프라노를 들려주는데 아주 젊은 여 가수가 너무나 아름답게 불러 주었다. 끝나니 9시는 되었다. 바르셀로나 사람들은 저녁식사를 9시, 10시에 먹는 모양이니 우리 동양인하고는 저녁시간이 맞지 않아 4시경에 준 스낵과 포도주를 마시기를 아주 잘했다고 생각했다. 간식 주는 것을 안 먹었다는 한 한국인은 배고파 죽겠다고 야단이다. 우리는 지하철로 조금 가서 식당을 찾아 저녁을 먹으니 11시가 넘었다. 헤어져서 나는 택시로 호텔로 오니 12시나 되었다.

9월 1일

끝났으니 홀가분한 기분으로 아침 식사를 끝내고 하루 더 묵어 성당과 피카소박물관을 가기로 생각했다. 우선 우체국을 물어 상당히 걸어가서 선편으로 책을 부치는데 이태리 화폐밖에 없어 그냥 주었더니 페세타로 바꾸어 오라고 한다. 어젯밤에 택시 운전기사가 이태리 돈으로 준 것이다. 나는 모르고 1,000짜리 넉 장이니까 4,000페세타로 알고 그냥 지갑에 넣었던 것이다. 페세타로 지불하고 책을 붙인 다음 지하철역으로 가서 사그라다 파밀리아(성가족 성당)로 갔다. 지하철역의 갈림길에는 방향에 대해서 역 이름이 계속 나와 있어 처음 타는 사람에게도 혼자 쉽게 찾아갈 수 있게 되어 있다. 가우디라는 건축가가 1882년에 초석을 놓았고 40년 세월을 이 교회의 건축에 바쳤다 한다. 가우디박물관과 그의 묘가 그 속에 들어 있었다. 엘리베이터를 타고 올라가 도시 전경을 바라볼 수 있었다. 속죄의 성당으로 현재도 계속해서 짓고 있으며 신자들의 기부금으로 공사는 계속되고 있다 한다.

다시 지하철로 피카소박물관을 방문했다. 1881년에 태어났고 어렸을 때 그린 그림부터 1970년까지의 그림을 27실로 분류해서 전시해놨는데 그림의 변천 과정이 우리 같은 문외한도 쉽게 알 수 있게 전시되어 있다. 박물관 내부도 고색찬란했고 거리도 고색이 물씬 나는 건물들이 빽빽이 들어있는 인상적인 곳이었다. 점심을 먹는데 이곳 생선 요리가 많아 나에게 구미는 당기지만 한 접시를 다 먹기에는 너무 많아 반만 줄 수 없느냐고 2분지 1이라고 바닥에 적어 보이니 그러마고 그래서 점심을 맛있게 잘 먹었다.

이제는 다시 한 번 아름다운 거리로 소문나 있는 람블라스 거리로 걸어갔다. 가운데 보행길 양쪽에 찬란한 꽃가게가 계속 있더니 그 다음은 새 가게가 양쪽에 계속 있다. 거리 한 귀퉁이에 머리부터 얼굴, 발, 긴 드레스까지 전체가 회색 칠로 칠해진 동상같은 것이 서 있어 로봇 여인으로 알았는데 실제 한 여자가 로봇처럼 그렇게 서 있는 것이었다. 움직이고 말을 하니까 사람으로 알지 움직이지 않을 때는 꼭 로봇이다. 같이 사진도 찍으며 돈을 앞에 있는 접시에 놓아주는 것이었다. 조금 걸어가니 이번에는 남자 두 사람이 기사 모양으로 서 있고, 때때로 움직여서 사람이라 알 수 있었다. 참 돈 버는 방법도 희한하다. 호텔까지 지도상으로는 얼마 안 되어 걸었더니 꽤 시간이 걸린다. 저녁 9시가 됐는데도 저녁 생각이 없으니 스페인 물이 들은 것 같다.

바르셀로나에서는 교회도 집도 모자이크 모양을 그린 타일로 장식한 예술품을 꽤 많이 볼 수가 있었다. 이 타일예술은 아트데코라 하며 마드리드에도 없고 바르셀로나에서만 있다고 한다.

9월 2일

10시 반, 마드리드행 기차를 타려고 역으로 택시로 달렸다. 예약을 하려니 1, 2등석 자리가 없다고 하여 12시 기차를 예약할 수밖에 없었다. 시간도 남아서 마드리드의 호텔예약을 이 곳에서 해 버렸다. 기차를 타려고 플랫홈에 서 있는데 내 옆에 서 있는 초로의 할머니와 말을 하게 되었다. 기차표에 P라고 적혀있는 것이 1등석이라고 가르쳐 주는데 영어를 잘한다. 자기는 불어, 영어를 가르치는 선생이며 이 곳 어머니 댁에서 2개월간 있다가 가는 길이라고 한다. 영어 개인교수도 한다고 한다. 인상이 깨끗한 여인이었다. 기차 칸이 달라서 더 이상 얘기를 못하고 기차를 타게 되었다. 나의 좌석번호는 3번인데 3×라고 적혀있어 생소하게 느껴졌다. 나와 마주앉은 사람은 젊은 여인이다. 독일어를 2년간 배웠으며 지금도 공부하는 중이라며 영어를 더 잘 하는데 독일어로만 말을 한다. 독일어 책과

사전을 내놓고 공부를 틈틈이 하는데 어저께 파티에서 새벽 6시에 돌아와 잠을 몇 시간 못자서 졸리고 피곤하다면서도 연신 말을 꺼낸다. 왜 독일어를 배우기 시작했냐고 물었더니 첫째는 자기 남자친구가 독일 사람이었고, 둘째는 독일 회사에서 일하고 있으므로 그렇고 자기는 엔지니어인데 독일어가 다른 언어보다 엔지니어인 자기에게 필요하다 한다. 바르셀로나에서 일한지가 1년 반이 됐다며 어머니가 마드리드에 사시기 때문에 열흘에 한 번은 방문한다고 한다. 지금 사장이 들어온 지가 얼마 안 되는데 일을 밤 8시 넘어까지 시켜 나쁘다며 하루에 12시간을 일하는데 월급을 더 주지도 않는다 한다. 비닐이나 종이에 색깔 넣는 일을 한다고 한다. 염색공업은 공해가 많다고 그러니까 지금은 조성을 합성한 것이라 옛날처럼 심하지 않다고 한다. 창밖을 내다보니 꼭 사막처럼 살풍경한데 어느 곳에 도달하니 암석으로 된 산들이 기괴한 모양으로 뻗치고 서 있어 장관이었다. 마드리드에서 내려서 택시타는 곳으로 이 여자와 같이 갔는데 택시가 계속 있어 쉽게 잡을 수 있었다. 호텔은 멀지가 않았다. 가는 길은 마드리드 외각지대로 보이는데 높은 아파트가 많이 서 있었다.

시내로 들어오며 옛 건물들을 감상하는 사이에 호텔 앞에 도착하였다. 잔돈이 없어 10,000 페세타 지폐를 냈고 택시요금은 1,065 페세타인데 3천 페세타하고 잔돈을 주어 10,000 페세타를 냈다고 강조를 하니 그제야 돈을 세어 8천 페세타를 계산해 준다. 내가 5천 페세타를 낸 것으로 속일 셈이었던 것 같다. 이런 식으로 잘 속이는구나 하는 인상을 받아 택시는 타고 싶지가 않게 되었다. 호텔은 마드리드 시내 복판에 위치해 있고 외부는 고색찬연하나 내부는 낡은 건물이다. 깨끗하게 청소는 하는 것 같으나 타올 빛깔이 눈처럼 희지가 않으니 별 두 개짜리에 알맞은 것 같다. 관광할 곳을 계속 찾아놓고 저녁을 9시나 되어서야 먹으러 나갔다. 이곳 저곳을 돌아보다 사람들이 밖의 식탁에서 시원하게 앉아 먹고 있는데가 답답하지 않고 실내보다 좋은것 같아 앉았는데 스페인어를 모르니 답답했다. 생선하고 샐러드를 먹었으면 좋겠다고 하니 아주 친절했고, 양도 많지 않은 것으로 해 달랬더니 구은 생선과 샐러드를 가져왔는데 아주 맛 있었다.

9월 3일

오늘은 미술관을 방문하는 날이다. 호텔에서 다 걸어갈 수 있는 거리로 맨 먼저 간곳이 프라도(Museo del prado)미술관으로 대충 보고 고야 동상 옆에서 사진 한장 찍었다.

다음은 거기서 가까운 Thyssen-bornemisza 미술관을 본 후에 소피아미술관(Museo reina sofia)을 다리 아프게 돌아다녔다. 마이요광장(Plaza mayor)을 가는 도중 아리랑이라는 한국 음식점이 알오차(Alocha)라는 거리에 있어 돌아올 때 들려야겠다고 생각하고 지나갔다. 마이요광장에 있는 건물의 아래 층은 주로 식당이 차지하여 테라스에서 많은 사람들이 마시고들 있었다. 그림 그려주는 사람도 여러 곳에 있었다. 좀 쉬어서 목을 축이고 왕궁(Palacio Real)을 찾아갔다. 시간이 늦어 외부만 보고 거리를 감상하며 되돌아오니 아리랑 음식점은 문이 닫혀 있었다.

9월 4일

왕궁 앞에 개울이 흐른다. 바로크식 다리가 멋있다. 마드리드는 평평한 도시같다. 오전에는 우선 여행사를 찾아갔다. 톨레도에 가는 투어가 오후 3시에 있다하여 가기로 예약을 하고 그전에 어제께 내부를 보지 못했던 왕궁으로 택시를 타고 갔다. 여기는 입장료가 비싸다. 900 페세타를 지불하고 들어가 보니 옛날의 왕이 살던 곳을 지금은 박물관으로 쓰고 일부는 사무실로 쓰고 있다 한다. 유럽의 다른 곳처럼 우아하며 기도실도 따로 있고 흡연실도 따로 있었다. 글로는 표현하기 어렵고 눈으로 본 것으로 흡족해 할 수밖에. 물론 얼마 후에는 잊어버리지만.

다시 한 번 왕궁 앞에 흐르는 낭만적인 강물과 멋있게 만들어진 다리를 감상하며 걸어와서 점심을 먹은 후 기차투어를 얼른 할 수 있을까 싶어 안내소를 찾아 가보니 사람들이 기다리고 있고 시간이 걸릴 것 같아 그만두기로 했다. 2시 45분에 맞추어 톨레도 버스 투어장소를 찾아갔다. 3시 출발인데 찾아가느라고 2시 55분에 도착하였다. 톨레도는 마드리드에서 70km 떨어졌으며 가는 길은 밋밋한 그저 평야였다. 약 1시간 걸려 도착하여 안내인을 따라가는데 많이 걸으니까 길을 잊었을 때는 택시를 타고 어디로 오라고 미리 말하는 것이었다. 톨레도는 참 아름다운 소도시였다. 도시 전체가 한 예술품이라고나 할까. 맨 먼저 간곳이 교회인데 12세기에 260년 걸려 지어졌으며, 외부는 고딕이고 내부는 르네상스 바로크식으로 된, 이태리식과는 다른 독특한 모양이라 한다. 길은 네모 반듯한 돌과 큼직한 자갈로 만들어졌는데 달아서 빤짝빤짝 거렸다. 성당이 굉장히 높은 곳에 놓여있어 우리는 에스칼레이터를 몇 번을 갈아타고 올라갔었는데 올라가보니 차도 일방통행으로 그 좁은 골목을 다닐 수 있게 해 놨다. 이태리의 우비노 생각이 들었다. 이 교회 저 교회를 구경시켜 주는데 너무나 예술적으로 아름답게 지어져 있어 이 졸필로는 다 표현할 수가 없다. 교회 입구에는 걸인이 한 명 씩은 앉아 있어 베풀어주기를 바라고 있었다. 이곳 지붕은 암기와와 숫기와로 덮혀 있는 것이 언뜻 보기에는 한국의 지붕으로 착각케 한다. 맨 마지막에 본 교회에서 다시 버스를 타려고 내려오는데 큰 강물이 유유히 흐르고 있다. 이 강물은 리스본을 거쳐 대서양으로 흘러 들어간다 한다. 맨 마지막으로는 철물 공장을 구경시켜 준다. 불에 달구어 대장질해 만든 이 철물에다가 금이나 은실을 입혀 손으로 장식품들을 만든다고 한다. 이 장식물들은 비싸며 이곳에서만 만드는데, 기계로 만든 것은 싸고 여러 곳에서 팔고 있다며, 브로치, 귀걸이 등을 파는 것이었다. 마드리드에 돌아오니 8시 20분이었다.

9월 5일

마드리드에서 세비아(Sevilla)행 기차를 타고 갔다. 2시간 조금 넘어 걸린 것 같다. 역에서 내려 우선 안내로 가서 호텔을 정하고 또한 그라나다로 가는 투어를 예약했다. 조용한 도시였다. 호텔에 가여장을 풀고 슬슬 구경삼아 산책을 나가 점심도 먹고 기웃거렸다. 리스본으로 기차를 타고 가기로 계획했던 것은, 밤기차이고 오래 걸린다 해서 포기하고 비행기로 가기로 하여 역내 여행사에서 예약을 하였다. 또 여기서 모로코에 가는 것도 포기하였다. 여행사를 통해서 가려면 3~4일 코스는 없고 일주일 코스가 있으나 그것도 금주에는 없고 내주에나 있으며 혼자 가는 것은 위험하다 하여 포기했다.

9월 6일

오늘은 그라나다 투어를 가기위해 일찍 서둘렀다. 소형버스가 호텔로 와 7~8명이 가는 것 같다. 호주에서 역사학을 전공하는 석사과정의 여학생이 같이 탔다. 그라나다에 가는 길에 안내원이 설명을 하는데 그라나다에서 담배를 많이 생산 한다든가, 플라타너스 집단배양을 한다든가-. 또 안달루시아(Andalucia) 지방은 세비야, 코르도바, 그라나다, 마라가 등 여러 지방으로 구성된 남부 스페인 지방을 말한다 한다. 안달루시아의 경치를 보며 지나니 오래간만에 산이 보인다. 올리브가 유명한데 이태리에서 생산되는 올리브가 스페인의 이 고장 올리브 보다 질이 떨어져 스페인 산이라고 둔갑된다고 한다. 안달루시아를 지나니 올리브 동산이 연속해서 나온다. 드디어 멀리 왕궁이 보인다. 높은 언덕 위 해발 700m에 세워진 알함브라(Alhambra)를 볼 수 있었다. 13~14세기에 그라나다의 마우리쉬(Maurische) 왕이 만들게 한 이슬람 건축예술의 창조물로 높은 언덕 위에 세워져 있어 먼 곳을 잘 바라볼 수 있다 한다. 고색 찬란한 성문을 들어가면 원주 기둥들이 이색적이고 이루 내 글로는 표현할 수가 없다. 아랍 시인은 그라나다는 눈에는 즐거움을 주고 영혼에는 평안을 준다고 표현했다 한다. 건물 뿐만 아니라 정원들도 아름답고, 흘러가는 물이 있는 정원도 특이했다. 관광차들이 넓은 주차장을 메우고 있다. 우리는 시내로 내려와 점심을 먹었다. 스코틀랜드에서 온 모녀와 호주의 대학원생과 넷이서 한 식탁에 앉았다. 스코틀랜드의 여대생이 참 아름다웠고 교양있어 보였다. 호텔에 돌아오니 저녁 6시가 넘었다.

9월 7일

세비야(Sevilla)에서 오전은 성당 등을 대충 구경하고 호텔로 돌아오는 길은 택시를 탔는데 호텔 근처에 와서 곧장 가지 않고 골목길로 들어가 뱅글뱅글 돌아 시간도 많이 걸렸고 돈도 더 지불하게 되어 왜 그렇게 도느냐 곧장 가서 좌회전하면 금방인데 하며 내가 뭐라고 그랬더니 눈치를 채는 것 같았다. 스페인은 택시들이 굉장히 속이는구나 하는 느낌과 함께 택시 운전사가 그 나라 인상을 좋게 주는데 큰 역할을 한다는 것을 새삼 느꼈다. 비행기는 마드리드까지 50분, 마드리드에서 리스본까지 50분이면 충분하다. 포르투갈 수도인 리스본 비행장에 내려 우선 환전을 조금하고 호텔 예약을 하는데 사람이 많지 않아 좋았다. 한구석에는 조그만 무대가 설치 돼 있어 몇 명이 관악기를 연주해 들려주고 있어 피곤한데 한결 기분이 상쾌한 것 같았다. 여기서는 택시요금을 운전기사에 지불할 필요가 없는 시스템이 있어 호텔까지 예약하니 일반보다 비싸지만 드라이버한테 바가지를 쓰지 않는 잇점이 있다. 호텔에 도착하니 조그맣고 방은 깨끗했다. 식당이 어디가 좋은가 물어봤더니 해산물이 좋다하여 찾아 갔다. 바르셀로나와는 달리 앉자마자 빵 담은 바구니도 갖다놓고 치즈, 또 다른 전채를 갖다 놓아 심심하기에 그냥 조금씩 맛보았다. 여기 인심이 좋구나 생각했었다. 생선요리를 맛있게 먹고 나서 지불할려고 보니 생각보다 가격이 많다. 왜 이런가 하고 물어보니 전채로 나온 것을 손을 안댔으면 몰라도 조금이라도 들었을 때는 지불해야 한다고 한다.

9월 8일

7시 30분에 아침식사에 내려갔다. 과일을 충분히 들었다. 오전에 버스를 타고 리스본 기차 역을 가기로 했다. 버스 타는 데까지 호텔에서 거리는 얼마 안 되지만 한 젊은 직원이 데리고 가 속으로 참 친절하구나 생각하였다. 버스요금은 165 페세타이고 12번 버스는 기차역이 종착역이었다. 가는 길이 꼬불꼬불한 길로 좁고 꽤 올라가는 길인데 사방을 구경하며 오히려 잘했다고 생각되었다. 버스 타는 사람의 70%가 노인이었다. 노인이 올라오면 그보다 젊은 노인이 얼른 일어나는 것을 여러 번 보았다. 20분은 갔을까 종착역인 터미널에 내려보니 역은 바로 있었고 조용하고 조그마하다. 역 안내소에 가서 물어보니 내가 가고자 하는 곳은 아주 느린 기차로 여러 번 갈아타고 14시간은 잡아야 한다고 한다. 나는 곧 포기하고 비행기표 살 수 있는 여행사는 어디냐고 물었더니 길 건너에 있다하여 가보았다. 사람이 많지 않아 곧 내 차례가 되었다. 마드리드까지 비행기 왕복표가 더 경제적이라고 해서 표를 끊기로 했는데 달러는 안 받고 포르투갈 돈만 받는다하여 다시 역내에 있는 환전소를 물어물어 가서 바꿔가지고 표를 샀다. 다시 12번 버스로 호텔 근처에 와서 아주 돈을 은행에서 더 바꾸는 것이 좋겠다 생각되어 은행에 가서 여행자 수표를 내놓으니 여행자 수표는 은행에서는 안 바꾸어주니

환전소로 가라고 그래서 찾아가니 사람들이 많이 밀려 있었다. 돈을 바꾸고 간단히 점심을 먹고 오후 1시 30분에 시내관광을 하기로 했다. 영어 그룹 버스에 탔다. 내 옆의 할머니는 뉴욕에서 지중해 크루즈 여행 중 리스본에서 오늘 내렸다며 내일 떠난다고 한다. 자기는 로마에서 3일간 지내고 비행기로 뉴욕에 간다고 한다. 버스는 높은 동상이 있는 광장에서 출발하여 시내 복판을 좀 지나니 녹음이 우거진 교외로 달린다. 소나무가 우거졌으나, 우리나라 것과는 종류가 다른 것으로 멀리서 보기에 잎이 아주 부드러워 보인다. 교회를 방문하였는데 500년 전에 80년 걸려서 지었다고 한다. 내부는 르네상스와 고딕식이 섞여있다 한다. 강 너비가 9km가 되는 넓은 강의, 미국의 골든 브리지와 비슷하게 만들어진 다리를 건너 국립마차 박물관을 방문하였다. 세계에서 제일 오래된 마차로 말이 6~8마리가 끄는 것 등 여러 모양의 마차 수십 개가 전시되어 있다. 강가로 가서 또레 데 벨림(Torre de Belim)성을 입장료를 따로 내고 들어갔다. 미로의 계단을 올라가서 사방을 내려다보고 강을 바라보니 아름다운 모뉴멘트가 많았다.

제일 오래된 주택가를 구경하는데 거리가 좁아 차는 못 들어간다며 걸어서 가는데 낡은 건물에 빨래도 발코니에 널려있고 걸인도 눈에 많이 띠었다. 그래도 인도는 조각돌로 깔려있어 닳아서 매끈거린다. 3시간짜리 투어로 호텔 옆에 내려주었다.

9월 9일

오늘은 전일 투어에 가는데 늦었으니 9시까지 출발장소에 데려다

달라고 그랬더니 이미 안내원이 나를 기다리고 있고 밖에 나가니 버스가 기다리고 있다. 내 옆에 젊은 여인이 앉는다. 상냥하게 인사를 하고 자기는 브라질 중부지방에서 남편과 왔는데 어저께가 26살 되는 생일이었다며 밤에 음악과 디너가 나오는 데서 즐겁게 지냈다 한다. 브라질에서 포르투갈어를 쓰기 때문에 불편이 없다고 한다. 이 버스는 호텔마다 돌아 사람을 태워 9시 10분에서야 M. Pombal 광장에 도착했다. 각 방향으로 가는 버스가 서 있어 내가 타야할 버스로 갈아탔다. Mafra행 버스투어이다. 한 20명은 타는 것 같다. 여자 안내원은 포르투갈어와 영어로 설명을 한다. 리스본은 주민이 천만명이라며 아름답게 보이는 다리에 대한 설명을 해준다. 30분 가량 먼 수평선이 보이는 해변을 달렸다. 이 해변의 집들은 애당초는 어촌이었다는데 낚시꾼들이 드문드문 있었다. 모래사장이 있는 해변에서는 사람들이 수영을 하고 있다. 포르투갈은 1949년에 NATO에 가입했다며 설명을 하나 잘못 알아들었다. 길가에는 협죽도가 큰 나무에 곱게 피어 있었으며 나팔꽃도 여기 것은 꽃이 크고 보라색이 짙어 더 아름다웠다. 지나가는데 현대그룹 광고판이 걸려있는 것을 보았다. 바닷가에서 20분 자유 시간을 주어 돌아다녀보니 어부들이 실을 하나하나 정리하고 있는데 여기의 그물망은 이상하게 만들어져 있다. 다시 버스는 해변을 달리는데 조깅하는 사람, 낚시질하는 사람, 자전거 타는 사람, 해변은 바닷물이 넘실거리며 아름다운 녹음의 바깥은 아름답기 만하다. 이곳은 요오드(Jod)도 많은데 시각에도 좋고 류마티스에도 좋다 한다. 소나무 종류가 막 누워있어 특이하다. 바닷가의 바위들은 유난히 울퉁불퉁하다. 윈드서핀을 하는 곳이라는데 비둘기 같은 새들이 모래사장에 떼 지어 있다. 버스는 계속 바닷가를 달리는데 소나무 숲이 많이 불에 탄 채 그냥 서 있었다. 자연적으로 불이나서 탔다고 한다. 마을이 아주 아름다웠다. 해변을 벗어나서 이제는 고속도로를 달리게 되니 나지막한 산들이 나타난다. 신트라(Sintra)라는 곳을 가는데 차가 밀려있다. 궁전으로 들어가 내부를 관람했다. 천정이 비둘기(dove) 그림으로 가뜩 메워져 있는데 유령을 쫓는 가톨릭의 전통적인 새라 한다. 16세기에 지어졌고 가구들은 호두나무(walnut)와 가죽으로 만들어진 것이라 한다. 궁전 내부는 아름답게 꾸며져 있고 여기도 교회와 흡연실이 각기 설치되어 있다.

이 궁전이 자리 잡고 있는 이 마을은 히스토리칼 센터(Historical center)라는 이름을 가진 마을로 앞으로는 산이 보이고 아름다운 경치를 지닌 마을이었다. 높은 언덕에 지어져 있는 옛날 집들이 선물가게로 탈바꿈하여 고객을 유혹하고 있는데 아름다운 광경이었다. 다시 나지막한 산길을 지나 해변 호텔에서 점심을 먹었다. 점심에 스위스에서 온 두 여인과 얘기를 하게 되었다. 내가 가는 목적지가 루체른하고 베른(Bern) 사이에 있는데 어느 쪽으로 가는 것이 가까우냐고 물으니, 비슷하나 루체른이 아름다우니까 거기로 가서 시간 좀 보내고 구경하라고 한다. 점심 후에 마프라(Mafra)에 있는 바실리카(Basilica) 성당을 방문했다. 마침 결혼식이 있어 구경 좀 했는데 한국과 비슷하다. 다만 신랑, 신부가 하나도 긴장한 기색이 없고 웃고 있다는 것 뿐이다. 마지막으로 퀠루즈(Queluz)에 있는 18세기에 지어진 왕궁을 구경했는데 정원이 아름다웠고 내부는 다른 궁전과 비슷했다. 지금도 큰 홀에서는 콘서트가 연주된다는데 피아노에 자개 비슷한 것으로 무늬를 군데군데 입혀놓은 것이 인상적이었다. 돌아오는 길에 아주 낡은 조그만 집들이 쭉 있는 빈촌 같은 곳을 지나오는데 여기도 주택가의 차이가 크구나 느껴졌다.

내일은 밀라노(Milan)로 비행기로 떠나는 날이다. 북부여행을 포기했으니 간단하게 갈 수 있다. 포르토(Porto)는 리스본 북부에 있는 두 번째 큰 도시인데 거기서 5일간 회의에 참석하고 오늘 돌아와서 이 투어에 참가했다는 싱가포르에서 왔다는 두 젊은 청년은 버스 속에서 그저 잠만 잔다. 점심 후에 절구통처럼 뚱뚱한 초로의 남자가 나보고 어디서 왔느냐고 묻기에 한국이라고 그러니까 자기는 코스타리카에서 왔다며 스페인어를 말한다며 자기 부인은 영어를 말하지는 못하나 알아듣기는 한다고 한다. 리스본에서는 밤에는 별을 볼 수 없었는데 새벽에는 별을 많이 볼 수 있었다.

9월 10일

8시 30분에 택시로 비행장을 가는데 일요일이라 거리에 사람이 거의 없었다. 택시 값도 갈 때의 2분의 1 값도 안 되게 지불했다. 포르투갈 호텔의 직원들은 친절하다. 택시도 가서 불러다 주고 가방도 내다주고. 마드리드까지는 1시간 정도로 곧 도착했으나 마드리드에서 밀라노행이 오후 3시 50분에나 있는데 출발지연이라고 30분은 기다린 후 태우더니 기내에서 또 기다리게 한다. 오늘의 일기를 쓰면서 무슨 일이 생길지도 모르는데 일기를 쓰고 있는 것이 아닌가 생각되기도 했다. 인생은 하루하루가 모험인 것 같다. 1시간이

지연이 되어서 겨우 떠나기 시작했다. 6시경에 도착했는데 1시간 이상이 걸렸다. 가방을 찾는데 이태리여행사, 루프트한자, 카탈루니아(Catalonia), 이베리아(Iberia) 항공의 짐이 한군데서 취급되고 있으니 오래 걸릴 수밖에 없다 생각되었다. 거의 1시간은 걸려 드디어 짐을 찾고 요기를 좀하고 안내소를 찾으니 다 닫혀있고 한군데에 가서 호텔예약을 해달라고 그랬더니 다 차고 별 다섯개 짜리만 남아 있다 한다. 얼마냐고 물어보니 300$가 넘는다 한다. 나는 기차역 가까이 갈 필요가 있으니 기차역 쪽을 어떻게 가느냐고 물었더니 50km 떨어져 있다며 버스표를 여기서 사서 가서 타라고 그러기에 나가보니 버스에 사람들이 타고 있었다. 어두워서 잘 보이지 않지만 동양 남자가 앉아 있기에 그 옆에 앉았다. 대만원이다. 나중에 알고 보니 그 동양 남자는 일본인으로 이태리의 시실리 섬에서 천문학회가 있어서 참석하고 가는 길에 밀라노를 보고가려고 왔다며 동경에서 얼마 떨어져 있지 않은 운보천문대에 근무하고 있다 한다. 자기 전문은 X-ray로 별을 보는 것인데 시실리(Sisili) 섬에 있는 팔레르모 천문대에서 200년 전 1월 말에 소혹성(小惑星)이 처음 발견됐는데 내년에 200년 기념을 한다며 한국에서도 왔더라 한다. 내가 리스본에서 밤에는 별을 볼 수 없는데 아침 6시에 하늘을 보면 별이 많이 반짝거리고 큰 것도 적은 것도 있더라고 그랬더니 새벽에 보이는 별들은 반짝거리는 별들이고 밤에 안 보이는 것은 날씨, 불빛, 공해도 영향을 주어서 그럴거라 한다. 이 일본 청년은 일본에서 호텔 예약을 다 해놓고 왔는데 비행기 표를 얻는데 많이 힘들었다고 한다. 기차역 앞에서 다 내린다. 역속에서도 너무나 늦어서 다 문이 닫혀있어 호텔로 직접 가서 물어보라 하여 나가서 제일 가까운 호텔로 갔다. 자기 네는 방이 없다고 한다. 그럼 다른 호텔 좀 알아봐 달라고 그랬더니 거기서 사람을 보내 달라는 통지가 왔다며 조금만 올라가면 있다고 하여 가보니 얼마 안가서 있어 방을 얻게 되었다. 쉽게 얻게 되서 다행이다 생각했다. 이태리는 역시 예술 감각이 뛰어난 민족인 것 같다. 호텔에 비누하나 놓는 것, 물 컵 하나 놓는 것도 멋있게 해 놨다.

9월 11일

아침 일찍 일어나 식사 후에 지하철타고 우선 두오모(Duomo) 성당 구경을 갔었다. 이태리답게 말로 표현할 수 없이 우아하게 지어진 이곳을 구경한 다음에는 갤러리아를 구경하러 가는데 박물관이 있나 했더니 거리의 이름이었다. 멋있는 거리라 생각했다. 밖에 앉아서 맥주 한 잔 마시며 쉬기도 하고 점심도 스파게티로 주문하였다. 빵이 몇 개 담겨져 있는 바구니를 갖다 놓기에 빵 값을 따로 지불하는가 물었더니 무료라고 한다. 앉아서 앞에 지나가는 사람들을 구경하는 것도 재미가 있었다. 나중에 값을 지불하는데 한 가지를 몰라서 무엇이냐고 물어보니 테이블보 깔아주는 값이라 한다. 이것이 이태리에서는 세금 받는 것과 같은 것 같다. 스칼라 광장은 바로 근방이라 구경하고 극장 안으로 들어가서 우아한 오페라극장 내부를 보고 박물관도 보고 나와 바빌라(S. Babila)도 가보고, 삼성간판이 눈에 띄었다. 이태리 아이스크림이 유명하니 사람이 들끓는데서 사서 먹었다. 역시 달지도 않고 맛이 있었다. 다시 지하철을 타고 두 정거장만 가면 되는 카스텔로(Sforzesco Castelo)로 가려고 표 파는 곳을 못 찾아 표를 어디서 사느냐고 행인에게 물었더니 자기는 영어를 모른다고 자기 남자 친구가 안다고 저기 온다고 그런다. 조그만 잡지 가게가 있었는데 거기서 판다며 표 한 장을 주는 것이었다. 그리고 친절히 가리켜주는 것이었다. 이 성을 가는데 한국식당 이름이 걸려있고 주소 전화번호가 적혀 있다. 성을 본 다음에 정원이 보여 산책을 하니 연못도 있고 멀리 개선문 같은 것이 보였다. 풀밭 위에 누워있는 사람, 개를 데리고 앉아 있는 사람, 비둘기 밥 주는 사람 등 많은 사람들이 있었다. 의자에 앉아서 다리를 좀 쉬고 콜라를 마시고 나서 다시 일어나 지하철로 호텔에 돌아왔다.

9월 12일

늦게 일어났다. 9시 25분 기차에는 늦어 11시 25분 기차를 타기로 하고 천천히 아침 식사 후 돈을 바꾸려고 은행에 가는 길에 환전소가 있기에 들어가니 젊은 여자가 혼자서 한가히 앉아 있어 물어봤더니 은행이 좀 낫게 준다 한다. 미안하다 하고 은행으로 갔다. 은행은 들어가기 위해서도 버튼을 눌러야 했고 줄을 서서 기다렸다. 호텔비를 지불하고 천천히 역으로 나갔다. 게이트를 가보니 루체른이 안 나오고 도르트문트만 나와 있어 물어보니 잘못 온 것 같다. 안경을 꺼내 시간표를 보니 게이트 3으로 루체른행을 탈 수 있었다. 한참 가방을 끌고가서 게이트 3을 찾아 1등칸으로 가서 가방을 윗칸에 올리느라고 애쓰니 한 사람이 올려준다. 고마웠다.

기차 칸에는 미국인 젊은 남녀 4명이 자리를 같이했다. 역시 유례

일 패스로 배낭 메고 여행을 하고 있었다. 파리로부터 10일간 여행하고 밀라노에서 로마로 가 하루 자고 인터라켄(Interlaken)에서 2일간 묵고 미국으로 간다고 한다.

스페인이 좋았느냐고 묻기에 거기에 톨레도, 바르셀로나, 세비야, 그라나다, 마드리드에 대해서 얘기하고 운전기사한테 겪은 얘기를 했다. 네 사람이 다 직장생활을 하는 사람들이었다. 얼마 안가서 코모(Como)에 도착하니 네 사람이 내려 혼자서 가게 됐다. 코모는 이태리와 스위스의 접경에 해당되는데 산 위에 집이 있고 아름답게 보였다. 치아소에서 15분간이나 정차했었다. 이곳에서 루가노(Lugano) 가는 도중에는 산이 계속 있고 호수가 있고, 호숫가에는 집들이 아름답게 위치해 있다.

차장이 왔기에 내가 갈 곳인 셀리스버그(Seelisberg)를 물었더니 배 타고 가야 한다며 역에서 가깝다 한다.

치아소가 스위스의 첫 정류장이라 한다. 루가노에 도착. 기차는 그저 산 속을 달린다. 밤송이가 달려있는 큰 밤나무 몇 그루를 보았다. 옥수수 밭이 좀 나왔다. 계곡물인지 또는 조그만 강물인지 깨끗이 흐른다. 젖소가 몇 마리 어슬렁거린다. 그저 산 밑의 집들이 아름답게 보인다. 풀밭은 많은데 소는 보이지는 않는다. 돌산이 높이 울퉁불퉁 보인다. 산위에 눈이 보인다. 위로는 산, 밑으로는 집들이 군데군데 보이는 넓은 호숫가를 달린다. 터널을 많이 지난다. 불이 꺼져서 캄캄한데 달린다. 소들이 풀밭 위에 몇 마리 있고 호수는 계속된다. 루체른에 가까워지는데 역직원이 와서 친절하게도 시간표를 갖다 주며 자세히 설명을 해준다. 역에서 5분 거리에 배타는 곳이 있었다. 유레일 패스를 갖고 탈 수 있다고 배 직원이 친절히 말해준다. 호숫가에는 오리가 새끼들과 한가히 떠돌아 다닌다. 역안에서는 비둘기, 참새들이 먹이를 주는 할머니에게로 몰려들고 있었다. 조그만 참새가 큰 빵 덩어리를 처음 몇 번 입에 넣었다 뱉어내더니 곧잘 삼켜 버린다. 들 사이의 넓은 호수 위를 배는 가고 있다. 피어발트슈타타제(Vierwaldstättersee)를 왕복하는 2층 여객선이다. 브르겐스톡(Burgenstock)에서 선다. 많은 사람들이 탄다. 경치가 너무나 아름답다. 산 밑에는 집들이 있고 들에는 풀밭만 있고 쓰리스타의 호텔 앞에 배는 선다. 옆에 탄 사람들은 샐러드 먹는다. 그룹인 모양인데 특별주문 저녁식사인 것 같다. 베기스(Weggis)에서 배는 또 선다. 한 여인이 검정 배낭을 메고 짙은 하늘색 정장 옷에 까만 모자 쓰고 내린다. 유럽에서 드물게 볼 수 있는 큰 도구통 같은 여자가 먹고 있다. 여행안내인 인것 같다. 베켄리드(Beckenried)에서 배는 선다. 집들이 많고 몇 백미터나 되 보이는 긴 다리 위에는 차들이 달리고 있다. 높은 산위에 나무를 베어내고 집을 지은 것을 보며 우리나라 산의 즐비한 묘지 대신 이렇게 집들이 있었으면 하는 생각이 들었다. 배를 타고 트라이프(Treib)라는 곳에서 6시 30분에 내리니 바로 앞에 산악열차(Bergbahn)가 있어 탔다. 젊은 청년이 내 가방을 들어다 차 속에 넣어준다. 조그만 전차는 400미터쯤 되는 높이를 약 10분간 올라가 선다. 배에서 내릴 때 두 사람의 여인이 내리는데 큰 개 한 마리도 같이 왔다. 개가 몇 살이냐고 물으니 10살이고 아직 건강하다고 한다. 뮌헨에서 일주일 쉬러 왔다 한다. 또 다른 청년이 가방을 들어다 밖에 놔준다. 내가 찾아가는 곳은 멀지는 않으나 가방을 끌고 가기에는 먼 거리라며 잠시 기다리라고 하더니 차를 갖고 왔다. 뮌헨에서 차를 몰고 뱃길이 아닌 육로로 왔다 한다. 고맙게 나를 데려다 주고는 자기네 숙소로 돌아갔다. 저녁 7시는 넘었다. 명상하는 곳의 정확한 위치를 물어보니 금방 가르쳐 준다. 저녁을 먹고 잠자리에 들어갔다.

9월 13일

요양원(Kuhr haus)의 첫날이다. 버터 기름을 따뜻한 물에 그릇째 넣어 녹인 다음 마셨다. 2시간 후에 물을 마실 수 있다. 9시에 대담이 있어 가니 베르너 박사 부인이 예쁘게 이태리 실크 옷을 입고 나왔다. 맥박을 재고 면담을 했다. 너무 오랫동안 긴장해 있다 한다. 내 손톱은 젊었을 때부터 줄이 나있고 늙으니 갈라진다. 전신이 오랫동안 긴장해 있다는 것이다. 이 버터기름은 일반 버터를 정제한 것과 다른 것을 섞은 것으로 체내 독소를 제거한다는 것이다. 점심은 다 야채로 한 것 들이고 쌀죽도 있었다. 점심 후 산책을 하였다. 오전에는 비가 좀 내렸으나 오후에는 햇빛이 났다. 신체부자유 노인병원에서 일하는데 너무나 지쳐서 왔다는 젊은 여인과 얘기를 나눴다. 자기 남편이 국제특허 사무실을 열고 있어 한국을 자주 갔었는데 한 번은 자기도 쫓아가서 2~3일간 있었다고 한다. 김치도 먹었고 동대문 시장을 혼자 찾아가다 무단횡단을 해 경찰이 호루라기를 불어 절을 깊게 세 번이나 해서 용서받은 적이 있다고 웃었다. 근처의 공동묘지를 지나가 들여다 보았더니 조그마한데 너무나 꽃들을 아름답게 심어놓았고 비석도 여러 가지 모양의 돌로 세워놓고 옆에는 사진까지 붙여 놓았다. 두 여인이 꽃을 만지고 있다. 자기 남편 묘라며 시부모님도 묻혀 있는데 이 면적이 꽉 차면 파게해서 화장시키게 된다고 한다. 화장한 재를 매장하는 데는 옆에 마련돼 있다며 가리켜 준다. 예배당은 옛날 건물에 조그마하나 내부의 유리창, 천정, 벽에 그림이 아름답게 그려져 있다. 9월 13일에 여기는 달이 보름달이다.

9월 14일

아침에 골치가 아프다. 어젯 밤에 알약 5개를 먹었고 오늘 아침에 리치누스(Ricinus) 기름을 조금 마셨다. 아침은 오트밀 조금하고 토스타에 구은 갈색 빵을 먹었다. 여기는 다 따뜻하게 먹고 다 끓여 먹는다. 파텐트 부인하고 만났는데 고양이를 캣츠라고 그러지 않고 미(Mi)라고 불린다며 미 보러 간다고 한다. 우리가 기른 고양이하고 털색깔이 꼭 같은데 얼굴은 우리 고양이가 더 예뻤다. 자기 집 정원에 연못이 있는데 80마리의 금붕어를 어릴 때, 회색 빛일 때 사다 넣으면 커서 주황색이 되는데 동네 고양이들이 다 와서 지켜보다 잡아 먹는데 고양이 몸에 물이 묻어 막 털고 그러는 것이 참 재미있단다. 고양이는 물을 싫어한다며 반드시 혼자서 잡아 먹지 다른 것들과 함께 있을 때 잡아 먹지 않는다는 것이다. 11시 대담 시간에 베르너 부인과 얘기했다. 맥박은 어제와 같다 한다. 청진기로 진단도 하고 혈압도 잰다. 점심은 쌀과 다른 채소를 섞어서 만든 죽 같은 것을 먹고 차만 몇 잔 마셨다. 파텐트 부인과 얘기를 많이 했다.

설사를 세 번이나 했으니 기운이 없다. 밤에 베르너 부인의 강의를 들었는데 주로 영양에 관해서, Vater, Pitta, Kapha에 영양을 주는 것에 대해서 말했다.

9월 15일

8시 40분에 아침 식사로 빵 몇 조각하고 티(Ayur-veda tee), 오트밀 조금 먹었다. 산책을 나갔다. 풀밭 위에 어린애가 발가벗은 채 엎드려 있어 가까이 가보니 9개월 됐다 한다. 여름이라 풀밭 위가 약간 축축하지만 괜찮은데 싫으면 운다며 이렇게 있는 것을 좋아한다고 애기 엄마가 얘기한다. 독일의 슈바르츠발트(Schwarzwald)에서 왔는데 자기 남편이 높은 나무의 죽은 가지를 치는 일을 하며 여기에서 며칠간 일한 다음 휴가를 가질 수 있어 유익하다 한다. 아빠가 오더니 딸(9세), 아들(7세)에게 나뭇가지에 밧줄로 그네를 두 군데 매어주어 놀게 한다. 독일의 슈바르츠발트는 지금 춥다며 어린애를 발가벗겨 밖에 내놓을 수 없다 한다. 자기네 가족은 명상을 하는 숙소에서 먹고 자고 있다 한다. Ayur Veda 음식을 5년째 먹고 있다며 고기 생선은 가끔 먹고 싶으면 먹는다 한다. 더 산책길을 따라가니 아주 조그마한 초등학교가 있어 들어가 봤다. 너무나 깨끗하다. 문을 열고 들어가 보니 아이들 가방, 잠바가 걸려있고 신발들도 있다. 조금 있으니 젊은 남자 선생이 학생과 같이 들어와 나는 코리아에서 왔으며 선생이어서 흥미있다며 보여 주었으면 좋겠다 하니 흔쾌히 수락한다. 맨 먼저 데리고 들어간 반이 바느질 시간이다. 중년 여 선생이 있고 남자, 여자 애들은 바느질을 하고 있는데 박음질을 하고 있다. 또 다른 반은 공부시간인데 시험을 보고 있는 중이었다. 젊은 여자교사이고 2명은 1학년이고, 나머지 9명은 2학년인데 같은 반에서 배우고 있다.

오후에는 오일 마사지를 받았는데 두 여인이 리드미컬하게 따뜻한 기름으로 머리부터 발가락까지 해주는데 너무나 깨끗하다. 한 여인은 영어만 할 수 있다 한다. 1시간 걸렸고 10분 휴식 후 목욕을 하게 한다. 오후 4시쯤 가게를 가보니 4시 10분이라 벌써 문을 닫았다. 밖에 앉아서 차들을 마시고 있기에 허브차 한 잔을 마시고 돌아왔다. 햇살이 좋아 많이들 앉아 있다. 저녁 식사 후에 쿠퍼 여인하고 산책을 나갔다. 굽 높은 구두를 신어서 발목 심줄이 나빠져 인공 심줄을 넣은 지가 6개월이나 되는데 아직도 아파서 빨리 못 걷는다고 천천히 가자한다. 오후 8시부터 비디오를 봤다.

9월 16일

아침 7시면 으레 교회 종소리가 울려 낭만적인 느낌을 안겨준다. 알고 보니 교회에서 만났던 꼬부라진 그 할머니가 어김없이 1분간은 친다는 것이다. 식사 후 산책을 나갔다. 마굿간이 커서 언뜻 보기에 무엇인지 분간을 못하겠다. 소들이 제각기 종을 달아서 딸랑거리며 넓은 풀밭에서 그저 10마리 정도가 풀을 뜯어먹고 있다. 그 앞을 지나니 소똥 퇴비냄새가 물씬하게 난다. 바로 옆에는 양로원 집이 보통 집처럼 조그맣게 서 있었다. 냄새는 나는 장소지만 앞에 산과 호수가 보이는 아름다운 위치이다. 10시에 대담이 있었고 10시 반에 처치가 있었는데 이번에는 두 여인이 해 준다. 한 사람은 불란서에서 왔다며 영어도 서투르다. 기름을 머리 위에 부어 뜨뜻해서 기분이 좋지 않으나 참을 수 밖에 없었다. 45분간 하고 10분 휴식하고 나서 다시 머리에 기름을 붓는 일을 하고 20분 휴식 후에 목욕을 하란다. 기운이 없는 것 같다. 배도 고프고. 점심을 먹은 다음 비가 내리지만 빨리 가게에 가서 책 두 권을 사왔다. 오후 4시에 운동을 가르쳐 주었다. 뮌헨의 맥주 축제 옥토버 페스트(Oktober Fest)에 대한 이야기도 들었다. 비가 오더니 햇볕이 나서 나갔더니 춥다. 산꼭대기에는 눈이 내렸을 거라며 얼음이 항상 있다 한다. 8시에 다시 베르너 부인의 TM에 대한 이야기를 들었다.

9월 17일

교회의 종소리에 깨었다. 쿠퍼 부인과 슈투트가르트(Stuttgart)에서 온 중년 부인과 산책 나갔다. 꽤 추었다. 만텔을 입고 나왔다. 너무나 아름다운 경치다. 10시 반에 다시 처치를 받았다. 항상 야채로만 음식을 만드는데 오늘은 호박을 삶아서 쑨 것을 놨고 포테이토도 맛이 있었다. 좀 쉬었다가 짐을 꾸리고 3시에 호숫가로 산책 나갔다. 개를 데리고 나를 베르그 역에서 내렸을 때 차를 가져와서 태워다 준 두 할머니를 만났다. 자기네도 호수 쪽을 가보려는 참이란다. 개도 같이 산책하고 있었다. 나는 다시 4시에 Nasya 치료를 받기로 돼 있어 먼저 돌아가야 된다고 그러니까, 어기면 안 되느냐고 묻는다. Nasya 치료를 받았는데 이번 치료사는 Seelisberg에서 사는 여인이었다. 언제 왔느냐고 물어보니 6개월 가량 된다고 그러기에 그전에는 무엇을 했느냐고 물었더니 상점 점원이었다 한다. 잘못되었을 때는 자기가 값을 물어내야 해 좋지 않아 이 직업을 택했다 한다. 독일의 훈련원에서 4주 동안 배웠는데 이 직업이 사람들도 친절하고 좋다고 한다.

코에 대한 치료를 받았는데 머리, 어깨를 기름 마사지 하고 냄비의 따뜻한 물에 무엇인지 조금 향내나는 것을 타며, 눈을 수건으로 가리고 그저 2분 정도 코로 마시고 입으로 뱉게 한다. 따뜻한 수건으로 턱부터 귀까지 싸놓는다. 기름을 한쪽 코에 떨어트리고 마시라고 하고 또 다른 쪽에 기름 한방울을 떨어트려 마시게 하고 그 다음은 양쪽 코로 마시게 하고 코 주위를 손가락으로 밑으로 문질러 내린다. 이것을 네 번인가 반복했고 목구멍에 넘어가지 않게 휴지에 여러 번 뱉었으며 콧속에 기름이 멈춰있게 코는 풀지 말라 한다. 나중에는 소금물로 목을 양치했으며 그 다음 다시 따뜻한 수건을 턱과 귀밑에 둘러 따뜻하게 하고 있다 떼었다. 혈액순환을 잘되게 하기 위해서란다. 10분쯤 누웠다가 다시 휴식실에서 20분 누워있은 후 내방으로 돌아왔다. 머리는 2시간 후에 감으라 한다. 콧속이 좀 부드러워진 것 같다. 밤에는 여기서 하는 처치에 대한 비디오를 보여주었다. 이야기도 많이 해주었다. 대변이 물위에 뜨면 소화가 잘된 것이고 물밑에 가라앉으면 소화가 잘 안된 것이라 한다.

9월 18일

식사 후에 8시 40분경 베르그 역 쪽으로 산책 나가는데 찻길에 적신호가 번쩍거린다. 웬일인가 봤더니 찻길 가장자리에 나있는 잡초를 기계로 깎고 있었고 길가 바위 위의 잡초도 어느 높이까지는 잘

라낸다. 초등학교 학생들의 휴식시간인가보다. 애들이 맨 땅이 아닌 운동장에서 그저 200명 정도가 떠들썩하게 뛰어놀고 있다. 길 위에는 아주 어린 학생 대여섯 명이 가슴에 표지를 크게 달고 있었고 경찰이 횡단보도 건너는 것을 지도하고 있었다. 유제품 공장이라고 적혀있어 올라가보니 치즈(Seelisberg Käse)를 만드는 조그만 공장이었다. 2개월은 지하 저장고에 두어서 발효시킨다 한다. 가게라고는 이 근처에 하나 밖에 없었는데 들어가 보니 빵, 과실 여러 가지를 다 팔고 있다. 필름을 보지 못해 물었더니 있다 한다. 벤치에 앉아서 호수와 산을 바라보고 앉았던 할머니가 내가 돌아오는 길에서야 일어서서 차를 몰고 간다. 오늘 날씨가 너무 좋다. 내일 떠나므로 차 시간을 알아 놓으려고 그랬더니 역까지 11시 15분에 자동차로 데려다 준다고 한다. 계산을 끝냈다. 오후 3시 반에 요양원의 부인 하고 대담이 있다. 그 전에 배터리 사러 반대쪽으로 갔는데 가게 간판이 너무나 작아서 찾기가 어려웠다. 배터리 안사고 초콜릿만 하나 사갖고 나왔다. 대담은 그저 여러 가지 말했고 천식에 대해서 말했더니 좋은 약이 있다고 소개해 인도산 약초를 사기로 했다. 크루퍼 부인하고 돼지우리 냄새나는 아래쪽으로 갔다.

이 Vierwaldstattersee는 스위스의 중심지라며 750년 전에 여기 호숫가의 풀밭에서 기초가 시작됐다는 것이다. 많은 이야기를 이것저것 했었다. 6시에 저녁. 8시에 비디오. 내일 떠난다.

9월 19일

8시에 아침식사에 내려갔다. 세 사람이 벌써 와 있었다. 여러 가지 이야기를 했는데 크루퍼 부인은 양로원에 있는 할머니를 7년간 돌보았다며 할머니가 장님이라 잘못 보는데 자기가 가면 두려움을 갖는다 해서 왜 그러느냐고 물으니 음식 먹다 많이 떨어뜨려 더러울 테니까 두렵다고 했다 한다. 벗으라고 해서 빨아서 널고 팔꿈치 헤진 것은 집에 가져와 기워다주고 미국으로 이민간 친한 친구를 찾아서 전화 걸어주며 이야기가 많았단다. 지금은 외손녀를 돌보기 때문에 더 이상 양로원에는 안간다 한다. 11시에 떠났는데 루체른 역을 가는 길이 참 경치가 그만이었다. 스포츠기구 공장이라는데 나지막하게 환경에 손상 주지 않고 지어져 있어 보기 좋고 호숫가에는 집들이 많이 있었다. 루체른에서 쥬리히 공항까지는 기차 연결이 잘 되어있다. 공항에서 에스컬레이터 위로 가방을 올리느라 힘이 좀 들었는데 중년은 좀 넘은 한 남자가 도와주었다. 처음에 좀 겁이 났는데 독일어를 하기에 어디에 가는 길이냐고 물었더니 자기는 캐나다에 여행 갔다 돌아가는 길이며 집은 쥬리히에서 조금 떨어진 곳인데 30분가량 시간이 남아서 도와주는 거라고 한다. 끝까지 내 가방을 밀고 가줘 너무나 고마웠다. 프랑크프르트 공항이 넓고 서울행 루프트한자는 더욱이 멀어 미니 전차를 타고 가야하고 복잡했다. 동경행은 내리자 곧 영상으로 게이트 번호가 다 나오는데 서울행은 없어 강한 나라는 대접받는구나 느끼며 많이 걸어 가야만 했다.

비행기를 타니 내 옆 좌석은 우크라이나 사람이 앉아 있다. 옛날에는 소련에 속했으나 지금은 독립국가라 한다. 한국의 어디 가느냐 물었더니 부산에 간다며 22명 선원이 교체되는데 이 비행기에 17명이 탔고 5명은 내일 올 것이라 한다. 아르헨티나 남방 옆에 있는 포클랜드섬에서 오징어(squid)를 주로 잡고 생선도 잡아 베링해, 오츠크해, 파나마 운하를 지나 유럽 각 나라에 공급한다 한다. 포클랜드섬은 옛날에는 아르헨티나에 속했으나 영국과의 전쟁에서 영국이 이겨 지금은 영국에 소속되어 있다 한다. 자기 집은 흑해 근처이며 키에브까지 와서 프랑크프르트에서 비행기를 타는데 까지 꼬박 하루 걸린다 한다. 자기 나라의 사정이 나빠서 어쩔 수 없이 이 직업을 갖고 있는데 10~12개월을 가정과 떨어져 사니 좋지 않다며 3개월 휴가가 끝났고 부산에서 교대를 한다고 한다. 1등, 2등, 3등 기관사 등 간부들과 그 외는 선원들이라 한다. 너무나 불쌍한 생각이 든다. 예정대로 서울에 도착하니 오막살이라도 자기 집이 좋다는 것이 새삼 느껴진다.

캐나다 밴쿠버행

2001년 7월 1일

오늘 밴쿠버로 떠나는 날이다. 오후 1시 반경에 여행사의 이 부장이 집에 와서 함께 차를 타고 정릉의 내부순환도로로 진입하였다. 차는 하나도 막히지 않고 달렸다. 오늘 처음으로 신축된 인천공항을 가는 길이다. 행주대교를 향해 쓰레기 매립지로 알려진 난지도를 지나는데 인공적으로 만든 나지막한 야산으로 가스가 계속 나와서 사람들은 아직 들어가지 않는다 한다. 인천공항으로 가는 길의 양쪽은 푸른 야산이 이어져 있어 전망이 좋았다. 영종도와 용유도 사이의 갯벌을 메워 만들었다는 이 공항에 55분 만에 도착하였다. 오후 5시 55분 출발 비행기인데 2시 30분에 도착하였으니 공항의 이모저모를 둘러볼 수 있는 시간을 충분히 가졌다. 넓어서 여유가 있고 깨끗하다. 캐나다 에어라인은 정각에 출발하였다. 기내에서 1시간에 한 번씩은 일어나서 통로를 걸었으며 처음은 추워서 모포를 세 개나 둘렀다. 11시 30분이 되니 이제는 덥다. 밴쿠버와 한국과의 시차는 17

시간이라며 밴쿠버까지 10시간 걸린다 한다. 7월 1일 11시 55분(밴쿠버 시간으로) 정각에 착륙했다. 캐나다 디스커버리 관광회사에서 최장옥 사장이 버스를 갖고 나왔다. 반나절 밴쿠버 시내관광을 시켜준다고 한다. 깨끗한 인상을 주는 도시다. 제일 먼저 퀸 엘리자베스 공원을 방문하는데 아름다운 정원이다. 단풍나무가 32종이나 되고 등나무도 특이했다. 차이나타운을 지나는데 중국어로 다 써져있고 중국인들이 오고가고 있는 것이 더욱 차이나타운 맛을 느끼게 한다. 감옥소 앞을 지나는데 창이 안보이게 해놨고 아이러니컬하게도 건너편에는 교회가 있다.

시계에 대한 설명을 듣고 기스젝으로 간다. 300년 됐다는 옛 건물을 볼 수 있었다.

기스젝은 '수다쟁이'라는 뜻이란다. 사자문 다리를 멀리서 바라보았는데 샌프란시스코의 금문교(Golden gate bridge)도 여기서 땄다고 한다. 스텐리(Stenry) 공원을 갔는데 시내에서 멀리 떨어지지 않은 곳에 울창한 숲이 있다. 삼나무는 2000년 이상이 된 것도 있고 할로윈 나무도 있고 동물들이 서식한다고. 르네상스호텔에 여장을 풀고 밤에 노화학회(Gerontology)의 개회식에 나갔다. 각기 자기 나라의 국기를 가지고 올라가서 진열해 놓는 것이 이 노화학회의 특징으로 보였다. 리셉션에는 많은 인파가 모이니 혼잡하고 음식도 적어 그대로 돌아가는 사람도 많았고 나도 그대로 돌아왔다. 바로 7월 1일이 캐나다의 명절날이라 바다에서 불꽃놀이를 해 인파가 그 주위를 메워 간신히 숙소에 돌아왔다.

7월 2일

호텔에서 뷔페로 아침 식사를 하고 10시에 심포지엄에 갔다. 개최 장소인 컨벤션센터는 바로 바다 옆에 있어서 전망 좋고 아름답고 우아한 건물이었다. 나는 12시를 지나 퍼시픽센터라는 백화점에 가 없어진 가방 열쇠를 하나 사고, 또 하필이면 여기 와서 시계가 안 가는지 시계 배터리를 넣고 돌아오니 1시였다. 2층에서 샌드위치로 점심을 때우고 위층을 올라가 아이 쇼핑을 했는데 아주 아름다운 곳이었다. 앉아서 쉴 장소도 있고 멋있고 물을 흐르게 해놓아서 보는 눈이 시원해진다. 3시 30분부터 5시 30분까지는 산화작용에 대해서 들었으나 잠들어 버렸다. 나의 방 친구가 케이크를 가져와서 차를 끓여 같이 마시며 처음으로 많은 얘기를 나누었다. 저녁을 안 먹고 과실을 먹어서인지 10시 반인데 시장했다.

7월 3일

8시 반에 아침식사로 우유에 씨리얼을 먹었다. 찬 것을 많이 먹어서 그런지 소화가 더디고 편안하지가 않고 아주 피곤했다. 얇은 잠바를 입었는데도 앉아 있으니까 추웠다. 점심은 안 먹고 오후 늦게 사과 하나 먹었다. 우리나라 사과만은 못해도 먹을 만하다. 연어 바베큐에 대해서 여자 자원봉사자한테 물어봤더니 아주 친절하게 가르쳐준다. 자기는 아들 둘이 대학에 다닌다며 자기도 직장에 나가는데 일주일에 5시간도 일하고 35시간도 일할 수 있다며 자기 마음대로라한다. 자기 남편이 잘 벌어오니까 신경을 안쓴다 한다. 나에게 월요일에 있었던 저녁 식사 티켓이 있다니까 가서 바베큐로 바꿔달라고 해보라고 해서 네가 좀 가서 해보라니까 자기는 자원봉사자니까 안된다 한다. 가서 물어보니 바베큐는 다 매진됐고 그 표는 효력이 없다 한다. 둘이서 한참 웃어댔다. 저녁에는 비타민 K에 대한 심포지엄이 있었다. 방 친구 김 박사하고 같이 듣고 나서 리셉션에 갔는데 제일 잘 차린 것 같다. 꼬치에 끼어서 구운 닭고기도 맛이 있고 레드 와인도 마음대로 마시고 과실도 많고 인심이 후하다. 한 여인하고 얘기를 하는데 상해(上海)에서 왔다며 브리티시 컬럼비아대학에서 사회학을 공부했는데 자원봉사자로 나왔다 한다. 여기서 산지는 20년 이상이 된다 한다. 김 박사하고 복도의 의자에 앉아 있는데 한 젊은 남자가 우리에게 오더니 심포지엄과 관련해 이것 저것을 묻는다. 김 박사가 그러는데 기자라고 그런다. 나는 영어를 잘 못하고 신문에 오르는 것이 싫다고 그랬는데 김 박사가 말하기를 벌써 녹음이 다 됐다 한다. 촌뜨기라 눈치를 못 챘는데 지나갔으니 할 수 없다. 그 청년이 자기보다 주름이 없다고 농담한다. 여기는 해가 저녁 9시가 돼야 지니 호텔에 와서 조금 있으니까 벌써 11시가 되버렸다.

7월 4일

옆에서 조금만 바스락거려도 깨니 김 박사는 오늘 빅토리아섬 관광에 간다고 새벽같이 일어났다. 호텔 방에서 아침식사를 해결하였다. 잠을 내리 잘 못자고 아주 피곤하지만 노인의 빈혈(Anemia)에 대한 심포지엄에 참석하였다. 내 옆자리의 여인도 자원봉사자인데 상해에서 온지가 아주 오래 된다며 의사이고 또 다른 여인 역시 여

의사였는데 정부에서 일하다 정년퇴임했다 한다. 건물 밖에 나가 바다를 바라보니 멀리 산 위에는 하얀 눈이 보이는데 7월이면 녹아 없어진다 한다. 고층건물도 아름답게 정돈돼 있고 아침에는 춥지만 낮에는 햇빛이 좋아서 썬탠하는 사람들을 많이 볼 수 있었다. 저녁 6시 반에는 연어 바베큐에 참석하려고 버스를 타러 나가니 한국분이 계셔 인사를 나누었다. 30분 이상 버스는 달렸다. 역사적인 건물(Brock house)에서 열리는데, 낮에는 노인센터로 쓰고 저녁은 우아한 레스토랑으로 사용한다는 곳이다. 브리티시 콜럼비아대학이 이 근처에 있다는데 가볼 시간도 없었고, 인류학(Anthropology)박물관도 가 볼 수 없고, 꼼짝없이 야외에 마련된 식탁에 앉아서 서로들 인사를 나누며 연어 바베큐를 기다리는 수밖에 도리가 없었다. 연세대에 사회복지학과를 제일 처음 시작했고 정년퇴임 후 지금은 남가주대학에서 석좌교수로 있다는 성 교수, 미국 LA에서 심장외과로 개업을 하니 취직했을 때의 10배의 수입이 다달이 생겨 돈을 잘 벌게 됐다는 김산돈 씨의 사위인 김 박사와 그의 미국인 여자친구, 선문대학교의 유 교수, 이창훈 부장 이렇게 앉아서 연어 바베큐를 즐겼다. 와인도 처음에는 따라 주더니 나중에는 돈을 지불해야 마실 수 있게 돼 있다. 바람이 불고 어둑어둑하니 추워서 밤 10시까지 첫 출발 버스를 기다릴 수 없어 버스를 타러 갔더니 벌써 한 차가 꽉 차 있고 바로 떠나게 되었다. 호텔에 들어오니 김 박사는 빅토리아 섬 구경을 잘 했다며 관절염 약을 무릎에 바르며 쉬고 있다.

7월 5일

오늘은 아침 7시부터 8시 반까지 치매(Dimentia) 심포지엄을 들으면서 아침식사를 하였다. 점심도 역시 호텔에서 열린 심포지엄에서 해결하였다. 오후에 김 박사하고 시내를 좀 돌아다니다 길이 멀어서 땀을 뻘뻘 흘리며 돌아왔다. 짐도 챙기고 저녁은 한식을 먹으려고 6시경에 프런트에 내려가 묻고 있는데 학회 참석자들이 6시 반에 한국식당으로 저녁 먹으러 간다며 가자고 그러기에 잘 됐다 생각하여 갔었다. 아리랑이라는 음식점인데 열무 물김치, 배추김치를 오래간만에 먹었다. 갈비에 생선회에 매운탕을 먹고 돌아오니 11시가 되었다.

7월 6일

아침 6시 40분에 짐을 다 갖고 로비로 내려갔다. 벌써 일행들은 다 나와 있었다. 7시에 리무진 버스를 타고 빅토리아(Victoria)에 가기 위해 선창으로 향했다. 교통이 막히지 않아 8시 배에 탈 수 있다며 여행안내자가 좋아한다. 14년 전에 이민왔다는 송씨는 얘기를 아주 재미나게 하고 성격이 여행안내자로 안성맞춤이다 생각되었다. 캐나다는 우리나라의 45배의 크기며 인구는 3천만명 정도라 한다. 이 지역의 교민이 25,000명이란다. 배의 트럭 칸에 차를 세운 후 일행 9명은 엘리베이터로 여객실로 올라가 자리를 잡았다. 빅토리아 여왕이 미국과 캐나다 경계인 밴쿠버섬에 빅토리아 수도를 설치한 후 64년간을 통치했다고 한다. 일행은 시청사를 돌아봤고 왁스(wax) 박물관에서 요즘의 유명인사들의 왁스상을 관광하고 끔찍하고 잔인

한 옛날의 처형방법을 구경했다. 인간의 잔인성에 소름이 끼친다. 아름다운 집들이 있는 경치 좋은 해변을 드라이브하고 좋은 곳에서는 하차하여 산책도 하였다. 태평양의 먼 수평선을 바라보았다. 맑은 물은 오염이 되지 않았는데 요즈음 개발 붐이 일어나 해변에 고층건물이 들어서 운치있는 환경을 망쳐 놨다 한다. 부챠드공원(Butchard garden)을 방문하였다. 옛날에 광산으로 부자가 된 부챠드라는 사람이 광산을 파낸 후에 시커먼 땅에 나무를 심고 꽃을 가꾸게 하여 지금과 같은 아름다운 정원을 약 6만평 규모에 만들었다는데 여러 가지 보지 못했던 꽃들, 나무들이 너무나 아름답게 꾸며져 있다. 4시에 배로 돌아왔다. 숙소로 돌아오는 길에 Simon frayer대학이 있는 곳을 방문하였는데 이 대학은 표고 1,000미터 되는 곳에 호젓하게 지어져 있다. 태평양 바다로 내려다보이는 쪽이 있는가 하면 밴쿠버 항구를 바라볼 수 있는 쪽도 있다. 자연을 만끽하고 숙소에 내려왔다. 나는 오늘 데이즈 인(Day's Inn)으로 숙소가 바뀌었다.

7월 7일

오늘부터 3박 4일 로키산맥 관광이다. 차 교수 부부와 나, 미국에서 온 교포 관광객 일행, 안내원 이상태 씨와 합해 21명이라 한다. 그 중에는 초등학교 6학년, 4학년, 4살배기와 함께 온 교환교수 부부 가족이 들어 있었다. 안내원이 설명하기를 캐나다는 북쪽은 추워서 인디언, 에스키모인, 몽골리안이 살며 몇 백 년 전에 백인들이 왔다한다. 모피와 담배, 술 등의 물물교환이 주거래. 영국의 식민지였으며 몬타리오주 등 4개의 주가 1867년에 연방을 만들었다 한다. 4년 후에 브리티시 컬럼비아(British columbia)가 연방주에 가입했으며 우리나라의 고종 때라 한다. 카나타(Canata)가 카나다로 바뀌었는데 '마을'이란 뜻이라 한다. 현재 10개의 주가 있고 북위 60도는 인디언이 살며 3곳의 준주(準洲)가 있다 한다. 우리가 탄 버스는 캐나다에서 생산된 버스로 값이 몇 억이라며 캐나다는 자동차 공업은 하지 않으나 이 버스만은 생산한다고 한다. 버스가 좋아서 흔들리지 않고 편안해서 피곤하지 않을 것이라는 말을 안내인은 몇 번 되풀이하여 강조했다. 버스는 달리는데 멀리 보이는 산위에는 눈이 많이 있다. 만년설이란다. 집들은 나지막한 언덕 위에 회색빛 지붕으로 덮여 있다. 날씨가 아침 저녁으로 서늘해서 곡물이 안 되며 고작 감자나 심는다 한다. 프레이저(Fraiser) 강가를 달리는데 강위에는 뗏목이 여기저기 띄워져 있어 평화롭고 풍류를 안겨준다. 이 강물은

로키와 밴쿠버 사이를 흐르며 1,300km의 젖줄이라 한다. 브리티시 컬럼비아의 33% 예산을 이 목재에서 얻는다고 한다. 연어(Salmon)의 보고(寶庫)이며 철새들이 많고, 계곡물을 먹는데 수질이 무척 좋다 한다. 물이 마치 증류수(蒸溜水)로 씻는 것처럼 비누기가 가시지를 않는다. 호프(Hope)를 지난다. 이곳은 7,000명 인구인데 한국인이 6가구 있다 한다. 딸기, 꿀이 많아 곰이 많다고 하는데 한국인은 모텔을 경영하고 있다고 한다. 호프에서 프레이저 강은 갈라진다고 한다. 곰은 90%는 채식을 하는데 민들레를 잘 먹는다고 한다. 넘버원 하이웨이(High way)는 프레이저 강을 따라 가는데 이 강은 대서양까지 4,860마일(7,780km)을 흘러가고, 5번 하이웨이는 직선 도로를 만든 것인데 눈사태가 많이 나는 지역이라 한다. 고속도로 옆에 심어진 침엽수(針葉樹)는 전나무, 소나무 등의 수종이다. 왼쪽으로 보이는 바위산이 1,244m. 페리트의 한식당에서 한국요리와 밥을 먹었는데 주인은 7,000명 주민 중 유일한 한국인으로서 충남 출신이라 한다.

구리광산이 있던 곳인 배릴(Beril)을 지나자 이제는 준 사막지대로 쑥풀이 나 있고 스프링클러(Sprinkler)로 물을 주고 있다. 큰 목초지대가 조성되어 있고, 큰 목장이 있다 한다. 까맣게 지붕을 씌워놓은 인삼 밭이 몇 군데 보인다. 꽃사슴 목장이 보이고 이콜라호수를 지난다. 1,400m의 고원지대로 길 양쪽은 철책이 돼 있는데 그 속에서 가축들을 방목한다. 캄루푸스(Kamloops)에 도착. 이 도시명도 인디언말로 북톰스(Thoms)강, 남톰스강이 합류하는 곳이라는 의미라는데 교통의 요지라 한다. 인디언들이 많이 살고 인디언 부자가 많은 곳이라 한다. 연어, 송어 낚시를 하며 여름에는 덥고 겨울은 영하 30도까지 내려간다. 절벽에는 야생 산양들과 인삼밭이 다시 보인다. 이곳에는 인삼밭이 많다. 로키산맥의 맑은 물이 흐르는 계곡에는 사슴이 많다고 한다. 이곳 연어의 생태에 대해서 안내원이 설명해 주었다. 자기가 낳은 고향에 돌아오기 위해 폭포, 장애물이 많은 곳들을 거쳐 오느라고 몸은 망가지고, 제대로 먹지도 못해 지느러미를 물 밖에 내놓은 채 겨우 알을 낳고 죽는다 한다. 숫놈은 덩달아 와서 체외수정을 한다. 새끼 연어는 어미 연어의 살을 먹고 영양을 보충한 후 밴쿠버 앞 바다로 나가 알래스카까지 간다. 다 자란 다음 어렸을 때의 물맛을 알고 다시 온다는 것이다. 벨몬트(Belmont)는 프레이저 강의 지류 본원인데 800m 고지다. 소나무가 많아서 송이버섯이 풍부하며, 연어를 잡아 먹기 위해 곰이 나온다 한다.

저녁은 한식밥을 먹고 산책을 나갔다. 집 앞에 있는 조그만 텃밭에서 한 여인이 딸기를 따고 있다. 쳐다봐 인사를 하고 딸기가 많이 열렸다 하니 자기 이웃이 일하러 나가게 되어 자기보고 딸기를 좀 따 놔달라고 해서 딴다며 도와드릴까 물어보니 좋다고 그래서 나도 딸기를 땄다. 자기 집은 저쪽이라고 들어가자고 그러기에 들어가서 이 얘기 저 얘기를 했다. 자기 집 구경도 시켜주고 그러는데 손가락이 관절염으로 아프다며 쪽지를 갖다 보이는데 동양의 지압(Finger pressure) 선전문이었다. 딸기도 먹고 체리도 먹고, 자기의 명함을 주는데 분실을 대비하라며 두 장이나 준다. 이렇게 벨몬트에서 하룻밤을 지냈다.

7월 8일

벨몬트에서 1박하고 8시에 출발. 로브선산(Mountain Robson)은 로키산맥에서 제일 높다(3,954m)하는데 구름이 끼여 안 보인다. 브리티시 컬럼비아의 국립공원이다. 프레이저 강은 밴쿠버 앞 바다로 흘러 태평양으로 흘러간다. 아주 넓은 무스(Moose) 호수. 이곳은 사슴이 많은 곳이라 한다. 캐나다는 로키를 개발해서 관광지로 만들었다. 4개의 국립공원이 있는데 자스퍼(Jasper) 국립공원, 반프(Banff) 국립공원, 조호(Joho) 국립공원, 쿠티네이(Kootenay) 국립공원(미국 소재)이란다. 우리는 브리티시 컬럼비아주에서 알바타(Albata)주로 쟈스퍼(Jasper) 국립공원을 향하여 달리고 있다. 안내원이 로키산맥 생성에 대해서 말해준다. 지구의 불덩어리가 식어 겉 껍데기는 바위와 흙이 되고, 지구가 팽창이 됐다 축소운동으로 찌그러지는데 지각변동도 일어나고 습곡(褶曲)현상으로 솟구쳐 로키산맥이 됐다 한다. 알프스, 안데스 산맥도 습곡현상에 의해서 생성됐다 한다. 지층이 보이며 암석층이 퇴적암이라 한다. 바닷 속에 수십 억 년간 존재하다가 습곡현상에 의해서 바다 위로 올라와 산맥이 되어 산꼭대기에서 바닷 물고기의 화석이 발견됐다 한다. 습곡이 생겨난 때는 7000만~1억 년 전.

쟈스퍼는 인디언 말이고 영어로는 제이드(Jade), 즉 '옥'이라는 뜻이다. 쟈스퍼는 1,300m 고지이며 아담하고 조그만 도시이다. 인구는 4,500명. 왼쪽 강 악사바르강은 북극해로 빠진다. 나무들이 해발 2,300~2,500m에서 형성돼 있으며 그 위에는 나무가 자라지 않는다 한다. 트리라인(Tree line) 위의 나무가 없는 곳은 알핀 존(Alpin zone), 그 밑은 서브 알핀(Sub-alpin zone)이라 한다. 로키산맥은 3,000m 높이의 산이 50개나 되고 해발 1,200~2,000m 사이를 버스는 달린다며 2,000m 이상은 만년설이 있다 한다. 에디오카벨(Ediocabel)산은 3,400m. 아싸바스카(Athabasca) 폭포를 보려고 일행은 버스에서 내렸다. 아싸바스카강 강물이 바위를 깎아내려 폭포가 생겼고, 밤에는 얼음 녹는 양이 적어서 물이 적고 낮에는 불어난다 한다. 이 폭포는 매년 몇 밀리미터 바위가 긁아 내려간다며 언젠가는 물과 바위의 싸움으로 지금 이 쳐넬(Chunnel)이 다른 루트를 찾을 것이라 한다. 11시인데 이제는 빙하지대로 이동한다고 한다. 아싸바스카의 상류라 한다. 마지막 빙하가 일 만년 전에 끝났다며 점점 없어지다 한다. 컬럼비아 빙하 지역은 눈이 30m쯤 쌓이면 얼음으로 변한다고 한다. 서울시의 반만한 크기의 얼음 덩어리란다. 닥터 지바고의 촬영이 여기서 이루어졌다고. 아싸바스카 빙하의 얼음과 얼음 사이의 갈라진 곳에서 일본인이 빠졌는데 죽었다 한다. 2,000m 높이를 버스는 달린다. 왼쪽에는 빙하가 녹아 폭포가 떨어진다. 나무가 키가 작고 조그마한데 300년은 됐다 한다. 빙하에 내려서 구경하려고 셔틀버스를 타고 가서 다시 스노(snow) 버스로 갈아탔다. 이 버스는 6개의 바퀴가 달려있다. 아주 높은 버스이고 운전기사가 한국말로 인사한다. 4월 15일 경부터 10월 15일 경까지 운행한다. 빙하 위를 직접 발을 디딜 수 있었다. 넘어질까 봐 엉금엉금 걸었다. 빙하 틈에 있는 물을 마시며 기원하는 사람도 눈에 띈다.

패이투 호수, 보우 호수. 물빛이 아름다운데 물 속에 녹아있는 광물질 때문에 물빛이 수시로 바꾸어진다고. 7000~1억 년 전에 바다 속에 살았던 조개의 화석이 여기서 발견됐단다. 알바타 주는 지하자원이 많고 목장이 많아서 소고기가 많이 생산된다 한다.

벤프에 도착. 서울옥에서 식사. 육포는 인디언들이 소고기를 햇빛에 말려 겨울에 먹는 저키다. 보우 호수, 보우강의 보우(Bow)는 '활'이란 뜻인데 인디언들이 강가에서 활을 만들었다 한다. 벤프는 1호 국립공원이며 세계적으로 3위 규모라 한다. 인구는 7,000명. 날카롭게 솟구친 웅장한 암벽 산이 병풍처럼 둘러싸여 있다. 그 장관을 이 졸필로는 표현하기 어렵다.

7월 9일

칸모아르(Canmoir)산은 로키의 마지막 산. 기차 철도가 놓여있다. 이 철길을 놓는 당시 중국인이 하루에 1$받고 일했다고 한다. 철길을 놓느라 일했던 중국인들이 고국에 돌아가지 않고 밴쿠버에서 차이나타운을 건설했다 한다. 멀리 앞쪽으로 3,000m의 카스케이드(Kaskade)산이 아름답게 보인다. 루이스(Louice) 호숫가를 산책하며,

3,460m의 빅토리아산을 바라보며 망중한을 즐겼다. 이 산은 앨비타 주와 브리티시 컬럼비아 주의 경계라 한다. 눈사태 다발지역으로 통행이 어려워 지붕을 만들어 덮은 스프레이(Spray) 터널 밑을 버스는 달려갔다. 1910년에 눈사태로 62명이 사망한 후 터널을 뚫어 기차를 운행했다 한다. 크로스 컨트리(cross country)하다 눈사태로 죽은 사람들을 큐바(Cuba) 곰이 잡아먹는다. 맹수로는 곰, 큐바 흰곰(Polar bear), 양순한 검은 곰(Black bear), 맹수인 불곰(Griselli bear) 등이 있는데 방울을 딸랑거리면 해치지 않는다고 한다.

밴쿠버로 돌아가는 길에 하우스보트를 만드는 곳을 지났는데 이 곳에서 만든 하우스보트를 호수에 띄우고 수상캠프를 하는 것이다. 캄루푸스(Kamloops)에서 하룻밤을 지내고 밴쿠버에 12시경에 도착하였다. 호텔에 일찍 들어가 피로를 푼 다음 밴쿠버 시내를 산책하며 오래간만에 일식 집에서 저녁을 해결하고 일찍이 내일의 한국행을 위해 쉬기로 했다.

몽골 여행

2001년 9월

대학 후배인 이 교수가 몽골국립대학에 세미나를 하러 가는데 여행도 하고 같이 가지 않겠느냐고 물어왔다. 전부터 몽골을 한 번 가 보려고 생각 중이었음으로 쾌히 응하였다.

7시 40분발 울란바토르 직행 대한항공 비행기인데 좀 생소한 곳이라 불안한지 새벽 3시 반에 깨어 준비를 했다. 또 공항버스를 이른 새벽에 처음 타고 간다는 불안도 곁들여 있다. 일러서 인천공항까지 1시간밖에 걸리지 않았다. 6시에 도착되어 이 교수를 만났다. 한 젊은 여자가 다가와 짐을 부칠 때 자기 것도 하나 같이 부쳐 달라고 그래서 그러기로 했다. 한국 여자인줄 알았더니 몽골 여학생으로 한국에서 1년간 한국어 공부를 하고 귀국길에 올랐는데 책이 무거워서 중량 초과가 돼 돈을 지불하게 되니까 부탁한다고 했다. 한국여성과 똑같아 구별이 안 되었다. 몽골에서는 한국어 배우는 것이 아주 유행인 것 같았다. 우리는 약 3시간 후에 울란바토르 공항에 도착하였다.

울란바토르에서 식당을 경영한다는 한국인이 자기의 차를 내주어 쉽게 예약된 호텔로 약 30분 후에 도착하였다. 이런 일은 이 교수가 다 해서 나는 편하게 좇아가게 되었다.

여장을 풀고 오후 4시경에 외출을 하여 한국식당이라 적혀 있어 들어가 보니 쌀이 너무나 나빠 2~3년은 묵은 것 같았지만 시장하니 요기를 하였다. 한국인이 경영하는 수퍼마켓에 들렀는데 여기는 과실도 좋지 않고 궁했다.

'몽골'이라는 용어는 원래 '용감한'이란 뜻을 지닌 부족명이라 한다. 5000년 전에 몽골은 한반도의 7배나 되는 면적을 갖고 1,500m 고지에 자리 잡고 있는 고원국가(高原國家)였다. 1924년 11월 26일에 독립을 했고 인구는 2,423만 명이며 약 66만 명이 울란바토르에 산다한다. 사막이 전 국토의 40%를 차지하고 있고 광물자원이 풍부하여 세계10대 자원부국이라 한다. 울란바토르는 '붉은 영웅'의 뜻이라 한다.

다음 날은 11시 반경 젊은 교수가 와서 울란바토르호텔에서 걸어서 10분 거리의 몽골국립대학을 방문했다. 이 청년 교수는 불란서에서 6년간 연구하여 박사학위를 마치고 금년 4월에 귀국했으며 생화학 전임 자리를 얻었고 과장이라 한다. 이 대학은 지금까지 이론만 강의하고 실험은 없었는데 실험을 시작한 것이 몇 년 안 된다고 했다. 실험실은 황무지나 다름없었다.

오후 늦게 교외로 차를 달려 쎄존 기념비(Zaison memorial)를 우선 보게 됐다. 이 기념비는 제2차 세계대전시 러시아 군인에 대한 추모기념비로 레닌의 초상도 크게 새겨져 있고 꽤 높은 곳에 위치해 있다. 수백층의 계단을 올라가는데 별안간에 추워지고 바람이 어찌나 부는지. 꼭대기를 올라가 울란바토르시를 한 눈에 바라볼 수가 있었다. 반대편에는 나무들이 그래도 보기 좋게 숲을 이룬, 나지막한 산맥(Bagdo uur)을 볼 수 있었다. 돌아오는 길에 라마 수도원을 방문했는데 라마는 소승불교라 한다. 이 교수가 상식이 풍부해서 설명을 잘 해준다. 건물도 우리나라 절과는 좀 다르게 지붕 위에 장식을 해놨으며 이 안에 불교학교가 설립돼 있고 한 건물 속에는 6m 높이의 불상이 들어 있다는데 시간이 지나 문이 닫혀있어 못 보았다. 서울식당이 울란바토르의 3개의 큰 식당 중의 하나라고 들었고 위치도 대략 알아서 저녁을 먹으러 걸어 갔는데 처음이라 약간 돌아가기는 했지만 잘 찾아갔다. 식당은 게르(Ger) 모양으로 둥글게 지어져 가운데는 뷔페식을 먹게 하고 가장자리에는 일품요리를 먹게 해 놨다. 우리는 갈비구이를 주문했는데 찬도 어저께 갔었던 식

당보다 몇 배 좋았다. 7시 반이니 배도 고팠고 양도 많고 끼니를 잘 때웠다. 식당에서 차로 데려다 주었다.

그 다음 날 호텔에서 늦게 점심을 먹었는데 빈 자리가 없어 할머니와 마주앉게 되었다. 이 할머니가 먹는 대로 포트 수프(Pot soup)도 시키고 생선이 괜찮아 보이기에 시켰다. 몽골음식이라는데 수프는 우리나라의 고기국과 비슷하고 맛이 괜찮았다. 알고 보니 양고기(Mutton)를 썰어 넣고 중국 박하로 향을 낸 것이었다. 생선은 주위의 호수에서 잡히는 흔한 생선으로 맛이 좋았다. 몽골은 곡식, 야채, 과실이 생산이 안 되어 수입한다. 고기는 소고기, 말고기, 양고기 등이 흔하고 고기가 주식인 것 같다. 생선은 거의 먹지 않는 것 같이 보인다. 음료로 물을 달라고 그랬는데 에비앙을 한 병 갖다 놓아 한

잔 마셨는데 나중에 계산서에서 보니 1,400 뚜릭으로 몽골산보다 거의 4배나 된다. 프론트 데스크에 서서 얘기하는데 뒤의 소파에 앉았던 사람이 무엇이 흐른다고 주의를 주어 보았더니 마개를 잘못 막았는지 가방에 넣었던 물병에서 물이 흘러내려 비행기 표, 가방이 젖고 바지도 젖고 물벼락을 맞은 것이다.

9월 6일

몽골대학의 젊은 두 분의 교수가 차를 갖고 와 테를지 투어(Terlj tour)를 시켜주었다. 울란바토르는 1,351m 고지에 있는 도시인데 현대자동차, 대우, 기아자동차와 버스들이 우리나라의 1960년대와 흡사하게 검은 연기를 내뿜으며 달려 매연 냄새를 많이 풍겼다. 시내를 좀 벗어나니 강(Tuul)물도 흐르고 나무도 있고 자연의 아름다움을 맛볼 수 있다. 포장된 거리에는 차 한 대 달리지 않았고, 우리 차는 한가롭게 달려 거북모양의 큰 바위 앞에 내렸다. 테를지의 암석은 헨티산맥의 융기작용과 화산폭발로 만들어졌다는데 우리는 그 바위 위를 나선형(螺旋形)으로 올라갔다. 평화롭게만 보이는 넓은 대지를 시원하게 바라볼 수가 있었다. 멀리는 나두라 수스란(Hapjia Zyejiah) 캠프가 여러 채 보이고, 우리는 계속 달려 레스토랑에 도착했다. 별채인 게르(Ger) 안에서 점심을 먹었다. 게르는 원형인데 정남향(正南向)에 문을 내고 천정에서 햇빛이 들어오게 만들었다. 햇빛으로 시(時)를 알아낸다고 한다. 몽골 전통음식을 먹는데 밀가루 부친 껍데기 속에 고기를 잔뜩 채운 것으로 하나를 먹으니까 벌써 배가 가뜩 채워진 것 같아 다 못 먹었다. 싸 달래서 갖고 가 강가에서 자리피고 맥주를 마실 때 안주로 먹었다. 여기는 교수 봉급이 월 110달러 정도로 무엇하나 여유롭게 쓸 수 없고 실제로는 같이 간 몽골교수는 생활에 500달러가 든다한다. 부인도 일하고, 집을 산다는 것은 어림도 없다 한다. 외국에 나가 한 5년쯤 있다 오면 집 한 채 장만할 수 있다 한다. 학교에서 차도 나오고 점심

값도 손님대접용으로 나온다 한다. 점심 후에 우리 둘은 제각기 말을 탔다. 승마장이 옆에 있었다. 내 말은 몽골대 교수가 끌어주고 이 교수는 거기의 말 끌어주는 여인이 맡았다. 한 30분간을 말을 타고 돌아다니는데 탈만한 것 같다. 일본에서 말 타러 많이 여행 온다고 한다. 다시 차를 타고 돌아오는 길에 멀리 보이는 바위가 꼭 사람이 책 읽는 모습이다. 괴상한 모양의 바위들이 많았다. 맑은 물이 흘러가는 개울가에 비닐과 담요를 깔아주어 앉아서 얘기들을 많이 했다. 저녁에는 몽골 민속 음악을 들으러 갔었는데 바로 서울식당 옆에 민속 음악학교가 있었다.

우리를 데리고 다니는 이 몽골 교수의 할머니가 사재(私財)로 창

립했다는데 몽골의 독특한 악기인 모린크루(Morin kuuur)도 연주하고, 모차르트의 곡을 몽골 악기들로 연주하는데 일품이었다.

9월 7일

다음 날은 이 교수가 몽골국립대학에서 세미나를 하는데 따라 갔다. 미국에서 10년을 연구한 이 교수는 영어를 잘 구사한다.

9월 9일

일요일에는 고비사막을 비행기로 가기로 되어있다. 고비란 몽골말이며 '사람과 동물이 살지 않는 황폐한 땅'이라는 뜻이라 한다. 고비사막은 전 국토의 41.6%를 차지하고 일반적인 내륙의 모래사막이 아닌 스텝(steppe)지대로 키가 작은 풀들이 나있는 대초원이다. 7시 30분 고비행 비행기를 약 20명의 승객이 탔다. 프로펠러 비행기로 가동시키는데 약 8분 정도 걸리는 것 같다. 프로펠러가 세차게 돌아가 눈에 보이지 않을 정도로 되니 서서히 뜨기 시작한다. 나지막하게 뜨니 잘 내려다 볼 수가 있었다. 끝없는 사막구릉(沙漠丘陵)이 펼쳐지고 언저리가 하얗게 테 둘러진 물 구덩이도 어쩌다 보인다. 여기를 지프차로 오려면 9시간이나 걸리고 먼지도 많고 피곤할 것 같아 비행기로 온 것이다.

남부 고비 비행장에 내리니 바람이 어찌나 센지 날아 갈 것만 같다. 큰 교목(喬木)도 한 줄로 나 있어 신기해 보였다. 게르(Ger) 하나를 배정받아 들어가 보니 침대 두 개 가운데에는 난로가 놓여있고 둥근 천정 위에 구멍이 나있어 열어 놓으니 햇빛도 들어오고 컬러풀하게 꾸며져 있다. 울란바토르에서 550km 남쪽에 위치하고, 이곳 수도인 달란차드가드(Dalanzadgad)에서 35km 떨어져 있는 율친고비-1투어리스트 캠프이다. 율친고비-2 투어리스트 캠프는 1캠프에서 195km 떨어져 있는 유명한 모래언덕(sand-dune) “Khongor”- Darling의 옆이라 하는데 우리는 가보지 못했다.

1캠프 식당에서 점심을 먹었는데 여행객이 많은 곳이라 음식이 동서양인에게 다 무난하게 짜여 있었다. 오후에 우리는 독수리 계곡(vulture's vally)을 가는데 몽골말로 ‘율리암’이라고 부른다 한다. ‘율’은 독수리를 의미하고 전체적인 뜻은 ‘독수리의 입’이라는 뜻. 1캠프에서 38km 떨어져 있는데 1시간 20분은 걸린다. 가는 길에 고비박물관이라고 보여주는데 초등학교 수준이지만 없는 것보다는 낫지 않을까 생각했다. 고비사막은 스텝 지형으로 목초사막인 까닭에 사막다운 사막을 볼 수 있는 곳은 바로 모래언덕이다. 독수리 모양을 한 이 계곡은 밑에 개울물이 흐르고 험준한 기암의 산꼭대기에는 눈을 볼 수 있었다. 양쪽으로 2,600m 해발의 형형색색인 기암산맥의 연속과 밑에는 맑은 협곡물이 흐르니 절경의 아름다움은 글로도, 말로도 표현하기 어렵다. 관목(灌木)들이 꽤 자라고 있었다. 계곡길을 한참 내려가니 개울물이 웅덩이를 이루고 있어 맑은 물에 손을 담가보고 다시 힘들게 게르에 되돌아 왔을 때는 이미 저녁 무렵이었다. 샤워시설도 있으나 물이 귀했다. 일하는 여인의 청소하는 바켓 물을 보니 구공탄을 풀어 놓은 물 같았다.

9월 10일

러시아산 지프로 북쪽 방향으로 달리는데 끝없는 수평선이 보이는 대초원 사막이었다. 도중에 염소들이 계속 서로 묶여서 젖짜는 것을 보았다.

젖을 짠 다음은 두 마리씩 풀어준다.

가는 길에 한 게르를 들어갔다. 얼굴이 황동색으로 탄 중년 여인은 우리에게 뜨거운 염소 젖을 한 잔씩 주고 여러 가지 음식을 내놓는다. 엉겨굳힌 우유(curd)를 찌개에 넣는 두부모양으로 썰었는데 좀 딱딱하게 만든 두부처럼 물렁물렁 거렸다. 밀가루 튀긴 것, 치즈 그리고는 큰 나무 통에서 말 젖을 발효시켜 만든 전통음료인 쿠무스(cumuss)를 한 잔 떠서 주어 마셨는데 좀 시어서 독일서 먹던 신우유(Sauer milch)와 맛이 비슷했다. 나는 맛이 괜찮던데 다른 사람은 마시지 않는다. 만드는 법을 설명하는데 나무통에 말 젖을 넣고 약 2일간 발효시킨 다음 거기에 말 젖을 더 붇고 절구대 같은 나무로 쳐준다 한다. 우리를 대초원으로 데리고 가 낙타를 타보라 하여 펑퍼짐한 낙타 등 위에도 올라가 보았다. 초원만보다 오래간만에 고비사막 가운데 식물이 숲을 이루고 있는 곳, 바얀쟈그(Bayanjag)에 다다랐다. 마디 풀나무 같은 사쿠쥬알 숲(Saxual forest)이라고. 이 사막 위에 이렇게 숲이 있다니 신비롭게 바라보며 게르에서 싸준 도시락을 먹었다.

우리를 안내하는 젊고 예쁜 아가씨는 몽골대학을 나왔고 일본말

통역을 하려고 그러는데 가끔 이렇게 안내도 한다며 이 교수 덕분에 영어 회화가 늘었다고 좋아한다. 그 다음에는 공룡이 발굴됐다는 곳을 갔었는데 너무나 엄청나게 파 헤쳐져 있다. 조금 더 달리니 농원이 있어 신기하게 생각됐다. 여기에는 물이 있어서 무, 당근, 오이, 수박, 양파, 호박, 상추 등을 길러 신기해 보였다. 감자도 있는데 아주 조그맣고 토마토도 방울토마토 보다 약간 클까, 우리는 수박 두 개를 샀다. 이곳은 투그루그쉬레(Tugrugshiree)라는 곳인데 조금 높은 곳을 올라가니 깨끗한 물이 큰 바위틈으로 펑펑 나와 신기했고 이것이 오아시스인가보다고 생각되었다. 물 맛도 좋았다. 우리는 다시 지프로 사구(砂丘, sand dune)를 가봤는데 풀하나 나지 않은 고운 색깔의 모래 언덕이다. 이 모래는 바람 부는 대로 무늬가 바뀌어져 노래 부르는 모래라고 부른다 한다. 여기서 수박을 잘라먹고 모래언덕 사이로 나있는 모래 강을 발바닥으로 걸어보니 발바닥이 따갑고 너무나 곱고 빛깔도 예쁘다. 해변의 모래사장과는 아주 딴판으로 온실 속의 화초와 비유될까?

이제는 다시 대초원을 달렸다. 게르로 가는 길이 어둑어둑하였다.

오늘 밤은 바람이 적게 불어 밤에 하늘을 쳐다보니 북두칠성도 보이고 이 교수는 은하수도, 신기루도 가리켜 준다. 지프기사는 오늘 밤에 자기 집으로 돌아간다고 한다. 아주 젊어 보이는데 17년간을 안내한 기사로 방향 팻말 하나도 없는 대초원을 잘도 달려 찾아가며 어둠 속에 약 150km를 2시간은 달려야 집에 도착한다고 한다. 몽고 어느 곳이든지 안내할 수 있다고 한다.

9월 11일

9시 반 프로펠러 비행기를 다시 탔다. 기내에서 사막을 내려다보니 남쪽에서 북쪽으로 올라가는 길목의 사막들은 형형색색이고 부드러운 모래언덕이 보이는가 하면 북쪽으로 갈수록 대초원을 보게 되고 물구덩이들도 눈에 뜨인다. 약 1시간 20분 후에 우리는 다시 울란바토르에 도착하니 여행사에서 빈 버스가 나와 이번에는 바양골(Bayangol)호텔로 갔다.

9월 12일

Ochirukhuyag 교수가 오전에는 자연사박물관(Natural history museum)을, 오후에는 몽골의 국립박물관(National museum of Mongolia history)을 데리고 갔다. 칭기즈칸(Chinggis Khan)의 칸은 '왕(King)'을 의미하는 말이라는데 몽고인들은 지금도 칭기즈칸을 대단히 자랑스럽게 생각하며 숭배하고 있다.

캐나다 단풍여행

2005년 9월 27일

에어 카나다(Air Canada)로 오후 5시에 인천공항에서 28명의 일행이 출발하여 10시간 비행 후 밴쿠버에 제시간대로 27일 11시에 도착하였다. 현지 가이드의 안내로 전용버스에 타 설명을 듣는다. 캐나다는 몽골족이 넘어왔다 하며 고인돌의 발견으로 보아 7000년 전이라 한다.

네이티브 캐나디엔은 원주민 인디안이고, 15세기 스페인, 프랑스, 영국에서 사람들이 건너와 이루어졌다. 캐나다는 자기마을이라는 인디언 말에서 왔고, 러시아의 1.7배라 한다.

버스는 퀸 엘리자베스 공원을 한바퀴 도는데 비행기 속에서 움추렸던 몸이 기지개를 마음놓고 피는 기분이었다.

밴쿠버 시내를 버스타고 도는데 중국인이 모여 사는 중국인 타운은 중국의 특색을 잘 나타낸 솟을 대문을 타운 입구에 높이 세워 놓았다. 조금 더 지나 거리에 있는 수증기 시계는 1977년에 설치됐다하고, 1869년에 세워졌다는 스테인리 공원은 고목이 울창하다. 동물 네 마리가 사람이 주는 것을 아주 잘 받아 먹는다. 케이블 다리를 건너가서 바라보니 개들이 바다속으로 들어갔다 나왔다 하며 목욕을 하고 있다.

9월 28일

7시 반에 출발하여 벤쿠바섬의 수도 빅토리아행이다. 빅토리아섬은 경상남북도 전라남북도 합한 크기라 한다. 빅토리아섬은 북극쪽으로 벤쿠바섬으로부터 3,000km 떨어진 곳으로, 에스키모와 물개들만이 있다 한다. 범고래(killer whale)는 물개, 연어를 먹고 산다. 벤쿠바 앞 바다에 많은데 90마리 이상이 떼를 지어 다니며 상어를 잡아먹기도 하고, 북쪽바다는 -83C까지 수온이 떨어진다. 에스키모는 물개를 잡아 먹는데 구멍 뚫린 곳에서 숨쉬기 위해 물개가 올라오면 힘들게 잡는다고 한다. 육포도 만들고, 이렇게 물개고기를 먹고 사는데 40세면 이가 다 빠진다. 야채가 없어서란다. 에스키모는 캐나다의 그린랜드(Greenland)에 살고 있는데 물개기름에 오메가 3가 제일 많이 들어있어 성인병에 좋다고 눈알을 빼서 손님에게 대접한단다. 비타민 E도 많이 들어있다고 한다. 밤이면 이글루 집에서 잔다. 에스키모족은 어머니 이름을 딴다 한다. 물개를 잡을 수 있는 나라는 캐나다와 스웨덴이다. 해저터널이 바다 밑으로 지나가는데 99번 도로로 미국까지 25분 걸리는데, 5번 고속도로로 샌디아고까지 26시간이 걸린다고. 캐나다는 추운 나라라 철도망이 발달됐고 미국은 고속도로가 잘 돼있다 한다. 브리티시 컬럼비아 주는 임업이 제일이고 그것만 갖고도 160년 동안을 먹고 살 수 있다고 한다. 따라서 나무가 많으니 많은 양의 산소를 세계에 제공하고 있다고 자랑한다.

관광객이 연간 1,400만명. 수산업도 태평양을 끼고 있어 좋고 공장지대가 없다. 훼리를 타려고 기다리는데 바람 불고 춥다. 배 안으로 들어가니 좀 나아졌다. 조지아해엽을 바라보며 어느덧 1시간 40분이 지나 빅토리아시에 들어왔다. 안개끼어 먼 곳은 잘 보이지 않으나 바람은 심하지 않았다. 집들의 창문은 한결같이 단순한 네모진 모양이다. 부자촌에서는 전주가 지하에 묻혀 있어 한결 더 경관이 돋보였다. 부처드 가든은 12,500평으로 시커먼 광산지역이 아름다운 꽃동산으로 탈바꿈하여 관광객이 끊이지 않은 곳이 됐다. 왁스뮤지움에서 지나간 많은 유명인사들을 다시 볼 수 있었다. 몇 년 전에 보았던 것들이다. 바다를 바라보며, 해변가의 잘 정돈된 집들을 바라보며 편안하게 앉아 있었는데 내 옆에 서양할머니가 와 앉는다. 자기 친구가 독일에서 방문하여 빅토리아를 구경시켜 주려고 데리고 왔다 한다. 알고보니 독일인이고 남편과 젊었을때 벤쿠바로 이주했으며 지금은 둘이서 어학연수를 하는 학생들에게 방을 빌려주고 있는데 한국 학생도 여러 번 두었었다 한다. 벤쿠바 중심가에서 30분거리라며 초등학교 학생도 마다 않고 가리지 않고 반는다 한다. 친구의 남편은 돌아갔고 남자 친구와 왔다 하며 자기가 독일에 가면 그 친구네서 잘 묵는다며 나에게 주소를 적어준다. 다시 훼리터미널로 돌아와 벤쿠바로 왔다.

9월 29일

오늘 아침은 그래도 여유있게 10시 국내선기로 출발하였다. 캘거리에 도착한 것은 12시 반경이었다. 날씨도 쾌적하고 노란 잎으로 물들은 앙상한 나무들이 군데군데 눈에 띄어 가을을 느끼게 한다. 한식당에서 설렁탕으로 점심을 먹고 캘거리에서 전용버스로 바우(Bow)강의 상류인 밴프(Banff) 국립공원 쪽으로 이동한다. 캘거리(Calgary)는 해발 1,048m로 속리산의 문장대 높이이고, 알바터(Alberta)주의 맑은 물이 흐르는 도시이다. 1988년 동계 올림픽 때 30, 50, 90m의 스키 점프 대회가 열렸고 올림픽경기장으로는 별로 돈을 투자하지 않았기 때문에 흑자가 났던 대회였었다 한다. 인구는 100만명 정도고 가톨릭 47%, 기독교가 43%라 한다. 집들의 지붕은 회색 아니면 흑색인데 열을 받게하기 위한 것이라 한다. 목초지에 소들이 많아 어슬렁어슬렁 다니고 있다. 이 곳 소고기가 유명한데 -40C, -50C 이하에서는 소는 육피 안에 지방이 쌓여 맛이 좋다 한다. 유럽, 일본으로 알바터 소고기를 수출한다. 눈덮인 산이 멀리 보인다. 넘버원 하이웨이, 홀수는 동서로, 짝수는 남북으로 달린다. 로키산맥이 보인다. 산 위의 눈도 보이는데 요사이 내린 눈이라 한다. 미국, 멕시코까지 북남으로 이어져 있는 대륙 중 캐나다에서는 세금이 많고 돈벌이가 힘들어 미국으로 사람들이 많이 간다고 한다. 우리는 110km 속도로 초원을 달리고 있다. 건초더미가 군데군데 많이 보인다. 고속도로 언덕 길에는 소나무가 울창했고 서쪽으로 버스는 달리고 있는데 활엽수는 노랗게 물들어 있다. 봄 가을은 일주일 정도씩이고 여름이 5개월간이라 한다.

데드맨스 플랫츠(Deadman's Flats)란 곳에서 버스는 쉬고 커피를 마셨다. 인디언과 캐나다인들과 싸움이 심했던 곳이란다. 캔모아에서 투숙하였다. 캔모아는 인디안어로 '머리가 크다'는 뜻이란다. Three sister's mountain, China mountain을 지나는데, 철도 건설할 때 중국인이 인부로 1달러 받고 일했고, 나중에는 죽임을 당했다 한다. 3층 이상의 건물은 없었고 3개의 고층건물이 있었다. 드디어 밴푸(Banff)국립공원 내로 들어왔다.

캐스케이드산(2998m) 등 록키산맥을 바라보며 있는 호수가 많은데, 빙하가 녹아 흘러내려 푸른 색깔만 반사하여 푸른색이라 한다. 록키산맥은 장년기로 1500년 됐고 바닷 속에서 융기되서 생겼다 하며 그것에 비하면 우리나라 태백산은 노년기라고. 밴푸시는 3, 4백만 인구. 7, 8월에는 관광객 중 99%는 일본사람이라 한다. Buffela는 잠자는 산, tunnel mountain이라고도 하는데 우회로로 철도를 설치했다 한다. 밴푸 스프링스호텔은 1888년에 지었고, 록키관광의 심벌이며 중세의 성을 연상시키는 외관이 아름다운 호텔이었다.

Bawfalls 폭포는 마릴린 먼로의 <돌아오지 않는 강>을 촬영한 곳이고 <닥터 지바고> 중 역에서의 이별, 눈 위에서의 장면을 찍은 곳이란다. 호수도 많은데 미네완카 호수는 검은 빛깔을 띄고 있는 아름다운 호수였다. 개구리, 독수리 등 짐승이 많다 한다. 인디안 에스키모는 날고기를 먹고 산단다. 캐스케이드 산에서는 폭포가 흐른다. 록키산맥을 감상하며 Rundle mountain(2,900m)을 다시 한 번 본다. 캘거리(Calgary)에서 이 산까지는 137km라 한다. 1마일 길이라는 기차는 차 칸이 100~150 양인데 지나갈 때까지 기다리려면 15분이 걸리는데 중간에 한 칸 더 부치고 온다하여 빨리빨리 서둘러 숙소가 있는 캔모아호텔로 돌아왔다.

9월 30일

6시에 출발하여 루이스호수(Lake Louis)를 갔었는데 이 호수는 특히 산에 둘러쌓여 있었다. 샤토호텔(Schatto Hotel)이 멋있게 서 있다. 날씨는 너무 추웠다. 레이크 루이스로부터 쟈스파(Jaser)까지 93번도로로 서북방향으로 달리는데 해발은 3,000m.

끊임없는 산맥이 이어지는데 백곰, 불곰(gree bear)이 살고 있단다. 수목은 2,500m 이하에서 자라며 고산식물인 아네모네, 에델바이스 정도가 있다 한다. 산 위에 눈이 덮여 있는데 2, 3일전에 내린것이고 우리는 양쪽에 산이 이어져 있는 계곡을 달리고 있다. 만년설은 마지막 빙하기 Wisconsin 11,000년 전에 형성됐다고. 빙하기는 지구가 태양에서 멀리 돌 때, 태양 주위를 가까이 돌 때는 감빙기. 빙원은 ice field, 흘러내리는 것은 빙하. 영도에서 언것이 아니라 상온에서 위의 눈의 압력으로 언 것이다. 까마귀 발빙하를 보고 콜롬비아 대빙원으로 이동하기 위해 특수 설상차를 탔는데 기사가 한국말로 인사를 한다. 콜롬비아 대빙원은 녹아내리는 물이 20%라며 빙원속에 흐르는 물을 마시면 좋다고 너도나도 마시며 물병에 받아갖고 오기도 한다. 바람이 어찌나 세게 부는지 날라갈 것만 같다.

Baw호수, Baw빙하, Peyto호수, 2,115m 해발인데 사슴이 많았다.

눈물의 벽(whipping wall)이란 이름을 부친것은 물이 흘러 내린다 하여 지은 것이며, 녹은 얼음이 흘러내리는데 흙도 흘러 내려 그 잔재를 natural murein이라고 한다고. 눈이 쌓여있는 snowdom과 snowdom 사이를 Asabasca빙하가 흐른단다.

이 빙하는 Bow호수, Bow강, Bow빙하, 까마귀발 호수를 지나 crow foot pass까지 간다. 캔모아(canmore plate)는 조용한 곳인데 한국사람이 살고 있다. 자연환경에서 키토산, 꿀을 만들어 팔고 있다. 캘거리로 돌아가는 길에 올림픽 경기장을 잠깐 들려 돌아보았다.

10월 1일

7시 15분 캘거리 공항에서 국내선으로 출발한다. 아침 식사로 빵 도시락을 준비해 준다. 4시에 일어나서 5시에 출발. 12시 58분에 토론토 도착예정이다. 14시에 몬트리얼행 기내에서 가이드가 주는 스시 도시락을 먹으니 15시 10분에 몬트리올 도착이다.

예약된 버스가 오지 않아 이상하다 했더니 현지가이드가 와서 이중으로 계약되서 우리는 못타게 됐다며 택시로 요새후 가톨릭 성당을 방문하였다. 1905년에 건축이 시작되어 1955년에 끝냈다는 이 성당은 수도사에 의해서 지어졌다 한다. 아주 가난하고 일찍 부모를 여읜 그는 수도사로의 꿈은 저버리지 않고 많은 사람을 안수로 고쳐 주어 지팡이가 많이 쌓여 있는 것을 볼 수 있었다. 순전히 기부금으로 지어졌고 그 수도사는 91세에 작고했다 한다.

그 다음은 노트르담 성당을 갔었는데 문이 닫혀 있어 밖에서만 보았다. 몬트리올의 최초의 은행도 보았는데 고색찬란하며 보기 좋았다. 구시가지인 시청쪽으로 가서 저녁은 해물탕으로 해결하고 버스로 1시간 반을 달려 Gouverneur Hotel에 10시 반에 도착했는데 퀘벡하고 몬트리올의 중간지점이라 한다.

10월 2일

아침 식사 후 트루아 리비에르(Trois-rivieres) 강을 따라 산책을 하였다. 12시에 전용버스로 퀘벡으로 향하였다.

10월 3일

온타리오주의 오타와(Ottawa)행이다. 오후 4시 출발인데 운전사가 안 떠나므로 다시 호텔 룸으로 들어가 나누어 주는 스시를 먹었다. 시내관광에 들어가 버스 속에서 리도운하, 총독관저, 국회의사당, 석세스 드라이브 등을 지나 알콘퀸 국립공원으로 이동했다. 공원내부가 너무나 아름다웠다. 서울시만한 크기의 주의 공원인데 수 백마리의 곰이 있다 한다.

10월 4일

캐나다의 상징인 메이풀 로드 단풍관광을 가기 위해 전용버스로 킹스턴으로 이동하였다. 천개의 섬(thousand island)을 보러갔다. 섬이 천개라는 뜻이겠지. Trie boldt섬, Waldorf heart섬 등등.

이 곳은 부호들의 호화스러운 별장들이 섬위에 아름답게 위치해 있다. Saint lorence강과 Ontario호수가 연결되어 대서양으로 흘러들어간다.

Saint lorence강을 따라가면 토론토의 온타리오호수, 슈페리오호수로 모인다. Huron호수, Michigan호수, Erie호수 물이 나이아가라로 쏟아지며 나이아가라 폭포의 근원이라 한다.

고속도로에는 방벽 밑에 홈을 파놓아서 졸면서 운전하면 홈에 빠져서 덜덜거리게 했다. 아이스 와인을 주는데 언 상태에서 딴 포도로 만든다고 한다. 오후 1시에 토론토 외곽에서 해물 점심을 들고 시내로 이동. 좌측은 온타리오호수이고 그 옆에 있는 몬타리오타워가 제일 높다. 영 스트리트는 동서로 뻗어 있는 1㎞ 남짓한 길이라 한다. 시청은 북쪽에는 창문이 하나도 없다. 난방비를 절약하기 위해서란다.

에이브라함 링컨이 대통령 당선 후 머리를 식히기 위해서 나이아가라 폭포에 왔었다는데 그것을 기념하기 위해서인지 링컨이라는 이름의 마을이 있다. 안개 속의 숙녀라는 배를 타고 미국쪽과 캐나다쪽의 폭포를 보고 토론토에서 투숙하였다.

10월 5일

아침을 든 다음 호텔을 출발하여 9시 45뷴에 비행기는 토론토를 떠났다. 기내에서 하룻밤을 지내고 10월 6일 오후 1시에 인천공항에 도착하였다.

베트남 북부와 앙코르와트

2006년 1월 5일

4시 15분에 깨어 아침운동을 조금하고 참선을 30분 하였다. 인절미를 굽는 동안 떠날 준비를 했는데 시간이 없어서 아침을 조금 먹었다. 민수 엄마, 아빠가 와서 6시 35분에 버스정류장에 나갔다. 공항버스가 곧 도착하여 민수 아빠가 짐을 버스 속에 실어 주었다. 약 1시간 10분 걸려 인천공항에 정각 8시에 도착하였다. 방학기간이기 때문인지 공항은 대만원이었다. 우리는 게이트 46에서 기다리고 있었는데 옆의 친절한 부인이 구운 고구마, 초콜릿과 귤을 주어 배고팠는데 고맙게 잘 먹었다.

10시 25분 비행기인데 좀 연발하였다. 점심으로 밥을 먹었고 호치민 공항에 2시(한국시간으로는 4시)에 도착하였다. 여기서 비행기를 갈아타야 한다. 작은 비행기로 조그만 마을이었던 씨엠립(Siem Reap)에 도착했다. 캄보디아는 왕국이다. 앙코르와 앙코르와트는 다른 말이라 한다. 앙코르는 수많은 유적이 산재한 전체를 가리키는 말이고 앙코르와트는 앙코르에 속해 있는 많은 유적들 중 대표적인 유적지를 말한다. 캄보디아 앙코르에서 빼놓지 말고 들러야 할 곳이 앙코르톰이다. 앙코르톰은 사원이 아니고 해자로 둘러 쌓인 지역전체를 의미한다. 해자는 인공 수로, 우주의 비라고 한다. 에어컨 역할, 저수지 역할을 해자가 하는 것이다. 그 안에 사원 유적들이 여러 곳에 있고 정사각형의 사방에는 한 개씩의 문이 있다. 한식당에서 저녁을 먹고 앙코르호텔에서 이틀 동안 숙박한다.

1월 6일

8시 반에 앙코르톰을 향하였다. 앙코르톰은 '커다란 도시'라는 뜻이다. 앙코르톰 내부로 들어가는 문은 모두 5개다. 수리하여 지금까지 잘 보존된 남문을 이용해 주로 들어가게 된다. 인공호수 위에 놓인 긴 다리를 넘어 들어갈 수 있다. 8~13세기 막강했던 앙코르왕국이 남긴 문화유적들이다. 15세기에 멸망했는데 1860년도 프랑스 곤충채집자 앙리 무호(Henri Mouhot)에 의해 발견되어 세상에 알려지기 시작한 앙코르와트는 세계 7대 불가사의 중의 하나라 한다. 인공호수의 해자다리를 건너면 다리의 양쪽에는 모자를 쓴 신과 투구를 쓰고 있는 악마가 머리가 7개인 '나가'라고 하는 뱀을 잡고 줄다리기를 하고 있는 모습으로 도열해 있다. 나가 뱀을 중국에서 용으로 바꾸었다 한다.

점심 후에 앙코르 유적지 중 가장 아름다운 반데스레이 사원을 관광했는데 여인의 성이라는 의미의 사원으로 조각이 가장 정교한 분홍색 사암으로 만들어진 사원이다. 바푸온 사원은 어머니를 위한 사원인데 나무들이 볼만했다. 무화과나무는 어머니의 마음을 상징한다고. 뽕나무 큰 것에는 상황버섯이 달려있고. 고무나무는 목재로 쓴다. 이 사원은 앙코르톰 건설 이전에 만들어진 힌두교 사원이다. 바이욘 사원은 앙코르톰의 정중앙에 자리하고 있으며 200여 개의 부처얼굴이 조각된 54개의 탑이 도열해 있다. 이 사원을 글로 어떻게 표현할 수가 없다.

톤레삽 호수로 이동했었는데 옛날에는 바다였다 한다. 수상마을을 형성하고 사는데 주민들은 하우스보트(houseboats) 속에서 살고 있고 주로 민물고기를 잡아 생활하며 민물고래, 야생 악어도 있다고 한다. 캄보디아 사람, 베트남 사람, 참(chams) 사람 등 많은 나라의 사람이 모여 산다.

1월 7일

호텔 조식 후에 선편으로 수상촌, 수상가옥, 수상족을 방문하고 재래시장, 과실가게에서 망고를 사 먹었다. 메콩강은 저녁이면 그곳 아이들이 서늘한 바람을 즐기며 수영하는 놀이터이다. 호텔에서 이른 저녁 식사 후 씨엠립 공항으로 이동, 오후 6시 출발(VN 842편)하여 베트남 북부에 위치한 수도인 하노이에 두시간도 안 걸려 도착 후 시내로 이동하여 투숙하였다.

1월 8일

아침 식사 후 8시에 대우호텔을 떠나 호지민 영묘에 나섰다. 하노이는 베트남의 수도이며 남부의 호치민시와 더불어 베트남을 대표하는 도시이다. 하노이는 호수를 중심으로 남쪽은 번화가로 호텔, 음식점, 여행사, 항공사, 대사관 등이 모여 있고 프랑스 통치시대의 모습을 볼 수 있는 콜로니얼 양식의 서양 건축물이 많이 남아있다. 호수 북쪽은 하노이의 구 시가지로 이 도시가 세워진 이래 산업의 중심지로써 발전했고 '하노이 36거리'라 하며 베트남 문학작품에 많이 등장한다고 한다. 대리석으로 된 사각형의 웅장한 건물이 눈에 띄었다. '독립과 통일'이라는 두가지 과업을 이룩해 낸 위대한 지도자로 추앙받고 있는 호치민의 묘소이다. 1975년에 비단광장이라고 불리우는 이 넓은 곳에 세워졌다.

호치민 생가는 묘소 뒤 연못가에 있으며 1969년 사망할 때까지 살았다고 한다. 조촐한 자그마한 공간들이었다.

하노이에는 300여 개의 호수가 있고 거북이가 많은데 민물에서 살고 있다 한다. 집들이 길고 옆집과 붙여 지어져 있는데 프랑스식이라며 서로 의지해서 무너지지 않게 한다는 것이다. 프랑스가 80년간이나 지배해서 우유, 빵, 바게뜨 빵을 먹는다. 철도길이 하노이에서 호치민까지 30~40시간 걸리며 중국까지 이어진다고 한다. 점심 식사 후에 전용차로 하롱베이로 향하였다. 4시간이 소요돼 도착 후 저녁으로 한식을 든 후 할롱 플라자호텔에 투숙하였다.

1월 9일

하롱베이, 베트남 최고의 절경을 자랑하는 곳이며 세계 8대 절경에 하나인 것으로 유명하다 한다. 아침에 기암괴석으로 이루어진 섬들을 유람하며 석회동굴, 천궁동굴 등을 구경하고 배에서 해물로 점심을 든 후 하노이로 돌아왔다. 오후 6시 반에 수상 인형극을 관람하였다. 물이 고인 무대가 있는 곳에서 인형극이 펼쳐졌다.

7시 반에 한식으로 저녁 식사 후에 공항으로 이동, 베트남 비행기로 00:45분에 하노이를 출발하여 6시 40분에 인천공항에 도착했다.

일본 고마쓰 여행

2008년 10월 27일

오늘 여행 떠나는데 2시 반에 깬 후 조금 있다가 다시 잠이 들어 자명종이 울리는 바람에 깨었다. 4시 반이다. 누룽지로 죽을 좀 끓였고 사과도 갈고 고구마도 조그만 것 구워서 아침을 재빨리 들고 5시 55분에 버스 정류장에 갔다. 6시 2분에 버스에 탔다. 인천비행장까지 1시간 15분 걸렸다. 마추삐츠에서 사온 배낭에 최소한 필요한 옷가지를 챙겨 넣었다. 나에게는 간편하여 끄는 가방보다 나은 것 같다. 탑승장의 대합실에서 카푸치노 한 잔을 마셨고 9시 10분에 비행기는 떴다. 조그만 샌드위치를 준다. 비행기 내에서 롯데 JTB의 고마쓰(小松), 가나자와(金澤), 나고야(名古屋)의 여행플랜을 읽고 신문을 읽으니 10시 50분에 고마쓰에 도착했다. 하나여행사에서 고마쓰 여행그룹을 만났다. 고마쓰 비행장에서 노인 관광안내자를 만났는데 한국어로 아주 친절하게 가르쳐 주었다. 버스승차장에서 JR 고마쓰역까지 450엔인가 내고 왔고 배가 고픈 것 같아 우동을 사먹고 12시 45분차(JR)로 가가온천(加賀溫泉)역에 왔다. 여행사의 여직원이 아주 친절했다. 시간이 없으니 내가 유기노구니노 모리(雪の国の森)를 갔다 올 테니 그동안 호텔을 구해 놓았으면 좋겠다 하고 떠났다. 비가 와서 내리지도 않고 투어하고 한 70분 걸려 되돌아왔다. 유기노구니노 모리에서 내려서 경치구경을 하면 좋았을 거라는 생각이 들었고 가가한(加賀藩)문화촌에서 일본 오리가미(折紙)박물관과 세계의 글라스관에서 수공예글라스 공예품을 못 본 것이 유감이었다. 다시 가가역에 돌아와 수퍼마켓을 구경했는데 바나나도 한 개씩 싸놓고 판다. 여행안내소에 다시 들려 야마시로(山代)온천이 아니라 반대방향인 가다야마쓰(片山津)온천쪽으로 여관을 정했다. 야마시로(山代)온천은 시내 속에 있고 가다야마쓰온천은 바다가 보이고 경치가 낫다 한다. 물은 짜다고 한다. 거실, 침실, 휴게실이 널찍하다. 여정을 풀었다. 가다야마쓰온천에서 저녁식사를 주는데 찬이 13가지가 나오고 일본쌀이 참 좋았다. 밥이 한 30분 걸려 지어지는데 맛이 좋았다. 여행은 혼자 할 때는 자기의 시간을 갖고 제멋대로 하기 때문에 릴렉스에도 좋다. 시를 쓰거나 작곡을 한다면 참 좋을 것 같다. 저녁식사를 끝내고 족탕(足湯)을 어디에서 어떻게 하나 종업원에게 물어보니 저쪽이라며 데리고 간다. 긴 통나무로 된 걸터앉는 곳을 만들어 놓았고 밑에는 조금 길게 온천물을 흐르게 하고 발을 담글 수 있는 높이의 물에 발을 담그고 앉아 있으면 된다. 밖에는 비가 주룩주룩 내리고 있고 바깥 공기가 좀 차 춥지 않을까 생각했는데 괜찮았다. 12~3분 하고 나중에 온천탕을 들어가 보았더니 호수인지 바다인지를 바라볼 수 있었다. 저녁식사를 거의 끝낼 무렵 멀리 앉아있던 부부 중 부인이 나에게 와서 인사를 해 한국에서 왔다며 몇 마디를 주고 받았다. 깨끗하고 얌전해 보이며 나보다 많이 젊은 것 같은데 머리는 나처럼 하얗다.

10월 28일

가다야마쓰(片山津)온천 이야시노야도 마루야에서 온천욕을 하고 10시 반에 잠자리에 들었는데 1시 반에 깼다. 잠이 안 온다. 뒤척이다 5시에 아주 일어나 참선을 하고 7시에 아침 먹으러 식당에 내려갔다. 반찬이 너무나 여러 가지 많아서 맛보느라고 이것저것 다 먹어보았다. 비도 내리고, 아침에 9시에 나 혼자 버스타고 가가(加賀)온천에 왔다. 기차를 타고 여원 온천역에서 내려 도진보(東尋坊)에 가는 버스를 타고 거의 50분은 가서 내렸다. 배낭을 상점에 맡길 수가 있어 맡긴 다음 바위가 많은 암장(岩場) 자리를 걸어갔다. 가랑비가 내린다. 양쪽으로는 해산물 가게, 먹을거리 가게가 죽 연속해 있는 것을 구경하는데 자기들의 가게로 들어와 점심을 먹고 가라고 열심히 불러댄다. 오래간만에 수평선이 먼 바다를 보니 속이 후련해진 것 같다. 바위의 생성이 매우 오래됐고 모두 기이하게 생겼다 하여 관광지가 된 것 같다. 가방을 맡겼던 가게에서 우동을 먹고 다시 노원 아하라(溫泉驛)에 와서 기후행 특급을 탔다. 2시간 조금 더 걸어 기후에 내렸는데 다가야마(高山)행을 예약하기 위하여 관광안내소를 찾아가 예약했다. 호텔 예약 등으로 시간이 걸려 4시 차를 탈 수 없었고 6시 10분 특급을 탔다. 2시간 남짓 걸어 저녁 먹을 시간도 없었고 배는 고프고 그냥 6시 10분 차를 탄 것이다. 잠을 3시간

밖에 못자서 졸음은 오고, 관광사 직원이 수퍼마켓에서 도시락 판다 하여 가봤더니 내 구미에는 안 맞아 사지 않고 기차 속에서 파는 것을 사먹을 생각을 했다. 다가야마(高山)행 지정석에 자리를 잡고 잠든 모양인데 그 사이에 도시락 장수가 왔다 갔다 한다. 사는 곳을 알아내어 셔터를 두드리니 젊은 여인이 나와 도시락을 말하니 다 팔리고 두 개가 남았으니 고르라고 한다. 하나를 선택하여 먹어보니 연어를 간해서 생강하고 끓인 것을 밥 속에 넣은 스시인데 맛이 괜찮다. 여섯 개인가 들은 것을 다 먹고 물도 한 병 다 마시니 배가 불러졌다. 여관에 저녁은 안 먹는 것으로 예약을 했었다. 다가야마(高山)에서 종점이라 내렸다. 여관은 역에서 걸어서 10분 거리라 하는데 밤이고 해서 택시를 타고 가 금방 들어갔다. 노인이 하는 여관인데 가다야마쓰(片山津)온천과는 반대로 춥고 그렇다. 몸을 뜨거운 물에 담구어 피로를 풀고 10시 반쯤 취침했다.

10월 29일

몇 시에 아침을 들겠느냐고 주인이 묻는다. 7시나 7시 반 둘 중에 하나를 선택하란다. 7시 반을 선택하였다. 방으로 아침을 가져온다. 그 전에 침구를 싹 치운다. 일본 쌀은 밥맛이 좋다. 어저께 스시도 밥맛이 너무나 좋았다. 여러 가지가 들어있는 된장을 식물 이파리인 호-빠잎 위에 놓고 불 위에서 끓인다. 또 우방(牛蒡)을 끓여서 익힌 것이 아니고 생으로 김치를 담은 것이라 하는데 향기가 더 좋고 맛도 괜찮았다. 9시경에 여관을 출발하여 관광사무소를 우선 방문했다. 오늘의 스케줄인 신호다가(新穗高)온천 지역의 예약으로, 신호다가 로푸웨이와 신히라유(新平湯)온천의 미야마소(美山莊)에 하룻밤 예약을 하고 다가야마(高山)까지 돌아오는 버스 값까지 다 지불하였다. 나는 다가야마(高山)에서 다가야마진야(高山陣屋)를 방문하기로 하여 가방은 로커에 넣고(300엔) 걸어갔다. 바로 다가야마진야 앞에 조그마한 시골 재래시장이 열려있다. 감도 맛있어 보이고 그렇지만 무거워서 아무것도 사지를 못했다. 1692년대의 옛날 군주의 나라 살림을 한, 말하자면 에도시대(江戶時代)의 관공서를 보았다. 모두 다다미로 깔려있고, 다다미는 10조, 20조들이고 지붕은 나무 조각으로 이어져 있고 아주 흥미 있었다. 여기는 호텔이 오후 3시에나 체크아웃이니 그전에는 가도 소용없다 하여 신호다가(新穗高) 로푸를 우선 타기로 했다. 아침에는 해도 나더니 오구히다온천향은 비가 내린다. 버스를 타고 가는데 산꼭대기에는 눈이 많이 덮여있다. 오구히다는 이 온천지대에 붙여진 이름이라 한다. 오구히다온천향 야개다개(燒岳)의 오구히다 가든호텔은 한 사람은 안 받는다 한다. 갈 적에 버스 속에서 보았는데 6~7층의 현대건물이다. 첫 번째 로푸는 1,300m 고지까지 오르고, 두 번째 로푸는 2,300m까지 오르는데 내려서 봤을 때 아무것도 보이지 않는다.

춥고 바람 불고 나무 위에 눈이 보이고, 멀리 보이는 산봉우리의 눈이 눈에 띌 뿐이다. 조금 로프가 내려가니 초가을의 단풍이 든 것을 비로소 볼 수가 있었다. 점심 먹을 시간이 없어서 시장기를 달래며 내려왔다. 배낭을 메고 있었다. 버스로 종점까지, 로푸 타는 곳으로 오면서 록커 있는 곳도 놓쳐 버려 줄곧 메고 다녔다. 조금 내려오니 배는 고픈데 우동은 이제 싫고 중년부인이 댓잎에 스시를 싼

것인데 자기가 만들었다며 사 먹으라 한다. 2개를 사서 넣고 감이 먹고 싶은데 아마가기라 칼이 없으니 먹을 수 없고, 그 아래가게 2층에서 엽차하고 스시를 먹었는데 맛이 괜찮았다. 비가 꽤 내려 우산을 꺼내 받고 다시 올라가 감을 3개 사가지고 내려왔다. 여관에 가서 칼을 빌려 깎아 먹을 생각이다. 신평탕(新平湯)에 가는 버스는 한 시간마다 있는데 올라타니 갈 때 같이 갔던 일행들을 만났다. 티켓을 보여줘야 하는데 아무리 찾아 봐도 나오지 않아 애먹고 있는데 그 일본여인이 내가 갖고 있는 것 봤다고 서두르지 말고 찾아보라고 해 다시 찾아보니 수첩 속에 끼어져 있었다. 신평탕에서 내려 미산장을 찾아가니 옛날 집으로 오히려 더 재미있다. 오후 4시가 되었으니 곧 저녁을 먹을 텐데 감이 먹고 싶어 3개를 깎아서 한자리에서 다 먹었다. 아주 달고 맛이 좋았다. 저녁은 6시라하여 그동안 몇 자를 좀 쓰는데 벨이 울려 받으니 저녁식사라 한다. 6시에 내려간다 하고 배가 안고파 저녁생각이 없지만 먹어야 해서 내려가니 나 혼자를 위해 상을 차려놨다. 히다쭈에서는 소를 기르고 소고기 맛이 좋다 한다. 생고기를 썰어서 댓조각 위에 놓고 소스가 간장에 무엇을 넣었는지 찍어 먹는데 맛이 좋았다. 양파 썬 것, 소고기, 된장을 호파잎 위에 올려놓고 끓여서 먹는데 이 호파 잎은 살균 작용도 있고 음식이 상하지를 않게 해 된장도 싸고 밥도 이 잎에 싼다 한다. 이 집에서는 새끼벌로 주로 양념을 하는데 아주 맛이 좋다. 벌의 새끼들을 요리한 것이다. 미소즙도, 반찬도 괜찮다. 두 공기나 밥을 먹었으니. 둘러보니 다다미방 가운데에 사각형 흙 위에 숯불이 피워져 있고 무쇠 주전자가 길게 늘어진 쇠 끈에 매달려 있다. 춥다

고 불 쬐고 쉬었다 올라가라 한다. 나는 이 호텔을 쭉 구경했다. 야외온천(露天風呂)도 있고 옛날 집으로는 아주 큰집이었다. 소화도 시킬 겸 상점을 둘러보니 새끼벌(蜂の子)이 있었다.

꽃그림과 함께 사람을 보는 것도 좋고, 후로에 갔다. 오구히다온천향의 미산장의 탕은 조그맣다. 잠깐 담궜다 나왔다.

10월 30일

1시 반에 깨었다 다시 잠이 들어 3시 반에 깨었다. 7시에 큰 홀에서 제각기 아침 밥상을 받았다. 음식이 괜찮다. 여기서도 호파잎 위에 된장과 잘게 썬 파를 얹어 끓인다. 두 공기의 밥을 들었다. 대략 15명의 여행그룹과 두 쌍의 부부가 참여했다.

9시 5분 출발 고산행 버스에 올라탔다. 날씨는 좋은데 좀 춥다. 경치를 바라보며 고산까지 가는데 약 1시간 20분이 걸렸다. 로커에 내 가방을 넣고 산책을 했다. 길거리가 너무나 깨끗하다. 아침에 다 나와서 자기의 상점 앞을 쓰는 것을 봤다. 다리를 건너가면 구 시가지를 구경한다 하였는데 시간이 안 되어 못 갔다. 꽤 큰 강물이 흘러 내려가는 다리를 건너니 야시장처럼 노점이 죽 늘어서 있다. 먹을거리, 기념품 가게, 그 속에 외국인도 많이 섞여 있다. 11시 15분 게로(下呂)행 버스를 기다리는데 무거운 것을 덜고 물도 마시고 싶어서 귤 한 개 있는 것을 먹고 껍질을 버릴 데가 없어서 난감하게 있는데 내 옆에 앉아있던 할머니가 자기가 화장실에 갖다 버린다고 나에게서 가져간다. 너무나 고맙고 참 친절한 사람이다. 고맙다고 인사를 하였다. 자기 집 몇 집 건너서 한국인 할머니가 사시는데 85

세나 되셨지만 아주 건강하셨는데 뇌의 혈관에 피가 막혀 입원 중이라며 3일 됐다며 가봐야겠다고 말한다. 너무나 깨끗하고 집도 유명하게 깨끗해서 빤작거리고 그 동네에서도 유명하다며 여러 가지 이야기를 해준다. 게로(下呂)행 버스를 타고 가는데도 경치가 아름답다. 여기는 넓은 개울에 매끈한 형형색색의 돌들이 물속에 깔려 있어 보는 눈을 너무나 즐겁게 해준다. 1시간 반은 걸려 게로역에 다다랐다. 관광센터에 들려 호텔예약을 하니 내가 원하는 곳은 만원이라 안 되고 거기에서 말한 지구스이대이(吉泉館竹亭)에 예약을 하고 1시 5분 버스로 합장촌(Gassovillage of Gero Onsen)을 갔다. 5분정도 타고 간다 한다. 옛날의 대저택이 있고 10동의 합장촌을 건립하는 민가가 들어서 있어 공예를 체험하는 전통의 민예의 고장이라한다. 돌아올 때는 버스정류장을 잘못 알아 슬슬 걸어가기로 했다. 히다천(飛驒川)이 넓게 유유히 흐르는 것을 바라보며 주위를 구경하며 여관(吉泉館)에 다다랐다. 저녁 6시에 방으로 저녁 가져다 준다. 생선회가 아주 싱싱하다. 게로온천은 물이 미끈미끈하다.

10월 31일

나고야(名古屋)행 특급 지정석에 몸을 싣고 기차는 달린다. 멋있는 넓은 개울을 따라 달린다. 히다가와(飛驒川)라 하며 기소가와(木曾川)의 지류라 한다. 위를 바라보면 울창한 숲들이 널리 뻗어있고, 군데군데 단풍이 들은 산맥에 매료된다. 아래를 보면 괴상하게 생긴 암석들을 따라 흐르는 개울물이 아름답다. 암석 사이에 조그맣게 흐르는 미니폭포도 있고, 아름다운 자연경관을 우리는 그저 바라볼 뿐이다. 그 사이에는 군데군데 크고 작은 인가가 무리지어 있다. 잎은 다 떨어진 감나무에 제대로 익은 감들이 매달려 있다. 기후(岐阜)역에서 방향을 바꾸어 열차가 가는데 기소가와(木曾川)가 금방 지났다. 기후에서도 아파트는 별로 보이지를 않는다. 미하리이찌노미야(尾張一の宮)에 오니 아파트를 여기 저기 많이 볼 수 있었다.

일본 속 역사탐방

2008년 12월 1일

일본 속의 한국 역사 탐방이 조선일보사 주최로 12월 1일부터 6박 7일간 크루즈여행으로 짜여져 있어 동참하기로 했다. 부산에서 배를 타고 떠난다. 10시 10분에 집에서 나와 지하철로 서울역을 향하였다. 내 생각에 시간이 좀 촉박한 것 같다. 차를 한 잔 마시느라고 10시 45분에 도착하였다. 10시 50분에 KTX는 떠난다. 겨우 자리에 앉아 한숨을 돌렸다. 부산역에 내려 크루즈터미널에 가는 셔틀 버스 정거장을 확인하고 우동집에서 점심요기를 한 후 버스 떠나는 시간에 올라탔다. 내 옆 좌석은 고등학교 여 선생님으로 이번 탐방에 참가하게 됐다 한다. 중·고등학교 교사가 4백명 정도이고 일반인이 150명 정도라 한다. 크루즈터미널이 항구의 끝에 놓여 있어 족히 20분은 타고간 것 같다. 배 두척이 정박하고 있는데 우리는 뒤에 있는 일본여객선 '후지마루(丸)'다. 배 내부도 정결하고 좋은데 4인실이다.

룸메이트는 40대의 두 자매와 60중반의 여인과 나다. 오후 6시에 부산항을 출발했고 우리는 선내식당에서 저녁을 들었다. 한식, 일식으로 메뉴가 짜여져서 좋았다. 밤에는 선상대학이 열려서 일본 속의 한민족사 탐방여행을 주제로 네 분의 선생님이 강의를 한다.

12월 2일

아침에 하까다항(博多港)에 입항하였다. 하까다는 후꾸오까(福岡)를 말하며 옛날에 도시의 남북을 흐르는 강 동쪽을 하까다-상인의 도시, 개울의 서쪽을 후꾸오까-무사의 도시라고 불렀다. 규슈에서 제일 큰 도시고 인구는 130만명.

먼저 다이자이후(大宰府)라는 선산고분을 방문했다. 4, 5세기의 관청자리였었고 일본으로 들어오는 첫 문이었다. 주춧돌로 보아 큰 건물이었다고 힌다. 네가지 키-워드로 옛날의 발자취를 분류하는데 1. 신사(3~4세기), 2. 고분문화(5~7세기), 3. 사찰문화, 4. 성문화(10세기). 1873년에 발굴했고 5세기 후는 무덤에 입구가 있다 한다.

선산고분에도 들렸다. 100년 전에 출토됐다 한다.

다음은 구마모도현(態本縣)의 아소산(阿蘇山) 분화구블 견학하였다. 아소산은 구마모토현과 오이다(大分)현 사이에 마치 사람이 누워서 양 무릎을 세운 모양이라 한다. 그러고보니 그렇다. 유황 가스가 여기 저기서 막 나오고 있다. 이곳에서 많이 먹는 가개소바라는 것은 소바에 국물(汁)을 넣어서 먹는 것을 말한다고.

저녁에 노을이 질 무렵 벳부(別府)를 향해 15대의 버스는 달린다.

12월 3일

3,800개의 온천이 있다는 벳부의 즈기노이(杉露井)호텔에서 창밖을 내다보니 여기 저기서 수증기가 나오고 있다. 아침식사를 잘 하고 9시 30분에 버스는 출발하였다. 내가 타는 차번호는 12호인데 운전기사가 아주 친절하고 자기임무에 충실한 사람으로 보인다. 유후인(湯布院)을 관람하고 바다지옥을 관람했다. 대머리산인 곳이 있어 왜 그런가 물어보니 4월에 축제를 하기 위해 구마모토시가 메인 이벤트로 불을 지르는데, 불이 타는 광경이 더욱 아름다워 사람들이 모여든다고 한다. 지옥이 아니라 너무나 아름다워 이름을 이렇게 붙인 것 같다. 넓은 연꽃잎에 물은 코발트색. 여기 저기서 김은 무럭무럭 나와 열대식물을 여기서는 키우게 한다는 것이다. 유황내음이 코에 배는 것 같고 김 나오는 곳의 돌들은 유황가루가 노랗게 쌓여 있었다. 조금 위쪽은 물빛이 갈색이다.

우스기(石佛群)를 견학하러 가는 길목은 조용하고 깨끗한 실개천이 흘러가고 있었다. 한 청년이 원숭이를 데리고 한가히 앉아 있다. 각양각색의 작고 큰 석불이 무리를 이루어 놓여있다. 천년의 세월을 담은 불상들이라며 16세기부터 변하지 않은 마을이라 하니 벳부와는 다른 일본 옛날의 정취가 흘러넘치는 곳으로 느껴진다. 오자이항에 도착. 선내에서 저녁을 마치고 밤에는 선상대학이 열린다.

12월 4일

부지런해야 한다. 6시 반에 선내에서 아침식사 시작인데 이럴 때는 현직 교사팀이 먼저들고 12호 차는 좀 늦게 들게된다. 대판(大

阪)에서 나라(奈良) 현의 호류지(法隆寺)를 향하여 버스는 달린다. 나라는 서기 794년까지 교도(京都)로 수도를 천도(遷都)할 때까지 우리나라 삼국시대의 문화를 받아들여 일본최초의 국가를 세웠던 곳이라 한다. 국가를 뜻하는 우리말 '나라'가 이곳의 지명이 된 것이다(일본속의 한민족사). 호류지(法隆寺)는 607년에 세워지고 670년에 불에 탄 것을 708년에 중건했는데 건축물은 다분히 고구려적이라는 심증을 갖고 있다. 고구려 혹은 백제에서 제작된 불감(佛龕)인 옥충주자(玉蟲廚子)가 일본에 보내졌고 법륭사에 모셔졌다. 법륭사의 백제관음상(百齋觀音像)은 날씬한 입상이다. 법륭사의 정문 앞에는 시골장터가 세워져 유기농산물, 가공하지 않은 농산물을 팔고 있어 관광객들이 모여들어 과실을 사먹는다. 점심은 도시락을 주어 때우고 아스카(飛鳥) 이시부타이(石舞臺), 다가마쓰쓰가(高松塚) 고분(古墳)을 견학했다. 고분벽화는 1972년 3월에 고고학연구소의 조사에 의해서 발견되었다. 벽화는 국보로 지정되어 보존 관계상 일체 공개하지 못하게 되어 고분의 가까운 곳에 벽화관을 건설하여 석곽 내부의 모형과 벽화의 모사 모조를 전시하고 있다 한다. 아스카 문화는 백제문명의 연장이라 할 만큼 이 시기에 한반도에서 많은 문물이 수입되었다 한다. 다가마쓰쓰가 고분에는 7세기의 일본의 불상이 발굴되었고 벽화는 고구려식이라 한다.

오사카 시립 동양 도자기 미술관(大阪市立東洋陶磁器美術館)을 저녁 때 방문하였다. 도심 속에, 녹색과 물의 공간으로 구성된 나가노시마(中之島)공원 속에 심플하고 아담하게 자리잡고 있다. 한국, 일본, 중국 도자를 전시하는 미술관으로 1982년 8월에 개관했다 한다. 오사카에 도착하여 선내 저녁을 들었다.

12월 5일

비가 내린다. 12시경에 나라(奈良)의 도다이지(東大寺)를 방문하였다. 사슴이 여기저기 비 맞고 서 있다. 점심은 교토의 풍산 식당에서 기노고이레 고항(御飯)을 먹었다. 2시 반경 고류지(廣隆寺)를 방문. 이 절은 603년에 성덕태자(聖德太子)가 건립한 오래된 사찰의 하나라 한다. 신라시대 일본은 불상을 적송(赤松)으로 목각해 만들었고 우리나라는 몸통은 청동으로 만들었다 한다. 신라에서 조성한 미륵보살반가사유상(彌勒菩薩半跏思惟像)은 온화하고 아름다웠다. 오후에는 니죠성(二條城)을 견학했다.

날씨가 추웠다. 저녁식사대로 1,500엔씩 나누어주며 오사카의 번화가인 도돈보리(道頓堀)에서 자유로이 먹고 버스가 10시까지 후지마루 선박까지 데려다주며, 그 이후에는 각자 택시를 타든지 하라고 한다. 가이드는 도돈보리에서 잘한다는 라면집을 소개해 준다. 룸메이트하고 시끌벅적하는 젊은이들로 메꾼 도돈보리를 구경했다. 데파트먼트를 물으니 꽤 멀다하여 포기하고 시간이 많지 않으니 추천해준 라면집을 찾아갔다. 춥고 배고프고 말이 아니다. 늙은이는 이런 날씨에 이런 시간에 올 곳이 못된다. 국물이 뜨끈하다. 몇 십년만에 라면 국물로 몸을 데웠다. 버스로 돌아가서 빨리 배를 타려고 생각하고 있는데 룸메이트가 마호병을 사고 싶은데 일본 말을 할 줄아니 같이 가자는 것이다. 내 힘에 벅차지만 또 다시 더가서 물어물어 상점을 찾아 마호병을 샀고 카메라에 필요한 테이프를 산다고

4층에 올라가야 한다고 한다. 나는 걸음걸이도 느리고 버스 시간도 촉박하여 혼자 먼저 가기로 했다. 갑자기 너무 추웠다.

일본 미에, 이시가와, 기후현 여행

2010년 9월

대한항공편으로 아침 9시 5분에 인천공항을 출발하여 10시 50분에 고마쓰(小松)공항에 도착하였다. 이시가와현에 있는 이곳은 농산물이 좋다 한다. 가나자와(金澤) 시내에서 점심을 들고 일본의 3대 정원 중의 하나인 겐로구앤(兼六園)으로 우리를 태운 버스는 달렸다. 버스에 올라가니 이름이 있어 자리에 앉았다. 이 자리는 고정석으로 여행 내내 똑같다 한다. 편리한 것 같다. 노인은 앞자리고 젊은이는 뒷자리로. 자리가 배정되어 있다. 그런데 두사람이 안 탄 것을 알게 되어 다시 비행장으로 가서 이 두사람을 태우고 다시 겐로구앤으로 달렸다. 이 정원은 4만평 크기이고 정원 바닥이 다 이끼로 덮여 있다. 여름에 이끼 보존을 위해 덮어 놓고 물을 준다고. 소나무 가지에 쌓인 눈의 무게로부터 보호하기 위해 겨울에는 기둥을 세워 새끼줄로 매달아 올린 모습이 장관이며 겨울의 설경이 명물이라 한다. 이 정원은 몇 대를 이어온 이곳 영주에 의해 1668년에서 1780년까지 100년을 걸려서 만들었다고 한다. 버스는 노토반도, 동해를 향하여 모래사장, 바닷가를 따라 달린다. 육지는 숲이 적당히 우거졌고 고요한 바다쪽은 수평선이 아득하고, 이런 경치는 자연적으로 심신이 편안해진다. 와구라(和倉)온천은 이시가와(石川)현 나나오시에 있으며 나나오만에 접하고 있어 해안경관을 바라보며 20곳이 넘는 온천 숙박 시설들이 이어져 있다. 우리는 오후 6시경에 은수각(銀水閣)이라는 온천여관에 도착하였다. 저녁은 가이세끼(會席)요리 만찬이라며 독상을 받고 식사를 하는데 우리나라의 전라도 상 차림과 비슷하게 왜 그렇게 가짓 수가 많은지. 토란은 꼭 나온다. 눈에는 찬란한데 요리는 찬란에 못미친다.

9월 9일

아침 8시에 식사를 했다. 해변가라 생선이 좋았고 일본식 아침식사는 좋았다. 전용버스편으로 지정석에 앉아 일본해 동해의 해변가를 달린다. 집들이 아름답다. 아파트는 눈에 안 뜨인다. 노토반도일대, 와지마(輪島) 등을 순방하고 해안가 해산물 전문식당에서 점심을 들고 돌아와 자유시간을 가졌다. 저녁식사는 어제와 별차이 없다.

9월 10일

8시에 일식 아침식사를 즐기고 9시에는 유네스코 문화유산인 합장촌을 향하여 달린다. 합장촌은 백산(白山)의 산록에 위치해 있으며 눈이 많이 내린다고 한다. 3~4개월간 눈이 덮여 있단다. 3~4층 건물 지붕 경사가 합장형이고 3년마다 지붕을 가는데 재료는 갈대로 지진이 나도 무너지지 않도록 못하나 안쓰고 500년 이상이 됐다 한다. 산에는 뽕나무가 많이 있어 누에를 많이 생산한다. 우리나라 저명한 건축가인 부대진 씨는 이 합장촌이 고려말 이조 초기에 집단으로 농경을 이루었고, 1995년 유네스코에 의해서 세계유산으로 등재됐다고 한다. 나라 동대사는 다음으로 올려졌다 한다. 날씨가 좋아서 해변에서 도야마 알프스를 볼 수 있었다. 터널이 뚫려서 합장촌까지 가는데 그 전에는 5시간 걸렸는데 이제는 2시간으로 단축되었다고 한다. 앞에 보이는 산자락이 도야마 가는 터널이 뚫려 있는 곳이다. 휴게소에서 휴식 후 9km나 되는 긴 터널을 지난다.

백산의 백천향(白川鄕) 합장촌은, 이곳에서 사람이 살도록 하는 것이 유네스코가 문화 유산으로 지정한 취지라 한다. 백천 합장촌에서 양잠의 폐물로 만든 화약이 고산에 모여서 각지로 나간다 한다. 알프스의 유명 산봉의 양쪽을 바라보며 버스는 고산으로 달린다. 도착 후 오찬.

기후현으로 달린다. 일급 하천인 미야가와는 개울에 돌이 없어 헐벗은 개울로 한국에서 바위를 가져갔다 한다. 오후에 게로(下呂)온천으로 달렸다. 보센칸(望川館)에서 하루를 쉬는데 길가에 위치해 있다. 이 온천도 에도시대부터 오래된 명성을 이어온 알카리성 온천으로 류마티스에 좋다고 소문이 나 크고 작은 온천들로 마을을 형성하고 있다. 저녁 회식 후 자유시간을 가졌다.

9월 11일

일본 여행시 아침식사는 마음에 든다. 나고야(名古屋)를 향하여 가는데 이누야마죠(犬山城)를 관람하였다. 아이지현(愛知縣)의 이누야마시에 있는 이 성은 유일한 목조건물로 개인소유였었는데 나라에 기부한 성이다. 양쪽이 울창한 산으로 쌓여있고 깨끗한 물이 흐르는 계곡을 따라 버스는 달린다. 오스트리아에서 넘어 갔었던 계곡같이 느껴진다. 나고야까지 90km. 학교도 나오고 마을도 나온다. 차창 밖으로 희다(飛驒), 가네야마역(金山驛). 나고야 80km 게로시 등의 도로 표지판이 지나간다.

희다천은 동해로 흘러 들어가는 긴 강인데 시나가와(品川)가 제일 큰 긴 강이란다. 나고야에서 순환도로로 시 일주를 하는데 토요일이라 길이 막힌다. 나고야성을 지나가면서 보았고 고층아파트가 드문 드문 서 있다. 버스는 동해에서 태평양쪽 이세만(伊勢灣)으로 왔다. 이세신궁을 관람했다. 참배하는 일본인들이 아주 많았다. 이세신궁은 태양을 상징하는 여신 '아마테라스 오미카미'를 모시고 있고 일왕가문의 조상신으로 연간 600만명이 넘는 참배객으로 붐비고 있다 한다. 2000년이 넘는 역사를 지니고 있으며 에도시대에 크게 번성을 하였다. 이세만 해안은 리아스식 해안으로, 나왔다 들어갔다 한 복잡한 해안으로 우리나라의 서해안이 리아스식 해안이라 한다. 복잡한 지형을 살려 물고기양식, 이세새우양식, 미야고진주 양식장, 미키모도진주 양식장이 있다. 우리 버스는 그냥 높이 높이 산쪽으로 올라간다. 바다를 바라보는 절경이다. 예약한 호텔이 어긋나서 우리는 다른 호텔에 숙박하게 됐다 한다. 이름은 이지가소다. 바다를 바라보는 전망 좋은 호텔로 제일 깨끗하고 저녁식사도 제일 좋았다.

9월 12일

아침식사를 잘하고 도바 수족관을 구경하였다. 거대한 규모의 수족관이었다. 점심 후 나고야(名古屋) 공항으로 이동하여 대한항공편으로 15시 20분 출발하여 17시 20분에 인천공항에 도착했다.

생물학 교수의 서툰 여행일기

초판 1쇄 인쇄 · 2012년 1월 26일
초판 1쇄 발행 · 2012년 1월 31일

저　자 · 이현순
발행인 · 박성복
발행처 · 도서출판 월인
서울특별시 강북구 수유2동 252-9
등　록 · 제6-0364호
등록일 · 1998년 5월 4일
전　화 · (02) 912-5000
팩　스 · (02) 900-5036
www.worin.net

ⓒ 이현순, 2012

ISBN 978-89-8477-503-9 03810

값 14,000원

☞ 잘못된 책은 구입하신 서점이나 본사에서 바꾸어 드립니다.